JÜRGEN ROTH

DIE NEUEN PATEN

JÜRGEN ROTH

DIE NEUEN PATEN

Trump, Putin, Erdoğan, Orbán & Co. –
Wie die autoritären Herrscher
und ihre mafiosen Clans
uns bedrohen

HEYNE <

FSC
www.fsc.org
MIX
Papier aus verantwortungsvollen Quellen
FSC® C014496

Verlagsgruppe Random House FSC® N001967

Redaktion: Thomas Bertram
Umschlaggestaltung: Hauptmann & Kompanie, Zürich,
unter Verwendung von Fotos von © Ullstein Bild – Reuters / Jonathan Ernst; © Ullstein Bild – Reuters / Pool; © Ullstein Bild – Popow und © Ullstein Bild – Probst
Satz: Leingärtner, Nabburg
Druck und Bindung: GGP Media GmbH, Pößneck
Printed in Germany
ISBN: 978-3-453-20189-7

www.heyne.de

Inhalt

4. KAPITEL

5. KAPITEL

6. KAPITEL

Einführung

> *»Sizilianisch und italienisch mögen das Licht, die Farbe sein, aber die Substanz (wenn sie da ist) will etwas über die Macht aussagen. Über die Macht, die immer undurchsichtigere Formen der Verflechtungen annimmt, wie sie in gewisser Weise für die Mafia eigentümlich sind.«*[1]

Unbestritten sind es märchenhafte Erfolgsgeschichten über historisch gewachsene, patriarchalisch strukturierte Familienkartelle mit internationalem Renommee. Eingeweihte erinnern sich zum Beispiel an den 20. August 2015. Am frühen Mittag wurde ein eher entfernter Verwandter solch eines Familienkartells in Rom pompös zu Grabe getragen. Der Sarg thronte in einer goldverzierten Kutsche, die von sechs rabenschwarzen Pferden gezogen wurde. Den Verkehr regelte die Polizei. Vor der Basilica di San Giovanni Bosco hatte sich bereits eine kaum überschaubare Trauergemeinde versammelt, und ein Hubschrauber ließ ein Meer von roten Rosenblättern über die Trauernden regnen. Derartige öffentliche Inszenierungen der Ehrerbietung sind den engeren Kreisen des Familienkartells heutzutage jedoch eher lästig. Sein Topmanagement predigt den Familienangehörigen vielmehr vornehme Zurückhaltung, der nachhaltigen Wertsteigerung des Familienkartells zuliebe. Kein anderer internationaler Konzernvorstand ist fähig, direkt oder indirekt eine derart mächtige globale Arbeitsbeschaffungsmaßnahme, unabhängig von der politischen Ausrichtung, anzubieten: Die Familienkartelle schaffen »Arbeit« für Heerscharen von Journalisten und Schriftstellern, Wissenschaftlern, kleinen und großen Gangstern, Regierungschefs, Abgeordneten, Staatsanwälten, Richtern, Polizisten, Anwälten, Bankern, Geistlichen sowie kleinen und multinationalen Subunternehmen. Alle diese Personen sind entweder mit oder in diesen Familienkartellen beschäftigt. Geradezu genial ist, wie es Letzteren in der Vergangenheit gelang, sich durch trivialste Mythen in Büchern oder Hollywood-Filmen glorifizieren zu lassen.

Die interne Kultur des Schweigens der Familie bietet Schutz und Sicherheit einerseits und garantiert andererseits den Vorstands- und Aufsichtsratsmitgliedern, dass die zweifellos anrüchigen kriminellen Machenschaften häufig unentdeckt bleiben. Dazu wurden in der Vergangenheit Richter und Staatsanwälte, aber auch zahlreiche Journalisten, die sich kritisch mit diesen Familienkartellen beschäftigten, demonstrativ in die Luft gesprengt oder erschossen.

Die Rede ist, wie leicht zu erraten, von den italienischen Mafien, sprich der Cosa Nostra aus Sizilien, der 'Ndrangheta aus Kalabrien und ansatzweise der Camorra aus Kampanien. Es handelt sich um hochgefährliche kriminelle Organisationen, die zugleich aber auch immer wieder reichlich Stoff für gruselige Märchenerzählungen bieten, insbesondere wenn es darum geht, den Einfluss der Mafien als Organisationen in Deutschland nachzuweisen. So behauptete eine italienische Krimiautorin, die gerne im deutschen Fernsehen präsentiert wird: »In

Deutschland ist es so, dass die Mafia ihre Kontakte zu Politikern pflegt, und zwar auf höchster Ebene, auch zu Justizministern, Innenministern einzelner Länder.«[2] Das ist schlichtweg Unsinn. Denn es gibt nicht den Hauch eines Beweises für diese gewagte These – die sich natürlich gut verkauft. »Dummes Zeug ist das«, lautete denn auch der Kommentar von Jürgen Maurer.[3] Der ehemalige Vizedirektor des Bundeskriminalamtes (BKA) war in seinen letzten Amtsjahren mitverantwortlich für den Kampf gegen die italienische Mafia.

In der Tat wird »die Mafia« (als ob es nur eine gäbe) meist als rein italienische mörderische kriminelle Organisation präsentiert, sozusagen als Reinkarnation des Bösen, was für Italien zweifellos zutrifft. Ihre Gegner seien die tapferen staatlichen Sicherheitsorgane, welche die Mafia durch Polizei und Justiz mal mehr, mal weniger erfolgreich in die Schranken eines demokratischen Rechtsstaates verweisen. Kurz: Dem wehrhaften, in jeder Beziehung sauberen demokratischen Staat stehen die jegliches Legalitätsprinzip mit Füßen tretenden Kriminellen gegenüber. Eine These, die für die Regierungszeit von Silvio Berlusconi ziemlich gewagt war. Er war immerhin viermaliger Ministerpräsident und begann seine Karriere als Immobilienmakler. Entspricht also das klassische Schwarz-Weiß-Bild von den Guten auf der einen und den Bösen auf der anderen Seite der Realität? Zweifel sind angebracht.

Denn was ist, wenn das mafiose System in einigen Regierungen längst zum Herrschaftsinstrument mutiert ist, wie es bei einzelnen, selbst bei demokratisch gewählten Regierungen offensichtlich bereits der Fall ist? Diese Entwicklung jedoch, die ja einen bedeutenden qualitativen Sprung der Methode Mafia bedeuten würde, wird – wegen weitreichender wirtschaftlicher und politischer Konsequenzen – systematisch ausgeblendet. Um sich nicht mit ihr auseinandersetzen zu müssen, finden immer wieder Tagungen hochkarätiger Staatsanwälte und Ermittler statt, die sich kritisch mit der Bekämpfung der Organisierten Kriminalität beschäftigen.

Attraktiver sind solche Tagungen, wenn die italienische Mafia im Mittelpunkt steht und in so einem Fall sogar hochkarätige Politiker teilnehmen, wie etwa am 12. Juli 2017 in Berlin. Mitorganisiert wurde die Veranstaltung in der italienischen Botschaft von der angesehenen Initiative »Mafia? Nein Danke«. Anwesend war diesmal Bundesinnenminister Thomas de Maizière von der CDU. Man werde den Kampf gegen die Mafia noch wirkungsvoller führen, verkündete er unter dem Beifall der Anwesenden. Dabei drängte sich der Eindruck auf, dass bei diesen sicher begrüßenswerten Bekenntnissen ein zentraler Aspekt außer Acht gelassen wurde: dass erst die fehlende demokratische Kultur es Mafien erlaubt, sich in der Gesellschaft einzunisten.

> »Jeder ökologische oder menschenrechtliche Standard kann unterschritten werden, wodurch sich die Gewinnmarge erhöht. Wenn aus diesem Gewinn einmal der Kontrolleur des Standards mitbezahlt wird, dann kann man das Korruption nennen. Wenn sich solche Systeme aber langfristig etablieren, inklusive des Reinvestments des schmutzigen Geldes, dann entstehen mafiose Systeme.«[4]

Thomas de Maizière ist bekanntlich Repräsentant der sächsischen CDU, und sein Wahlkreis ist die sächsische Stadt Meißen, »die Heimat meines Herzens«.[5] Seit der Wende herrscht in Sachsen ununterbrochen die CDU. Sie hat seitdem ein mafioses Netzwerk von Beziehungen geschaffen und die meisten Posten im Bildungsbereich, bei Polizei und Justiz mit loyalen

Parteifreunden besetzt. »Alle wichtigen Funktionen im Land, angefangen beim Hausmeister einer Schule bis zum Ministerialdirigenten, wurden mit Besitzern eines ›Gesangbuches‹ besetzt«, klagte Karl Nolle, der langjährige SPD-Landtagsabgeordnete.[6] Dementsprechend wenig ausgeprägt ist eine lebendige demokratische Zivilgesellschaft. Die Folgen sind bekannt. Rechtsradikale Bewegungen haben in Sachsen einen sicheren Hafen gefunden. Da darf man schon die Frage stellen, ob ein Mafioso, der schlichtweg als Krimineller agiert, für eine demokratische Gesellschaft wirklich so gefährlich ist.

*

Tatsächlich wissen wir in Deutschland wie auch im übrigen Europa so gut wie nichts (oder wollen nichts wissen) über die tatsächliche Macht und den gegenwärtigen realen Einfluss der internationalen mafiosen Organisationen sowohl auf politische Entscheidungsträger, auf die nationale und die globale Wirtschaft als auch auf die kulturellen, sozialen und gesellschaftlichen Strukturen, die den Erfolg der Mafien als Organisationsform überhaupt erst ermöglichen. Vielleicht liegt das daran, dass die Mafien schon längst Teil unserer »gemeinsamen sozialen und wirtschaftlichen Familie sind«?[7] Für Umberto Santino, den Gründer eines Dokumentationszentrums über die Mafia, des *Centro Siciliano di Documentazione Giuseppe Impastato* in Palermo, ist die Mafia ein Beziehungssystem, das alle sozialen Klassen umgreift.

> »Beherrscht wird das Beziehungssystem jedoch von den legalen und illegalen Akteuren, die den meisten Reichtum und die meiste Macht besitzen. Das heißt auch, dass die Mafia ein politisch-institutionelles Wesen ist,

das sowohl Eigenmacht ausübt als auch die territoriale Herrschaft und Kontrolle. Sie interagiert mit Teilen der Institutionen und der Politik.«[8]

Diese Aussage belegen Untersuchungen aus jüngster Zeit über die Unterschiede zwischen älteren und neueren Funktionsweisen der Mafien. Analysiert wurden die Mafien von dem Turiner Soziologen Rocco Sciarrone in Zusammenarbeit mit dem *Istituto di Ricerca Economia e Società in Sicilia* (RES) in Palermo. Der Studie zugrunde liegen Fallbeispiele aus bestimmten Wirtschaftsbereichen, wie etwa erneuerbare Energien; Supermärkten, Logistik und Verteilung; Gesundheitswesen und Müllentsorgung, wobei vor allem die Teilnehmer an öffentlichen Ausschreibungen unter die Lupe genommen wurden.

»Unsere Forschungen belegen, dass es zurzeit irreführend wäre, nur von einer ›Infiltration‹ der Mafien in die legale Wirtschaft zu sprechen; vielmehr wächst eine Art geschäftlicher Beziehungsgeflechte ständig weiter an, die aus Kollusion und gegenseitiger Durchdringung zwischen Mafiosi und Personen aus der Grauen Zone bestehen. In einer Situation, die aus wirtschaftlicher Sicht immer schwieriger wird, gibt es also eine wachsende Zahl von Unternehmern, die versuchen, sich durch Abmachungen an die kriminellen Mächte anzupassen. Der Austausch von Gefälligkeiten im Verborgenen und kollusive Abmachungen werden so schlichtweg zu einer Form der Marktteilnahme und in manchen Fällen zur einzig möglichen Art wirtschaftlichen Überlebens.«[9]

*

In Deutschland spricht man, wenn es um solche Beziehungssysteme geht, eher verharmlosend von der Pflege der politischen Landschaft oder von Lobbyismus, und es ist in der Tat eine farbenfrohe, blühende Landschaft, die da in Berlin, München oder Brüssel zu beobachten ist. Bei den Beziehungssystemen im Zusammenhang mit den Mafien geht es jedoch nicht um Klientelismus und Kleptokratie, um irgendeinen Klüngel, wie in Köln, oder um das Schmieren politischer Freunde in Regierungsverantwortung. All dies ist inzwischen in Europa wie auch in Deutschland längst Teil der politischen Kultur. Klaus-Dieter Matschke, ehemaliger Kriminaloberrat und Spezialist für die Aufklärung von Wirtschaftskriminalität, sagt: »Das haben wir hier doch von den Italienern gelernt. Das Anfüttern von Politikern, das so lange betrieben wird, bis ein Abhängigkeitsverhältnis entstanden ist.«[10] Darüber ist viel geschrieben worden, ohne dass es bislang zu strukturellen Konsequenzen gekommen wäre.

Dabei genügt bereits ein Blick in die jüngere deutsche Geschichte, um zu erkennen, dass etwa in Bayern sämtliche Strukturen eines quasi mafiosen Systems vorhanden waren beziehungsweise immer noch sind. Es geht um die Regierungszeit des früheren bayerischen Ministerpräsidenten Franz Josef Strauß von 1978 bis zu seinem Tod 1988. Danach führten die Ministerpräsidenten Edmund Stoiber und jetzt Horst Seehofer diese Tradition fort. Wilhelm Schlötterer, in den Achtzigerjahren Bayerns oberster Steuerfahnder, beschreibt dieses System folgendermaßen: »Als Ministerpräsident war Strauß in Bayern allmächtig. Ging es um seine Interessen, hatten Steuerverwaltung und Justiz zu kuschen. Seine Minister duckten sich vor ihm. [...] Strauß war der skrupelloseste und gierigste Politiker seit Bestehen der Bundesrepublik.«[11]

Gnädig wird heute der Schleier des Vergessens über seine Politik gelegt, und der CSU-Vorsitzende Horst Seehofer preist ihn in den höchsten Tönen. Während der autoritär-nationalistische Strauß einst mit Diktatoren liebäugelte, sind es heute die CSU und Horst Seehofer, die ein besonderes, delikates Verhältnis zu nationalistisch-rechtspopulistischen Regierungschefs pflegen, wie etwa zu dem ungarischen Ministerpräsidenten Viktor Orbán. Dass Horst Seehofer den US-Präsidenten Donald Trump nach dessen Amtseinführung lobte, ist da nur konsequent: »Er setzt mit Konsequenz und Geschwindigkeit seine Wahlversprechen Punkt für Punkt um. In Deutschland würden wir da erst mal einen Arbeitskreis einsetzen, dann eine Prüfgruppe und dann noch eine Umsetzungsgruppe.«[12]

*

Beschäftigt man sich intensiver mit mafiosen Beziehungssystemen, stößt man unweigerlich auf Pietro Grasso. Er war von 2008 bis 2012 Leiter der Nationalen Antimafia-Staatsanwaltschaft und ist inzwischen Präsident der zweiten Kammer des italienischen Parlaments, des Senats: »Die Mafiamethode, die illegalen Begünstigungen Vorschub leistet und Wettbewerb verhindert, wurde in einigen Grenzgebieten von Politik und Wirtschaft abgekupfert, wo räuberische Geschäftemacher-Cliquen wie Pilze aus dem Boden schießen.«[13]

Und ein ehemaliger Capo der Cosa-Nostra-Familie Gambino in den USA meinte, ohne sich direkt auf US-Präsident Trump zu beziehen: »Die Mafia hat die gleiche Machtstruktur wie eine Regierung oder ein Unternehmen. In allen drei Organisationen ist die gleiche Cleverness nötig, um nach oben zu kommen.«[14] Gianfranco Donadio, der erfahrene Anti-Mafia-Staatsanwalt, konstatierte deshalb: »Wir erleben momentan das Jahrhundert der Mafien, und das ist sicher kein italienisches, sondern ein globales Problem.«[15]

1. KAPITEL

Über den Mutationsprozess der italienischen Mafia zur Regierungsmacht

Zahlreiche Indizien belegen nicht nur den qualitativen Sprung, sondern auch die Mutation der klassischen Mafia hin zu einer politischen Formation. Wenn eine mafiose Organisation, schreibt die Soziologin Kim Lane Scheppele von der Princeton-Universität in New Jersey in Bezug auf den EU-Mitgliedsstaat Ungarn,

> »sich von der Unterwelt zur Oberwelt wandelt und selbst den Staat kontrolliert, benutzt der entstandene Mafiastaat seine neu erworbene Macht und entwickelt sie nach den Prinzipien einer Mafia – sie hält ihre eigenen Mitglieder mit rigoros durchgesetzten Disziplinarmaßnahmen in Schach, belohnt sie mit den Insignien der Macht, und sie bedroht ihre Feinde mit Strafverfolgung, Haftungsverfahren, Steuerprüfung, Enteignung, Verweigerung von Arbeitsmöglichkeiten, Überwachung und sogar, verschleiert, mit Gewaltanwendung«.[16]

Tatsächlich finden sich aufschlussreiche Übereinstimmungen zwischen den klassischen italienischen Mafien und den Neuen Paten.

»Ein Charakteristikum der italienischen Mafien, nicht nur der 'Ndrangheta, ist schließlich, dass sie kriminelle Vereinigungen sind, die nicht nur auf die Vermehrung von Reichtum aus sind, sondern auch auf die Ausübung von Macht. Es ist allgemein bekannt, dass sich die Mafiosi schon immer dadurch ausgezeichnet haben, dass sie traditionelle Werte zu manipulieren und instrumentalisieren wussten, mit dem Ziel, gesellschaftlichen Konsens und Legitimation zu erreichen.«[17]

Erste diesbezügliche Entwicklungen in Westeuropa haben sich seit geraumer Zeit abgezeichnet. So heißt es in einem Analysebericht des Bundesnachrichtendienstes (BND) über die Balkanländer vom 22. Februar 2005:

»Kennzeichnend für multifunktionale Personen mit politischer Ausrichtung ist, dass sie sich nicht selbst die Hände schmutzig machen, sondern ihren Einfluss in der ›Unterwelt‹ zur Durchsetzung ihrer Interessen nutzen. Sie schaffen durch ihre Beziehungen in Politik, Wirtschaft und bei den Ordnungskräften (Militär, Nachrichtendienste, Exekutivorgane) für die Mafia Freiräume und Zugänge zu deren klassischen Betätigungsfeldern.«

Demnach strebten damals maßgebliche Akteure auf dem Balkan entweder in hohe Regierungs- oder Parteiämter und/oder pflegten gute Beziehungen zu diesen Kreisen. Der Bericht spricht von der »Multifunktionalität« dieser Personen, die zwischen höchsten Regierungskreisen, militärischen und dominierenden Führungsstrukturen der Organisierten Kriminalität angesiedelt sind. Heute sind sie nicht mehr »zwischen höchsten Regierungskreisen« angesiedelt. Sie tragen jetzt Regierungsverantwortung wie Hashim Thaçi oder Ramush Haradinaj im Kosovo, sie sind bei Staatsempfängen in Brüssel ebenso zu bewundern wie in Deutschland oder Österreich, und hin und wieder werden sie sogar hofiert.

Die renommierte Kriminalitäts- und Terrorismusforscherin Louise I. Shelley spricht in Bezug auf transnationale kriminelle Gruppen von der Konzentration und Fusion politischer und krimineller Macht. »Sie sind Teil einer neuen Regierungsführung und ersetzen manchmal den Staat. Sie kamen an die Macht, nachdem der Nationalstaat geschrumpft war und multinationale nichtstaatliche Akteure, multinationale Konzerne und Organisationen, Macht und Einfluss gewonnen hatten.«[18]

Bislang wird diese Fusion von politischer und krimineller Macht eher zurückhaltend als neuer Autoritarismus umschrieben. Dabei wäre es viel ehrlicher, wenn man im Falle einiger mächtiger Regierungschefs endlich eindeutige und unmissverständliche Einordnungen vornähme und sie so klar benennen würde, dass kein politisch korrekter Interpretationsspielraum mehr möglich ist. Diese Regierungschefs sind die Neuen Paten, die Capo dei Capi in Regierungsverantwortung. Sie spiegeln sowohl die Familienstrukturen der klassischen Mafien als auch – durch die gelungene Fusion von politischer und krimineller Macht – die Mafiamethoden wider. Die staatlichen Institutionen instrumentalisieren sie für den eigenen Machterhalt. Sie lassen Gesetze verabschieden, um das Illegale zu legalisieren. Sie schalten die Exekutive und Judikative gleich, um ihre Macht zu zementieren und sich und die Familie hemmungslos zu bereichern. »Wie ein Krebsgeschwür greift die Vorstellung um sich, die Regierung zu nutzen, um sich persönlich zu bereichern«, klagte Norman

Eisen, der Ethik-Anwalt von Ex-US-Präsident Barack Obama.[19] Er bezog sich dabei auf die neue US-Regierung unter Donald Trump.

Dabei ist die »Vorstellung, die Regierung zu nutzen, um sich persönlich zu bereichern«, nicht nur in den USA längst Realität, sondern auch in Ländern, in denen es im Gegensatz zu den Vereinigten Staaten keine unabhängige Justiz und kaum oder nur wenige unabhängige Medien gibt. In den USA funktioniert das System der Checks and Balances noch, obwohl der neue Amtsinhaber im Weißen Haus alles daransetzt, dieses Herzstück einer funktionierenden Demokratie auszuhebeln. Bei den von mir ausgewählten Regierungschefs, die das System Mafia beispielhaft in die politische Praxis umgesetzt haben (oder dabei sind, es zu tun), handelt es sich um drei amtierende Staatspräsidenten und einen Ministerpräsidenten. Sowohl die Ausgangspunkte als auch die Akteure sind unterschiedlich, nicht aber das Ergebnis – eine Mafia-Ordnung, die den Kapitalismus in seiner ungeschönten Realität durchsetzt.

*

Wladimir Putin in Russland, Recep Tayyip Erdoğan in der Türkei, Viktor Orbán in Ungarn und Donald Trump in den USA haben das, was die Familienkartelle der Mafien erfolgreich umgesetzt haben, entweder gänzlich zur offiziellen Regierungspolitik erklärt oder sind, wie beim US-Präsidenten Trump erkennbar ist, auf dem besten Weg dorthin. Stephen Bannon, der langjährige Chefberater und ideologische Chefstratege Donald Trumps, brachte es im Februar 2017 auf den Punkt: »Wir erleben die Geburt einer neuen politischen Ordnung.«[20]

Neun Thesen über die Neuen Paten

1. Die Neuen Paten haben das klassische Mafiasystem als Regierungssystem übernommen und durch die Mafiamethoden den gesamten Regierungsapparat gekapert. Sie benutzen die Sicherheits- und Regierungsbehörden, insbesondere die Nachrichtendienste, als strategisches Instrument der Machtsicherung.

2. Die Neuen Paten setzen gegen ihre Gegner rigide Disziplinierungsmaßnahmen durch, bedrohen sie mit Strafverfolgung, Steuerprüfungen, Enteignungen, Überwachung und Gewaltanwendung.

3. Die Neuen Paten verteidigen den kriminellen Raubtierkapitalismus mit allen Mitteln, zum einen, um sich, ihre Familienangehörigen und loyalen Helfershelfer zu bereichern, zum anderen, um ihre Macht zu zementieren.

4. Die Neuen Paten haben den Staatsapparat nicht nur übernommen, vielmehr sind sie die Capo dei Capi des Staatsapparates geworden. Damit ihre Politik von der Gesellschaft akzeptiert wird, bedienen sie sich einer rassistischen, nationalistischen und autoritären Ideologie. Daher sind auch die Neuen Paten, wie die italienischen Mafien, eng mit rechtsextremen Bewegungen und Parteien verbunden.

5. Beide Systeme, das der klassischen Mafien und das der Neuen Paten, regieren mit der Angst ihrer Untertanen und sind zutiefst undemokratisch. Beide zeichnen sich durch ein ihrem Wesen nach elitäres, antidemokratisches und dem Gleichheitsgrundsatz widersprechendes Grundmuster aus.

6. Wie die klassischen Capo dei Capi benötigen auch die Neuen Paten zwangsläufig Menschen, die sich ihrem Willen bedingungslos unterwerfen, aus Angst oder aufgrund von Abhängigkeit.

7. Die Neuen Paten beenden sowohl die bisherige, anarchistisch organisierte Korruption als auch die Aktivitäten diverser krimineller Organisationen. Sie ersetzen sie durch einen zentralisierten, weitgehend legalisierten Tribut, der an die Neuen Paten zu entrichten ist.

8. Die Neuen Paten waren auf unterschiedliche Art und Weise mit kriminellen Organisationen verbunden beziehungsweise sind es nach wie vor. Sie gewähren diesen traditionellen kriminellen Organisationen so lange Schutz, wie letztere die Herrschaft der Neuen Paten bedingungslos akzeptieren und ihnen zu Diensten sind.

9. Die Neuen Paten verschanzen sich hinter ihrer eigenen Wahrheit, die nicht angezweifelt werden darf. In ihrem Kosmos sorgen sie dafür, dass ihre Wahrheit von der Mehrheitsgesellschaft als die alleinige Wahrheit kritiklos übernommen wird. Wer ihr widerspricht, wird gnadenlos als Feind bekämpft.

Indizienlage und Beweise

Kann man tatsächlich die These vertreten, dass die Regierungsapparate (etwa Russlands, der Türkei, Ungarns und eben ansatzweise der USA) von einem Paten und dessen Clan übernommen wurden? Und dass dieser Pate und seine Leute durch eine Kombination von Zuneigung und Angst große Teile der Bevölkerung an sich gebunden, ja sogar einen gesellschaftlichen Konsens geschaffen haben? Werden selbst demokratisch gewählte Regierungen mit klassischen italienischen Mafiamethoden gesteuert? Ist das Merkmal dieser Regierungen ein hoch entwickeltes, hierarchisches Pyramidensystem, an dessen Spitze Familien/Clans wie die von Recep Tayyip Erdoğan in der Türkei, Wladimir Putin in Russland, Donald Trump in den USA und Viktor Orbán in Ungarn stehen? Und wenn ja, welche Teile dieses Systems sind deckungsgleich mit dem der traditionellen Mafien?

Jürgen Maurer, von 2010 bis 2013 Vizepräsident des Bundeskriminalamtes, der über enge Kontakte zu ausländischen Regierungen verfügt, gab mir dazu Folgendes zu Protokoll: »Die Mafia ist für einige Regierungen das absolute Vorbild, sowohl in ihrer Form wie in der Tendenz der politischen Gestaltung. Wie bei der Mafia wird versucht, die administrativen Vorgänge mit der Absicht zu kontrollieren, stabile Verhältnisse zur Machtsicherung zu schaffen.«

Der ehemalige Kriminaldirektor Uwe Kranz, bis 2007 bei Europol zuständig für Osteuropa und Südosteuropa und seitdem Berater von Regierungen und Privatwirtschaft zum Thema Organisierte Kriminalität, pflichtete Maurer bei: »Genau das ist der heutige Zustand, diese Einheit von Politik, Wirtschaft und Organisierter Kriminalität in bestimmten Regierungen. Das ist doch bekannt, aber man will es bei uns einfach nicht wahrnehmen.«[21]

Noch konkreter äußerten sich Personen, die in Italien selbst seit Jahrzehnten Erfahrungen mit den Mafien gemacht haben. Da ist zum einen der in Palermo lebende Soziologe Francesco Forgione. Er war von 2006 bis 2008 Vorsitzender der Parlamentarischen Anti-Mafia-Kommission in Rom, war als linker Politiker aktiv und ist jetzt Dozent an den Universitäten von L'Aquila und Rom. Außerdem publizierte er zahlreiche Untersuchungen zu den Mafien, insbesondere über die kalabrische 'Ndrangheta. Er kommt zu folgender Einschätzung:

> »Auf der einen Seite sind die italienischen Mafien autonome kriminelle Strukturen, die ihre Macht den sozialen, wirtschaftlichen und politischen Beziehungen verdanken, die sie durch ihre Einschüchterungstaktiken und die potenzielle Gewaltanwendung weiter ausbauen können. Gleichzeitig sind wir gerade Zeugen von Formen eines weltweiten autoritären Populismus, der auf Angst und Schrecken baut, inklusive der Kriminalisierung jeglicher Art von Opposition und/oder anderer Meinung.«[22]

Meine These stimme, so Forgione, wenn darüber hinaus folgende Sachverhalte zuträfen: »Die Kontrolle der Massenmedien, ein Polizei- und Sicherheitsapparat ohne jegliche demokratische Kontrolle; wirtschaftliche Entscheidungen, die nicht den demokratischen, sondern kriminellen Regeln folgen.« Denn genau diese Elemente seien in verschiedenen Phasen der italienischen Geschichte im Falle der Mafien nachgewiesen worden, insbesondere was den »institutionellen Schutz der Mafien und den damit verbundenen gesellschaftlichen Konsens betrifft«. Allerdings gelte es zu differenzieren: »Das Wichtigste ist, die Mafia strikt vom kriminellen Phänomen der Korruption oder undurchsichtigen Finanztransaktionen zu unterscheiden, auch wenn sie häufig mit Aktivitäten der Mafia verbunden sind.« Denn diese Erscheinungen sind in allen demokratischen und autoritären Systemen mehr oder weniger an der Tagesordnung.

Die gleiche Frage wie Francesco Forgione stellte ich auch Michele Prestipino, unbestritten einer der kenntnisreichsten italienischen Anti-Mafia-Staatsanwälte. Wenn er nicht gerade zu Ermittlungen unterwegs ist (stets begleitet von vier Personenschützern), arbeitet er in der schmucklosen

Cittadella Giudiziaria in Rom. Auf dem Weg zu ihm drängt sich beim Gang über die langen Gänge der Eindruck auf, dass hier seit den Sechzigerjahren nichts renoviert wurde. In seinem Büro hängt an einer Wand ein großes Plakat. »Wanted. Bernardo Provenzano.« Der einst berüchtigte Capo dei Capi der sizilianischen Cosa Nostra ist für mindestens 50 Morde verantwortlich. Am 11. April 2006 wurde er verhaftet. Prestipino war damals als Staatsanwalt in Palermo maßgeblich an den Ermittlungen gegen Provenzano beteiligt. Seit 2013 ist er nun Koordinator der Anti-Mafia-Staatsanwälte in Rom.

> »Wir haben in Italien aufgrund der historischen, sozialen und kulturellen Situation eine andere Lage als in allen anderen Ländern, was die Kriminalität angeht. Staaten wie Russland, die Türkei oder Ungarn kann man hingegen als Para-Mafia-Staaten bezeichnen. Was exportiert wurde, ist aber nicht die Mafia, sondern es sind die Methoden unserer Mafia. Die Familie Orbán kann daher nicht mit einer italienischen Mafiafamilie gleichgesetzt werden. Sie operiert vielmehr nach Mafiamethoden, absorbierte sie.«[23]

Nicht weit von Prestipinos Büro entfernt, auf dem gleichen Gang, sitzt Oberstaatsanwalt Giuseppe Pignatone, sein Vorgesetzter, der noch besser geschützt wird als Prestipino. Auch Pignatone war in den Neunzigerjahren Anti-Mafia-Staatsanwalt in Palermo, danach oberster Anti-Mafia-Staatsanwalt in Reggio Calabria. Er bestätigt Prestipinos Einschätzung. Und fügt hinzu: »Sowohl die sizilianische Mafia als auch die kalabrische 'Ndrangheta haben eine einheitliche Struktur. Die Schwierigkeit beim Kampf gegen sie ist, die Verbindungen zum sozialen Umfeld nachzuweisen, ohne das die Mafia nicht überleben könnte.«[24] Damit meinte er unter anderem die engen Verbindungen der Mafien beziehungsweise von deren Capi zu Unternehmern, Spitzenbeamten, Politikern, Rechtsanwälten, Richtern, Mitarbeitern des Justizministeriums und Exponenten der Gewerkschaften. Und er nennt als Beleg eine ganze Reihe entsprechender Ermittlungs- und Gerichtsverfahren, die dieses Beziehungssystem nachgewiesen hätten. Diese Verbindungen seien seit Jahrzehnten zentraler Bestandteil des italienischen Mafiasystems. Denn »die mafiose Macht würde keine territoriale Sicherheit genießen, wenn sie ohne ein wirksames Informations- und Kontrollsystem auskommen wollte, das von der Gruppe der Blutsverwandten und lokalen Freunde garantiert wird«.[25] Und Anti-Mafia-Staatsanwalt Gianfranco Donadio ist sich aufgrund seiner Ermittlungen sicher, dass die »kriminellen Netzwerke auch nachrichtendienstliche Netzwerke sind. Es gibt viele und enge Beziehungen zwischen der Mafia, ob Cosa Nostra oder 'Ndrangheta, und den Nachrichtendiensten.«[26]

*

Der Machtapparat der Neuen Paten zeichnet sich noch durch eine weitere, ganz besondere Qualität aus: Der gesamte Regierungsapparat, die Administration, auch die Geheimdienste, werden nicht mehr nach formellen rechtsstaatlichen Regeln und im Rahmen bürokratischer Strukturen geführt, die sich durch Transparenz auszeichnen, sondern mit den Methoden und der Mentalität der klassischen Mafien.

Ein zentrales Wesensmerkmal sowohl der Mafien wie der Neuen Paten ist, dass sie über enge geschäftliche und private Beziehungen zu den traditionellen Kriminellen verfügen. In

Italien duldet die Cosa Nostra inzwischen sogar andere kriminelle Aktivitäten,

> »aber in den Grenzen, wie es erforderlich ist, um seine eigene Stellung zu rechtfertigen. Jedweder Versuch, die höchste Stufe der Ehrbarkeit an sich zu reißen, der möglicherweise von irgendeinem Verbrecher in die Tat umgesetzt worden ist, wird mit der Grausamkeit der mafiosen Gewalt vernichtet.«[27]

Anti-Mafia-Staatsanwalt Michele Prestipino sieht das ähnlich: »Heute kooperiert die Cosa Nostra auch mit anderen kriminellen Gruppen, an deren Tätigkeiten sie nicht interessiert ist, etwa mit den im Drogenhandel in Palermo aktiven Nigerianern. Die Cosa Nostra duldet das, fordert jedoch einen Anteil an den Einnahmen.« Genau nach diesem Vorbild agieren auch die Neuen Paten.

*

Zwei Beispiele: In Spanien beantragte der Nationale Gerichtshof im Mai 2016 Haftbefehle gegen mutmaßliche Angehörige beziehungsweise Unterstützer russischer krimineller Organisationen. Die standen in engem Kontakt sowohl zu Staatspräsident Wladimir Putin als auch zu den wichtigsten kriminellen Organisationen in der Russischen Föderation. Der internationale Haftbefehl richtet sich unter anderem gegen einen ehemaligen Verteidigungsminister, einen General im Innenministerium und einen früheren stellvertretenden Ministerpräsidenten. In der Türkei wiederum agiert, mit Unterstützung Erdoğans, der bekannte Mafiaboss Sedat Peker. Um seine Ergebenheit gegenüber Erdoğan zu demonstrieren, erklärte Peker am 15. Juli 2017: »Ich werde alle Gegner dieses Systems aufhängen. Auch diejenigen, die in Haft sind, sollen sich vor dem Todesengel Peker nicht sicher fühlen. Ich werde die Gefängnisse stürmen und die Gegner dort töten.«[28]

Die Familie als Macht- und Bereicherungsoption

Als Capo dei Capi bezeichnet man gemeinhin ein führendes Mitglied der sizilianischen Cosa Nostra. Bei der kalabrischen 'Ndrangheta ist es der Capo Società. Wie sie zeichnen sich auch die Neuen Paten dadurch aus, dass sie unfähig sind, sich mit einer liberalen bürgerlichen Gesellschaft und dem demokratischen Gemeinwesen zu identifizieren. Stattdessen praktizieren sie eine Politik, mit der sie sich auf den Grenzlinien von Legalität und Illegalität bewegen können. Sie setzen ihre eigene Ordnung und ihre eigenen Regeln des Zusammenlebens durch. Und sie sind an Gewinn oder Vorteilen ausschließlich für ihren Clan, ihre Familie interessiert.

> »Der gegenwärtige kalabrische und sizilianische Mafiaführer muss eine sehr große eigene Familie besitzen und zusätzlich einen großen natürlichen Verwandtschaftskreis. Die grundlegende interne Beziehung ist die biologische Verwandtschaft ersten Grades. Mit der Zeit ersetzt sie zunehmend die anderen Beziehungstypen, um das ausschließliche innere Band der modernen Mafiagruppen zu werden.« [29]

Fürsorgliche Familienstrukturen und die private Bereicherung bedingen sich gegenseitig, sowohl bei der italienischen Mafia wie bei den Neuen Paten.

Auch die Neuen Paten in Russland, Ungarn, der Türkei und den USA (um nur einige zu nennen) beziehungsweise ihre Familien/Clans sind über Verwandtschafts- und Loyalitätsbindungen wie die italienischen Mafien in einer pyramidenähnlichen Ordnung miteinander verknüpft. An der Spitze steht das Oberhaupt der Familie, beispielsweise in den USA Trump, in der Türkei Erdoğan, in Russland Putin und in Ungarn Orbán. Wie bei der 'Ndrangheta geht es um Blutsverwandtschaft. In der Russischen Föderation spielt über die Blutsverwandtschaft hinaus noch die Familie der Nachrichtendienste eine zentrale Rolle, eine Bruderschaft, der man in der Regel sein Leben lang verpflichtet bleibt.

Das bedeutet, dass es in der Regel unmöglich ist, hier Personen zu finden, die der Herrschaft der Neuen Paten gefährlich werden könnten.

> »Der Nationalismus des Mafiastaates richtet sich nicht gegen andere Nationen. Aber gegen diejenigen innerhalb der Nation, die nicht Teil der politischen Familie sind, sich nicht der Familie als Vasallen unterordnen, Gegner der Familie sind. Mit anderen Worten, all jene, die nicht zum ›Haushalt‹ des Paten gehören, müssen dafür die Konsequenzen tragen«,

schreibt der ungarische Soziologe Bálint Magyar über den postkommunistischen Mafiastaat.[30] Er bezieht sich dabei auf Ungarn. Doch sein Befund gilt ebenso für Putin, Erdoğan oder Trump. »In diesem Sinne spricht man bei der Nation von der politischen Familie und deren Anhang.« Um ihre eigenen persönlichen Interessen zu verschleiern, propagieren die Neuen Paten daher eine nationalistische, kollektivistische Ideologie im Namen einer trügerischen sozialen Gerechtigkeit. »Den Gewinnern, also denjenigen, die zum inneren Kern gehören, fällt es leicht, diese Sprache zu entschlüsseln: ›Die Nation‹ ist in Wirklichkeit ein euphemistischer Ausdruck für die politische Familie.«[31]

Folgerichtig verbindet die diversen Familien der Cosa Nostra und der Neuen Paten das gemeinsame Ziel, sich und ihren Clan/ihre Familie zu bereichern, um absolute Macht zu generieren.

> »Ein Don muss eine seltene Kombination an Eigenschaften besitzen. Wie der Chef einer Armee muss er mutig, aggressiv, energiegeladen, clever, einfallsreich und intelligent sein und die Fähigkeit besitzen, in seinen Untergebenen unbedingte Loyalität zu wecken. […] Er muss ein Verwalter, ein Richter, ein Politiker, ein Diplomat, ein General und ein Geschäftsmann sein.«[32]

Was konkret damit gemeint ist, darüber gibt das »Gesetz« der italienischen Mafia Auskunft, welches der Soziologe Nando dalla Chiesa, Sohn des am 3. September 1982 in Palermo von der Cosa Nostra ermordeten Anti-Mafia-Präfekten Alberto dalla Chiesa, folgendermaßen zusammenfasst:

> »1. Meine Verbündeten sind all diejenigen, die mir ein Bündnis antragen oder es ihren Verbündeten empfehlen. Sie sind meine Freunde und achtbare Menschen. Alle anderen sind meine Feinde, und unter ihnen finde ich all die unehrenhaften Menschen. 2. Die Wahrheit gibt es nicht. Es gibt so viele Wahrheiten, wie es Parteien gibt oder

> Koalitionen unter ihnen. 3. Eine Situation ist gut, wenn ich an der Regierung bin oder in der Mehrheit sitze; sie ist schlecht, wenn ich mich außerhalb befinde.«[33]

Erinnert das nicht sehr an das Agieren etwa eines Wladimir Putin in der Russischen Föderation, eines Recep Tayyip Erdoğan in der Türkei, eines Viktor Orbán in Ungarn und (mit Abstrichen) eines US-Präsidenten Donald Trump, der inzwischen das Weiße Haus als sein Familienunternehmen betrachtet?[34] Wer ihre Herrschaft bedroht, ist ihr Feind – in demokratischen Staaten sind das immer die Medien und eine unabhängige Justiz. Sowohl in der Russischen Föderation als auch in der Türkei und Ungarn sind sie bereits ausgeschaltet, in Polen gibt es von Regierungsseite entsprechende Bestrebungen, die inzwischen erfolgreich sind. In den USA twitterte der neue Präsident wiederholt: »Die Fake-News-Medien sind nicht mein Feind, sie sind der Feind des amerikanischen Volkes.« Gemeint waren vor allem die liberale *New York Times* sowie die Fernsehsender CNN, NBC News, ABC und CBS. Vehement bekämpft Trump zudem die unabhängige Justiz. Ihm seien die Gewaltenteilung und die Unabhängigkeit polizeilicher Ermittlungen gleichgültig, kommentierte Christoph Scheuermann im *Spiegel*. Trump würde ungehemmt »in das Räderwerk von Justiz, Polizei und Geheimdiensten eingreifen, um sich zu retten. Wie notorisch er lügt und wie egal ihm demokratische Werte und Normen sind.«[35]

*

Ob Mafiosi oder Neue Paten, gemeinsam ist ihnen, dass sie einen gnadenlosen Vernichtungswillen gegen all jene an den Tag legen, die ihre Familie/ihren Clan bedrohen. Dabei schrecken sie auch vor der klassischen Ultima Ratio, Mord, nicht zurück. Bei der Mafia sind es in der Regel Morde, die, wie jede Bestrafung für den Verstoß gegen die Regeln der Familie, der Aufrechterhaltung eines kulturellen Systems dienen.

Die Liquidierung gefährlicher Polizisten, Staatsanwälte, Richter oder Journalisten bis hin zum blutigen militärischen Machtkampf um die Vorherrschaft über ein Territorium oder um dessen Ausweitung ist das Kennzeichen auch einiger der Neuen Paten. Bekannt ist die Mafia für die »Lupara Bianca«, den Mord, bei dem der Leichnam spurlos beseitigt wird, sodass nichts Belastendes mehr vorhanden ist. Ähnlich ist die Situation sowohl unter Putin als auch unter Erdoğan. Auch sie lassen Menschen, die ihr Herrschaftssystem bedrohen oder eine Konkurrenz sein könnten, entweder in Gefängnissen oder, wie Erdoğan, gleich ganz verschwinden. Betroffen sind etwa Journalisten, Vertreter von Menschenrechtsorganisationen oder auch unabhängige Politiker. In der Türkei sind inzwischen Hunderte von Oppositionellen, insbesondere Kurden, von einem Tag auf den anderen verschwunden. Anfang April 2017 beschuldigten die Vereinten Nationen die türkische Regierung schwerer Menschenrechtsverletzungen gegenüber Kurden, die im Südosten der Türkei leben. Beklagt wurden außerdem großflächige Zerstörungen und Folter von im Südosten der Türkei lebenden Kurden. Der Bericht zählte Verbrechen der Sicherheitskräfte auf, unter anderem Folter und das »Verschwindenlassen« von Verdächtigen. Der UN-Menschenrechtskommissar Seid Ra'ad al-Hussein kritisierte zudem, dass es keine einzige Festnahme und kein einziges Ermittlungsverfahren gegen Mitglieder der Sicherheitskräfte gegeben habe.[36]

Demgegenüber behauptet der türkische Präsident Erdoğan im Brustton der Überzeugung, dass die Türkei ein Hort der

Demokratie sei und die Menschenrechte dort sogar weiter entwickelt seien als in den europäischen Ländern. So wenig wie Putin schließt auch Erdoğan militärische Interventionen zur Ausweitung des eigenen Territoriums aus. Während Putin die Krim eroberte und den Osten der Ukraine, intervenierte Erdoğan im Norden von Syrien, um dort die Kurden zu vertreiben. Für Ungarn kommen militärische Eroberungen oder Massenverhaftungen politischer Gegner nicht infrage. Die EU-Mitgliedschaft verhindert beziehungsweise reduziert die Möglichkeiten Orbáns, offene Gewalt einzusetzen, um seine Herrschaft abzusichern, im Gegensatz zu Putin oder Erdoğan.[37]

Schutzgelderpressung als Manifestation territorialer Macht ist immer noch eine klassische Mafiamethode. An die jeweils herrschende Mafiafamilie muss der Unternehmer eine Schutzgebühr zahlen, ein Tribut, »u pizzu« genannt. Die Neuen Paten kennen das ebenfalls. Sie nennen es nur anders. »Eigentlich haben wir ein staatliches System der Schutzgelderpressung.« Das sagt Boris Titow, Vorsitzender eines Moskauer Antikorruptionskomitees und Unternehmensbeauftragter des früheren russischen Präsidenten Dmitri Medwedew.[38]

In Russland spricht man vom »rejderstwo«. Unternehmen mit guten Kontakten zu den Behörden sorgen dafür, dass ihre Konkurrenten zum Beispiel in Gerichtsprozesse verwickelt werden, um nach deren Verurteilung durch korrupte Richter die Firmen zu übernehmen. Geschätzt wird, dass es jährlich 70 000 Fälle solcher »Übernahmen« gibt.

In der Türkei wird ähnlich vorgegangen, hier unter dem Vorwand, das Unternehmen gehöre einer Terroristenorganisation an, und zwar der des islamistischen Predigers Fethullah Gülen. Beweise braucht es nicht. Mehr als 800 Unternehmen wurden nach dem sogenannten Militärputsch vom Sommer 2016 ohne gerichtliche Entscheidung enteignet und kurzerhand den Freunden des Staatspräsidenten Erdoğan oder seiner Partei, der AKP, überschrieben. Dabei hatte Erdoğan das System der Schutzgelderpressung bereits als Istanbuler Oberbürgermeister begriffen. Beispielsweise mussten, so der türkische Journalist Tarkan S. (Name geändert), einer der besten Kenner der islamistisch-mafiosen Szene in der Türkei, alle Unternehmen, die mit der Istanbuler Stadtverwaltung Geschäfte machen wollten, ein Prozent der Auftragssumme an eine Kasse zahlen, die »havuz« (Becken) genannt wurde. Über die verfügte das Stadtoberhaupt beziehungsweise seine Partei, die AKP.

*

Was unterscheidet nun die klassische Mafia bezüglich Selbstdarstellung und unbändiger Machtgier von den Neuen Paten, den postmodernen *uomini d'onore*, den Putins, Erdoğans, Orbáns oder Trumps, um nur einige zu nennen? Diese Frage wäre vielleicht zu vernachlässigen, ginge es nur um die teilweise krankhaften Attribute des Narzissmus. Aber Trump und Putin haben jederzeit die Möglichkeit, einen globalen Atomkrieg auszulösen. Dass Trump beispielsweise dabei auf bedingungslose Loyalität zählen kann, zeigt die Aussage des Kommandeurs der US-Pazifikflotte, Admiral Scott H. Swift. Auf die Frage eines Zuhörers während einer Sicherheitskonferenz in Australien, ob er in der kommenden Woche eine Atombombe auf China abwerfen würde, wenn er vom US-Präsidenten den Befehl erhielte, lautete seine Antwort »Ja«,[39] wohl wissend, dass Donald Trump nach Meinung vieler Experten unter einer krankhaften narzisstischen Persönlichkeitsstörung leidet, verbunden mit größenwahnsinniger Selbstüberschätzung, was eine ständige Bedrohung für den Weltfrieden bedeutet.

Die Angst vor einem Atomkrieg wächst. Diese Angst ist

nicht aus der Luft gegriffen. Als Antwort auf den größenwahnsinnigen Despoten in Nordkorea, der trotz internationaler Proteste sein Atomwaffenprogramm ausbaut und im September 2017 unterirdisch sogar eine Wasserstoffbombe zündete, hatte Trump bereits im August 2016 als Präsidentschaftskandidat die rhetorische Frage gestellt: »Wenn wir Atomwaffen haben, warum setzen wir sie nicht ein?«[40]

Bedingungslose Loyalität ist ein zentrales Element mafioser Zusammenschlüsse. Loyalität um jeden Preis wird belohnt, wer sich illoyal verhält, der wird bekämpft. Ein Beispiel dafür bot die erste Sitzung von Trumps vollständigem Kabinett am 13. Juni 2017. Trump ließ sich von den Ministern feiern, nachdem er verkündet hatte, der bislang erfolgreichste Präsident in der US-Geschichte zu sein. »Was folgte, lieferte ein Zeugnis der Unterwürfigkeit und Verblendung ab, wie es in der Politik in dieser Form nur selten zu sehen und zu hören ist. Ausnahmslos jeder Minister lobt den Chef über den Klee. Bis zur Selbstverleugnung.«[41]

Das Beispiel der italienischen Mafien liefert zwei zentrale Erkenntnisse:

1. Korrupte und mafiose Strukturen haben Italien tief infiltriert, und die Strukturen und Methoden der italienischen Mafien haben sich längst als Herrschaftsinstrumente in einigen westlichen, selbst in demokratisch legitimierten Regierungen etabliert.

2. Eine funktionierende Justiz, freie Medien, eine bürgerliche Zivilgesellschaft und demokratische Parteien bieten die einzige Möglichkeit, diese Zustände zu bekämpfen.

Was jedoch ist, wenn diese Instrumente demokratischer Kultur nicht mehr oder nur noch rudimentär vorhanden sind?

2. KAPITEL

Donald Trump – über Geheimnisse, die eigentlich keine mehr sind

Unbestritten handelt es sich um eine unglaubliche Erfolgsgeschichte: die eines historisch gewachsenen, patriarchalisch strukturierten Konsortiums mit internationalem Renommee, an dessen Spitze der Immobilienmogul Donald Trump steht.

Seit dem 20. Januar 2017 ist dieser Donald Trump der 45. Präsident der Vereinigten Staaten von Amerika. Seinen Amtseid leistete er auf den Stufen des Kapitols in Washington nicht auf einer, sondern gleich auf zwei Bibeln. Die eine hatte bereits Abraham Lincoln benutzt, die andere war seine Familienbibel. In seiner 16-minütigen Antrittsrede verkündete der neue US-Präsident unter anderem:

> »Gemeinsam werden wir Amerika wieder stark machen. Wir werden Amerika wieder wohlhabend machen. Wir werden Amerika wieder stolz machen. Wir werden Amerika wieder sicher machen. Und ja, gemeinsam werden wir Amerika wieder großartig machen. Danke. Gott segne euch. Und Gott segne Amerika. Danke. Gott segne Amerika.«[42]

Trump präsentierte sich als der Prophet, der sein Volk aus der Bedrängnis in das neue Paradies führt, als Heilsbringer – übrigens ein charakteristisches Merkmal der Neuen Paten. Ähnlich maßlos übertreibend hatte er in der Vergangenheit seine »großartigen«, »prächtigen«, »einzigartigen« Immobilien der vermögenden Kundschaft angedient. Blickt man hingegen ein wenig genauer in diese Vergangenheit, dann wird deutlich, dass es in der jüngeren Geschichte der USA keinen einzigen Präsidenten gab, der so viele schmutzige und kriminelle Verbindungen hatte, darunter auch solche zur Mafia, wie Trump. Hätte es die heutigen italienischen Anti-Mafia-Gesetze bereits in den Siebziger- oder Achtzigerjahren des vorigen Jahrhunderts in den USA gegeben, wäre Trump nie US-Präsident geworden, sondern eher hinter Gittern gelandet. Denn »so viele Partner der Trump-Organisation wurden wegen finanzieller Delikte verurteilt, angeklagt oder mit Ermittlungsverfahren überzogen, dass es kaum mit dem Zufall oder einer bloßen Verletzung der Sorgfaltspflicht zu erklären ist. In den US-Gerichten erklären die Richter den Geschworenen routinemäßig, dass ›niemand sich der Verantwortung für ein Verbrechen entziehen kann, indem er bewusst ignoriert, was offensichtlich ist‹.«[43]

Und heute? »Er ist ein demokratiefeindlicher Plutokrat – und lernt jetzt langsam, seine Macht anzuwenden«, kommentierte Marc Pitzke am 29. April 2017 die ersten einhundert Tage von Trumps Präsidentschaft:

> »Die Beamtenschaft hat er fast aufgelöst, das Wahlverfahren diskreditiert, den Kongress würde er am liebsten umgehen und die missliebigen Gerichte ›auflösen‹, weil sie ihm als letzte Schutzinstanz der Verfassung die Stirn zu bieten wagen. Die Medien hasst er auch, braucht sie

> aber, um seine Sucht nach Selbstdarstellung zu stillen. Noch hält das System.«[44]

Dazu passt, dass Trump nach Recherchen der *Washington Post* in diesen einhundert Tagen 492 Mal falsche oder irreführende Aussagen gemacht hat.

> »Natürlich haben auch Präsidenten vor Trump immer mal wieder Lügen verbreitet, doch die meisten Beobachter sind sich einig: Kaum ein Vorgänger habe ein derart gespaltenes Verhältnis zur Wahrheit gehabt wie der aktuelle Amtsinhaber. Nur an zehn von hundert Tagen habe Trump keine falschen oder irreführenden Aussagen von sich gegeben. An sechs dieser zehn Tage soll er übrigens Golf spielen gewesen sein.«[45]

Donald Trump ist das Musterbeispiel für das, was die Ermittlungen italienischer Staatsanwälte und Forschungen von Wissenschaftlern über die unheilvolle sogenannte Graue Zone der italienischen Mafia herausgefunden haben. Es geht um »die Verbindungen von Komplizenschaft und Kollusion mit den Mafien. Demnach gibt es zwischen Mafiosi und den Externen, also jenen, die nicht der Mafiafamilie angehören, Win-win-Situationen. Alle gewinnen dabei.«[46] Und genau in dieser Grauen Zone verstand es Donald Trump, sich zu bewegen und dadurch seine exorbitanten Gewinne im Immobiliensektor zu realisieren, die schließlich zu seiner Präsidentschaft führten.

Einblicke in die große Familie des Neuen Paten

»Der Kern der Mafiafamilie in Italien«, schreibt der Historiker Jens Petersen,

> »besteht in einer realen Blutsverwandtschaft Vater-Söhne-Enkel. Um den Kern herum lagert sich dann mit Heiraten, Patenschaften, Adoptionen die erweiterte Familie. Sie schließlich ist umgeben von einem Bereich klientelar eingebundener Abhängiger und Freunde, die bei Bedarf mobilisiert werden können. Sie bildet einen eigenen sozialen Organismus mit z. T. parastaatlichen Funktionen. Die größeren unter ihnen rekrutieren regelrechte Privatarmeen.«[47]

Sowohl die klassische Mafia als auch die Neuen Paten sind unfähig, sich mit einer liberalen bürgerlichen Gesellschaft und dem Gemeinwesen zu identifizieren. Ein typisches Beispiel ist der Casino-Mogul und Trump-Geschäftspartner Phil Ruffin, dessen Vermögen auf 2,6 Milliarden US-Dollar geschätzt wird. Gemeinsam diskutierten die beiden am 29. März 2017 bei einem Dinner im Weißen Haus ein potenzielles Infrastrukturprojekt der neuen Regierung: den Bau einer Hochgeschwindigkeitsstrecke zwischen Kalifornien und Las Vegas.[48] Kosten: 6,9 Milliarden US-Dollar. Dafür soll ein staatlicher Kredit von fünf Milliarden US-Dollar gewährt werden. Donald Trump besitzt in Las Vegas das Trump International Hotel, gemeinsam mit Phil Ruffin. Der neue US-Präsident fand die Idee großartig, weniger wohl wegen der vielen neuen Arbeitsplätze als wegen der hohen Profite, die sie seinem Unternehmen bescheren würde. Und im August 2017 beantragte die Trump Organization, dass unter anderem für ein geplantes neues Spielcasino auf der chinesischen Insel Macau die Rechte für die Marke Trump vergeben werden, womit sich der Trump Organization eine neue Geldquelle erschließen würde. Macau ist übrigens bekannt dafür, dass über seine Casinos in großem Umfang Geld gewaschen wird.

> »Bereits im Jahr 2001 gehörte Donald Trump einen Konsortium von milliardenschweren Investoren an – einschließlich zweier Männer, die wegen Bestechung und Geldwäsche in unabhängigen Fällen verurteilt waren –, die erfolglos eine Casinolizenz in Macau erwerben wollten, wie das *Wall Street Journal* im letzten Jahr berichtete.«[49]

Und wahrscheinlich ist es nur Zufall, dass das Management des Trump International Hotel in Washington offiziell zugibt, dass es seine Strategie ist, die Popularität des US-Präsidenten zu kapitalisieren. Seien es die hohen Zimmerpreise, der Kaffee, der serviert wird, die teuren Getränke an der Bar, jede Speise – mit alledem generiert die Trump-Familie weitere Einnahmen.[50]

*

Bislang wird das, was im Zusammenhang mit der Familie Trump und dem US-Präsidenten zu beobachten ist, sehr zurückhaltend als ein System der Vetternwirtschaft beschrieben, das stark an die korruptesten Länder der Welt erinnert.[51]

Der Wahrheit sehr viel näher kam Simon Riesche in der *Frankfurter Allgemeinen Zeitung* bereits am 17. November 2016, als die ersten Ansätze einer verhängnisvollen Entwicklung deutlich wurden:

»Viele Beobachter fühlen sich an Clan-Strukturen von Bananenrepubliken erinnert, bei denen nicht klar ist, wo die Politik endet und das Familiengeschäft beginnt. Wer in solchen Systemen Einfluss auf die Regierung ausüben wolle, der könne diesen Familienmitgliedern einfach einen Gefallen tun, um näher an die Person mit der Macht heranzukommen.«

»Ich mag Vetternwirtschaft«, vertraute Donald Trump im Jahr 2006 dem US-Journalisten Larry King an. Zuvor hatte er seine bisherige Partnerin in der Reality TV-Sendung »The Apprentice« und Managerin in seinem Immobilienunternehmen durch seine Tochter Ivanka ersetzt.[52] Ebenso offen bekannte sich sein Sohn Eric zum Nepotismus: »Nepotismus ist ein Lebensfaktor. Wir könnten hier sein wegen Nepotismus, aber wir sind nicht deshalb hier. Wenn wir nicht einen guten Job machen würden, wenn wir nicht kompetent wären, glauben Sie mir, wären wir nicht an der Spitze.[53] In einem Interview mit der britischen Tageszeitung *The Telegraph* legte er noch nach.

»Man vertraut den Menschen, die einem am nächsten sind. Er weiß, dass ich mich um die Familie kümmere. Er weiß, dass ich mich um die Marke kümmere. Er weiß, dass ich mich besonders um das Eigentum kümmere. Ist das Nepotismus? Absolut. Ist es also eine wunderbare Sache? Absolut. Familiengeschäfte sind eine wunderbare Sache. Das Gleiche gilt für Ivanka. Sie ist in Washington an seiner Seite.«[54]

Und in einem Tweet der Trump Organization schrieb er: »Wir sind ein unglaubliches Team. Wir agieren als eine Familieneinheit.« In einem Gespräch mit Dan Alexander von *Forbes* wurde er nach der Trennung von Unternehmen und Politik befragt. »Ich rede nicht über die Regierung mit ihm und er nicht mit mir über die Geschäfte.« Aber zwei Minuten später bestätigte er in dem Gespräch, dass er seinen Vater über die Geschäfte auf dem Laufenden hält. Wie oft er das tue, fragte ihn Alexander. Vierteljährlich? »Wahrscheinlich. [...] Ich rede oft mit ihm.«[55]

Wenn eigene Profitinteressen das politische Handeln bestimmen

Theatralisch überschrieb der neue US-Präsident Donald Trump die Kontrolle seines milliardenschweren Unternehmens seinen beiden Söhnen. Am 11. Januar 2017 versprach er in Washington, D.C., hoch und heilig, sich komplett aus dem aktiven Geschäft zurückzuziehen. In einer Art Fernsehshow, umrahmt von vielen Aktenordnern, verkündete er im Beisein seiner Rechtsanwältin, seine Unternehmen an Treuhänder zu übergeben und mit seinen Söhnen nicht über Erfolg oder Misserfolg seiner Unternehmen zu reden. Das großspurige Versprechen hielt nicht lange. In einer am 10. Februar 2017 bekannt gewordenen Klausel der Vereinbarung, die von Journalisten des Enthüllungsmagazins *Politico* veröffentlicht wurde, heißt es plötzlich, dass Firmen der Trump-Gruppe künftige Profite oder Kapital an Donald J. Trump verteilen können, wenn dieser es verlangt.

> »Das bedeutet, dass er oder sein Sohn und sein langjähriger Anwalt von jedem seiner Geschäfte zu jeder Zeit

> Geld entnehmen können, ohne es offenzulegen. Der Präsident der Vereinigten Staaten hat also ein direktes finanzielles Interesse an der Profitabilität des Unternehmens und kann Einnahmen generieren, ohne jemals Rechenschaft darüber ablegen zu müssen.«[56]

Und bekanntermaßen weigert sich Trump beharrlich, seine Steuererklärungen der letzten Jahre zu veröffentlichen.

Herzlich willkommen im Weißen Haus war Mauricio Macri, der seit 2015 amtierende argentinische Präsident, ein Repräsentant des neoliberalen Wirtschaftssystems. Die Veröffentlichung der »Panama Papers« im Jahr 2016 brachte ihn in Schwierigkeiten. Dort wurde er als Direktor zweier Firmen genannt. Während seiner Amtszeit als Bürgermeister von Buenos Aires hatte er diese Tätigkeit nicht offengelegt. Doch darüber hat er sicher nicht mit Donald Trump gesprochen. Offiziell wurden bilaterale und regionale Angelegenheiten erörtert. Mauricio Macri ist der Sohn eines reichen Immobilienmaklers und kennt Trump seit Jahrzehnten. Er und sein Vater kauften in Manhattan Immobilien von Donald Trump. Im Jahr 2016 dementierte die argentinische Regierung, dass Trump Macri gebeten habe, das Genehmigungsverfahren für ein geplantes Trump-Tower-Projekt bei Buenos Aires zu beschleunigen. Die Stadtverwaltung von Buenos Aires hatte ausdrücklich erklärt, dass keine Genehmigung erteilt werde.[57] Das wurde am 25. November 2016 von der Nachrichtenagentur Reuters gemeldet. Am 4. Januar 2017 erklärte die Trump Organization, nachdem das Bauprojekt in den USA und Argentinien heftig diskutiert worden war, dass es keine Pläne gebe, den Buenos Aires Tower zu bauen. Das Treffen im Weißen Haus jedenfalls verlief für alle Beteiligten sehr zufriedenstellend.

Eindeutiger ist der folgende Fall, wenn es darum geht, geschäftliche und politische Interessen harmonisch miteinander zu verknüpfen. José Roberto Antonio wurde kurz vor der Wahl Trumps von dem philippinischen Präsidenten Rodrigo Duterte zum Sondergesandten für die USA ernannt. Er soll die philippinischen Geschäftsinteressen in den Vereinigten Staaten wahrnehmen. Antonio ist einer der reichsten Filipinos und mit seinem Investmentunternehmen auch im Immobilienbereich aktiv. Der philippinische Außenminister beschrieb den neuen Sondergesandten als die »perfekte Wahl für diese Position, aufgrund seiner jahrelangen Erfahrungen als Unternehmer mit einem großen Netzwerk in der Geschäftswelt der USA«.[58] Roberto Antonio war hilfreich beim Bau des Trump Tower in Manila. Vor dem Trump Tower prangte während der Bauperiode ein riesiges Foto von Ivanka Trump, und Donald Trump selbst pries die Antonio-Familie in den höchsten Tönen.

Antonio ist eng verbunden mit Duterte. Auch der scheint einen guten Draht zu Donald Trump zu haben. Ohne Wissen des US-Außenministeriums telefonierte der US-Präsident am 30. März 2017 sehr ausführlich mit dem philippinischen Präsidenten und lud ihn nach Washington ein. Er hatte ihn schon einmal eingeladen, im Dezember 2016, als er noch Präsidentschaftskandidat war. In dem Telefonat wurde auch über den Kampf gegen die Drogen gesprochen. In der offiziellen Mitteilung des Weißen Hauses hieß es dazu: »Die beiden Präsidenten haben auch über die Tatsache gesprochen, dass die philippinische Regierung sehr hart dafür kämpft, das Land von den Drogen zu befreien, ein Übel, das viele Länder auf der ganzen Welt betrifft.«[59] In der vom philippinischen Außenministerium veröffentlichten Übersetzung des Telefongesprächs wird Trump mit den Worten zitiert:

»Ich möchte Ihnen gratulieren, denn ich habe von Ihrem unglaublichen Job gegen das Drogenproblem gehört. Viele Länder haben das Problem, wir haben ein Problem, aber Sie machen einen großartigen Job, und deshalb wollte ich Ihnen das mitteilen. Sie machen eine tolle Politik.«

Doch wie sieht diese von Trump hochgelobte »tolle Politik« konkret aus? Rodrigo Duterte werden schwerste Menschenrechtsverletzungen vorgeworfen, insbesondere durch die Todeskommandos, die auf Befehl des Präsidenten Jagd auf Drogendealer machen. Seit dem Amtsantritt Dutertes im Juni 2016 haben diese Todeskommandos schätzungsweise 7000 Menschen erschossen. Er selbst wird mit den Worten zitiert: »Menschenrechte sind mir egal, das könnt ihr mir glauben.«[60] In einem Bericht von Amnesty International vom Februar 2017 ist unter anderem zu lesen: »Hinrichtungen erfolgen umfassend, bewusst und systematisch.« Die Polizei habe wehrlose Menschen, darunter Kinder, getötet, Beweismittel gefälscht, Auftragsmörder für die Ermordung von Drogenkranken bezahlt sowie die Todesopfer und ihre Angehörigen beraubt. Auch seien Polizisten von ihren Vorgesetzten für das Töten bezahlt worden. Die Polizei verhalte sich »wie die verbrecherische Unterwelt«, gegen die sie Recht und Ordnung durchsetzen solle, heißt es in dem Report.[61] Was die Missachtung verfassungsrechtlicher Maßstäbe angeht, scheint Donald Trump sich von Duterte inspirieren zu lassen.

Denn was Gewalt gegen Kriminelle angeht, tritt er intellektuell in die Fußstapfen seines philippinischen Amtskollegen. So hielt Trump Ende Juli 2017 auf Long Island in New York eine Rede vor Polizeibeamten. Nach Medienberichten sagte er, dass für ihn ein viel härterer Umgang mit Festgenommenen völlig in Ordnung sei, etwa indem man ihren Kopf gegen den Polizeiwagen schlage. Mitglieder bestimmter Banden bezeichnete er als Tiere. Die anwesenden Polizeibeamten jubelten und riefen »USA, USA«. In einer anderen Rede hatte Trump zuvor bereits erklärt, dass der Kampf gegen kriminelle Gangs nicht auf »die politisch korrekte Art« erfolge.[62]

*

Zur Trump-Familie gehören auch seine Tochter Ivanka und deren Ehemann Jared Kushner. Die beiden sind im Weißen Haus überaus häufig zu sehen. »Trump hat Jared Kushner geradezu lächerlich viel Verantwortung übertragen – von der amerikanischen Außenpolitik über die Nahostpolitik bis hin zur Beseitigung des Drogenproblems in den USA und der Reform der Arbeitsweise der US-Regierung«.[63] Das Ehepaar tritt manchmal sogar in Vertretung des US-Präsidenten auf. Auch hier hatte Donald Trump zu Beginn seiner Amtsübernahme erklärt, dass seine Kinder in der Regierung natürlich keine Rolle spielen würden, auch keine inoffizielle.

Ivanka ist zweifellos eine clevere Unternehmerin. Den ersten gemeinsamen Fernsehauftritt mit ihrem Daddy nach der Inauguration nutzte sie, um für einen 10 800 Dollar teuren Armreif aus ihrer Kollektion zu werben. Als Donald Trump am 7. März 2017 einen Militärschlag gegen einen syrischen Luftwaffenstützpunkt anordnete, sei es seine Tochter gewesen, die ihn dazu animiert habe. Sie habe die Bilder der durch Nervengas ermordeten Kinder gesehen, sei untröstlich und empört gewesen und habe daher ihren Vater aufgefordert zu handeln. Das hört sich zwar abenteuerlich an, scheint aber die Wahrheit zu sein. »Ivanka Trump und andere hätten sich zweifelsfrei bei der Entscheidung eingeschaltet, erklärte der

Sprecher des Weißen Hauses, Sean Spicer, bei seinem täglichen Pressebriefing.« Und ihr Bruder Eric wurde noch deutlicher: »Ivanka ist dreifache Mutter, und sie hat Einfluss. Ich bin mir sicher, dass sie gesagt hat: ›Hör zu, das ist eine schreckliche Sache.‹ In solchen Momenten handelt mein Vater für gewöhnlich.«[64]

Bei aller moralischen Empörung verliert Ivanka Trump jedoch nicht ihre geschäftlichen Interessen aus dem Blick. Dazu gehört, dass sie in China um Investoren für ein 150-Millionen-Dollar-Projekt in den USA wirbt. Mit dem Geld soll der Bau von Luxus-Appartements in New Jersey finanziert werden. In China selbst haben die neuen Familienbeziehungen bereits Früchte getragen. Dabei geht es um die Vergabe von Markenrechten für ihr Unternehmen »Ivanka Trump Marks LLC«. Üblicherweise dauert ein solches Vergabeverfahren zwei Jahre. Ivanka Trump bekam ihre Markenrechte nach wenigen Monaten. Was vielleicht damit zusammenhängt, dass die Genehmigung einen Tag nach ihrem Dinner am 6. April 2016 mit dem chinesischen Staatspräsidenten Xi Jinping in dem Trump-Luxusresort Mar-a-Lago erteilt wurde. Ivanka Trump twitterte stolz über ihre beiden Kinder Arabella und Joseph: »Sehr stolz auf Arabella und Joseph für ihre Vorstellung zu Ehren von Präsident Xi Jinpings und Madame Peng Liyuans offiziellem Besuch in den USA.« Sie hatten ein Lied auf Mandarin vorgetragen. Nach eigenen Angaben florieren die Geschäfte der US-Präsidenten-Tochter. »Ihre Umsätze seien derzeit auf Rekordlevel, Importe und Vertrieb stünden ebenfalls hoch und seien auf Wachstumskurs, teilte das Unternehmen vor wenigen Tagen mit.«[65] Und der *Bild*-Zeitung war das Ganze die folgende Schlagzeile wert: »Warum Ivanka plötzlich in China absahnt.« [66]

Die ökonomisch-politische Echokammer der Multimilliardäre unter Trump

Stützen der klassischen Mafiafamilie sind grundsätzlich diejenigen, die auf die eine oder andere Art von ihr abhängig sind oder abhängig gemacht wurden beziehungsweise über gemeinsame Interessen verbunden sind. Das heißt, der Pate umgibt sich mit seinesgleichen, weil es mehr oder weniger die Sicherung der Herrschaft bedeutet.

»Die neue Regierungsmannschaft von Donald Trump wird wohl so vermögend sein wie kein anderes amerikanisches Kabinett je zuvor«, schrieb die *Frankfurter Allgemeine Zeitung*. Demnach sei das neue Kabinett zusammengerechnet 4,5 Milliarden Dollar wert.[67] Der Publizist Harald Schumann fasst das offenkundige Problem hinter diesen Zahlen des US-Kabinetts mit folgenden Worten zusammen, wobei er sich nicht nur auf die Trump-Regierung bezieht:

> »Diese ungeheuerlichen Milliardenvermögen bescheren einer kleinen Elite von Superreichen und den mit ihnen verbundenen Geldkonzernen eine kaum noch kontrollierbare Macht, eine Macht, die sie und ihre Verwalter, also die Top-Manager von Banken und Fonds, rücksichtlos dazu nutzen, ihre Interessen zu schützen, und zwar um jeden Preis. Und in der Folge verkommt alles Regieren, sogar in den stärksten Demokratien, zu einem bloßen Schauspiel der Ohnmacht.«[68]

Die Sicherung dieser Machtverhältnisse dürfte sicher ein wesentliches Motiv für Donald Trump bei der Besetzung seiner Regierung mit Wall-Street-Insidern und Superreichen gewesen sein. Die hatten sich vor allem dadurch für höchste politische Ämter qualifiziert, dass sie in ihren bisherigen Karrieren die eigenen Profitinteressen über das Gemeinwohl stellten. Ein Beispiel dafür ist die neue Bildungsministerin Betsy DeVos. Sie gehört einem der einflussreichsten republikanischen Familienclans an, der es bereits in der Vergangenheit verstand, mit seinem Vermögen politisch Einfluss zu nehmen.[69] Dabei wurden überwiegend diejenigen finanziell unterstützt, die das christlich-konservative Weltbild der Familie, zu welchem die strikte Ablehnung von Abtreibung und Homo-Ehe gehört, verbreiteten. Der Non-Profit-Organisation Center for Responsive Politics zufolge hat DeVos' Familie allein im Jahr 2016 etwa 2,7 Millionen Dollar an republikanische Kandidaten gespendet.

Bekannt in den USA ist auch ihr Bruder Erik Prince. Er war Gründer der privaten Söldnerorganisation Blackwater, unterstützte Donald Trumps Wahlkampf mit 250 000 US-Dollar und ist häufiger Gast bei Trumps rechtsradikalem Spin-Doctor Stephen Bannon. Der Autor Jeremy Scahill, der sich als Erster intensiv mit Blackwater beschäftigt hat, zitiert den Kongressabgeordneten Jan Schakowsky, der erklärte, dass Blackwater rein militärisch in der Lage gewesen sei, viele Regierungen dieser Welt zu stürzen:

> »Plötzlich ist ein profitorientiertes Unternehmen in Ländern rund um den Globus im Einsatz, das mächtiger ist als so mancher Staat und das da oder dort womöglich sogar einen Regimewechsel herbeiführen kann. […] Es stellt sich die Frage nach der Demokratie, nach der Bedeutung des Staates und danach, wer in der Welt Einfluss ausübt.«[70]

Nach zahlreichen Skandalen wurde Blackwater aufgelöst, und Prince gründete ähnlich strukturierte Unternehmen, unter anderem die Frontier Opportunities Limited. Letztere bietet heute unter anderem Transportdienstleistungen in der Luftfahrt an. Inzwischen hat er seine militärische Expertise der chinesischen Regierung angeboten und vorgeschlagen, in China zwei Trainings-Camps nach dem Vorbild seiner ehemaligen Zentren für Söldnertraining aufzubauen.[71]

In den USA fiel Prince abermals auf, als bekannt wurde, dass er sich am 11. Januar 2017, zehn Tage vor Trumps Inauguration, auf den Seychellen mit einem Repräsentanten von Wladimir Putin getroffen hatte.[72] Ermöglicht habe das Treffen Abu Dhabis Kronprinz Sheikh Mohammed bin Zayed al-Nahyan. Der hatte sich im Dezember 2016 im Trump Tower aufgehalten, wo er mit Stephen Bannon, Michael Flynn und Jared Kushner zusammentraf. »Es ist nicht bekannt, ob Prince bei diesem Treffen war. Aber er wurde in diesem Zeitraum im Trump Tower gesehen.«[73] Prince selbst erklärte, das Treffen auf den Seychellen sei nur »beiläufig« gewesen. Vermutet wurde, dass er einen zweiten Kanal für Verbindungen zwischen der Trump-Regierung und Putin schaffen wollte. Er war zwar nicht in offizieller Mission unterwegs, präsentierte sich jedoch als inoffizieller Vertreter von Trump.

Wichtige Mitglieder von Trumps Kabinett sind ehemalige Manager von Goldman Sachs. Sie spielten schon früher eine zentrale Rolle in der amerikanischen und globalen Finanzindustrie.

> »In den USA schafften es vor allem ehemalige Mitarbeiter von Goldman Sachs in der US-Regierung und dem Parlament sowie Wall-Street-Lobbyisten, eine echte Kontrolle des Finanzmarktes zu verhindern. […] Auch

in England, der Schweiz oder Deutschland ist hier bisher wenig geschehen.«[74]

Zu diesem Personenkreis zählt Gary Cohn, der Trumps Nationalen Wirtschaftsrat leitet. Er war bislang die Nummer zwei bei Goldman Sachs. Mit einem Nettovermögen von 610 Millionen Dollar wird Cohn von Trumps Wirtschaftsplänen besonders profitieren.

»Das ist wirklich ein historischer Tag für uns«, sagte Cohn bei der Vorstellung der Wirtschaftspläne des US-Präsidenten. »Darauf haben wir uns seit Langem gefreut. [...] Eine solche Gelegenheit, etwas wirklich Großes zu bewirken, kommt nur einmal in einer Generation.«

Die Grundsatzerklärung, welche die Reporter erhielten, listet auf einer Seite auf, was das »wirklich Große« sein wird: Es ist ein Raubzug, der Billionen Dollar aus der Staatskasse auf die Konten der Reichen und Superreichen spülen wird. Die Absicht, die dahintersteckt, ist nicht nur, den immensen Reichtum der Finanzaristokratie weiter zu vergrößern, sondern auch den Sozialprogrammen wie Medicare und Social Security die Mittel zu entziehen, um sie am Ende ganz einzustellen.

Es geht um die Abschaffung von Steuern, die nur Vermögende betreffen. Dazu gehören die Erbschaftssteuer, die alternative Mindeststeuer und der Zuschlag auf die Kapitalertragssteuer für Obamacare. Von der Streichung der Erbschaftssteuer profitiert Donald Trump ebenso wie von der geplanten Senkung der Körperschaftssteuer sowie der Steuer auf Unternehmensgewinne von jetzt 35 auf 15 Prozent, die als persönliches Einkommen gewertet werden. Trump schlug außerdem die Abschaffung der Steuern auf Profite vor, die US-Konzerne außerhalb des Landes erwirtschaften.

*

Arbeitsminister unter Donald Trump ist Alexander Acosta. Er war früher Anwalt einer Kanzlei, die spezialisiert ist auf private Investoren, Fusionen und Restrukturierungen von Unternehmen. Danach wurde er von George W. Bush zum Staatsanwalt in Miami/Florida ernannt und schließlich Präsident der US Century Bank, der größten Bank der hispanischen Gemeinde in Florida. In seiner Zeit als Staatsanwalt fiel er vor allem durch einen Deal mit Jeffrey Epstein auf, einem milliardenschweren Finanzjongleur und Freund sowohl von Donald Trump wie von Bill Clinton. Epstein wurde im Jahr 2008 wegen sexuellen Missbrauchs von mehr als 40 minderjährigen Mädchen angeklagt. Seine Assistentin wurde seinerzeit angewiesen, die Mädchen in sein Haus in Palm Beach zu bringen. Trotz aller Beweise fiel die Strafe ungewöhnlich niedrig aus: 13 Monate Gefängnis. Üblicherweise sind bei solchen Verbrechen 15 Jahre Haft vorgesehen. Es war Acosta, der diesen Deal mit den Anwälten des Angeklagten aushandelte. Epstein besitzt heute eine »40-Zimmer-Villa in New Yorks Upper East Side, eine Ranch nahe Santa Fe in New Mexico, ein Anwesen im El Brillo Way in Floridas Palm Beach, ein Appartement in Paris. Und neben der Boeing besitzt er einen Hubschrauber und einen beeindruckenden Fuhrpark an Luxusautos.«[75] Donald Trump jedenfalls kennt er immer noch sehr gut. Was dieser auch bestätigte: Ich kenne ihn seit 15 Jahren, »ein schrecklicher Kerl«. Im Jahr 2004 ließ ein ehemaliger Angestellter von Epstein ein Adressbuch mitgehen. Er nannte es Epsteins »Heiligen Gral«. Das Buch enthielt unter anderem auch den Namen von Donald Trump. Sechs Jahre später erklärte Epstein, »gesellschaftlich« mit Trump in Verbindung zu stehen. Auf die Frage eines Anwalts: »Waren Sie jemals mit Donald Trump gesellschaftlich in der Anwesenheit von Frauen unter 18 Jahren zusammen?«, erwiderte er:

»Obwohl ich diese Frage heute beantworten möchte, nehme ich doch mein Verfassungsrecht wahr.«[76]

Trumps erste Wahl für den Posten des Arbeitsministers war der Milliardär Andrew Puzder gewesen. Der berüchtigte Fast-Food-Unternehmer, der routinemäßig Arbeitsgesetze verletzt hatte und deshalb zu Bußgeldern in Millionenhöhe verurteilt wurde, musste jedoch zurücktreten, als Journalisten herausfanden, dass er eine illegale Haushaltshilfe beschäftigt hatte und seine erste Frau sich wegen »häuslicher Gewalt« von ihm hatte scheiden lassen.

Der Handelsminister, die russischen Freunde und die Deutsche Bank

Ebenfalls in der Grauen Zone bewegt sich der neue US-Handelsminister Wilbur Ross, und hier existieren abermals brisante Beziehungen nach Russland. Er und Trump kennen sich seit mehr als zwei Jahrzehnten, sind befreundet, und Ross hat Trump in der Vergangenheit bei finanziellen Schwierigkeiten geholfen. Er kümmerte sich unter anderem um eine Investition, die das Trump Taj Mahal Casino in Atlantic City betraf. Hier waren Schulden in Höhe von rund drei Milliarden US-Dollar aufgelaufen. Ross löste das Problem für Trump. Sein auf 2,9 Milliarden Dollar geschätztes Vermögen machte er mit Unternehmen, die vor dem Ruin standen. Er restrukturierte sie und verkaufte sie danach wieder. Für einen US-Handelsminister dürften jedoch seine Aktivitäten im Zusammenhang mit der Bank of Cyprus Fragen aufwerfen. Das zypriotische Geldinstitut, das in hochriskante griechische Staatsanleihen investiert hatte, überlebte dank Nothilfen der Zentralbank und den privaten Einlagen von Investoren und Gläubigern. Geschützt waren nur Einlagen unter 100 000 Euro. Betroffen waren auch vermögende Russen, die ihr Vermögen im steuergünstigen und bis dahin absolut sicheren Zypern geparkt hatten, das als eines der wichtigsten Geldwäscheparadiese in Europa und als Rettungsanker für dubiose Kapitaleinlagen bekannt ist. Nach Angaben des BND haben russische Anleger 26 Milliarden US-Dollar in Zypern deponiert, häufig Fluchtkapital oder Einnahmen aus kriminellen Geschäften.[77]

Im November 2014 kam Ross nach Nikosia und beteiligte sich mit einer Investition in Höhe von 360 Millionen Euro an der Bank of Cyprus. Er gehörte von nun an dem Vorstand an. Sein Co-Investor war Wladimir Strzhalkowski, der in amerikanischen Medien als ehemaliger KGB-Agent mit engen Verbindungen zu Wladimir Putin bezeichnet wird.[78] In den Achtzigerjahren des vorigen Jahrhunderts war Strzhalkowski mit Putin in Sankt Petersburg. Nach Angaben von Michail Glaszunow war er dort »Direktor einer Reiseagentur, die russische Prostituierte in finnische Motels vermittelte«.[79] Im Jahr 2008 wurde Strzhalkowski von Putin zum Vorstandsvorsitzenden des staatlichen Minenkonzerns Norilsk Nickel ernannt. Diesen Posten gab er im Jahr 2012 gegen eine Abfindung in Höhe von 100 Millionen US-Dollar auf. Von Journalisten darauf angesprochen, erklärte er, zehn Prozent davon an Witwen und Angehörige ehemaliger FSB-Mitarbeiter zu spenden. Mit einem anderen Teil seines Kapitals engagierte er sich mit 2,5 Prozent an der Bank of Cyprus und wurde, neben Ross, Vize-Vorsitzender. Auf den Grund für seine Investition angesprochen, gab er an, von Putin beauftragt worden zu sein, die 33 bis 50 Prozent der Geldeinlagen russischer Anleger zu schützen.

Wilbur Ross hatte noch ein weiteres Anliegen. Er wollte

unbedingt Josef Ackermann, den Ex-Chef der Deutschen Bank, nach Zypern holen. »Wir haben eine sehr kurze Namensliste erstellt, und der prominenteste darauf war Josef Ackermann«, sagte Ross laut dem US-Wirtschaftsmagazin *Bloomberg*. Er sah den Ex-Deutsche-Bank-Chef sogar als Schlüsselfigur. »Er kennt praktisch jeden in Europa und eine riesige Menge an Leuten in den USA und anderswo«, so Ross.[80] Dass es durchaus auch heftige Kritik an Josef Ackermann gab, schien Ross nicht zu interessieren. Simon Johnson, ehemaliger Direktor des Internationalen Währungsfonds (IWF), nannte Ackermann, als der noch Chef der Deutschen Bank war, einen »der gefährlichsten Bankmanager der Welt, weil er darauf besteht, eine Eigenkapitalrendite von 20 bis 25 Prozent zu erzielen«. Ein so hoher Gewinn sei nur möglich, weil Ackermann genau wisse, dass die Deutsche Bank ein Systemrisiko darstelle und daher von den Steuerzahlern gerettet würde, falls ein Konkurs drohe.[81] Das geschah im Zusammenhang mit der Finanzkrise im Jahr 2008 glücklicherweise nicht. Aber die Folgen von Ackermanns Handeln in der Bank waren verheerend. Und manche kundigen Finanzexperten wie Wolfgang Hetzer fragten ketzerisch: »Ist die Deutsche Bank eine kriminelle Vereinigung?« So lautete der Titel seines 2016 erschienenen Buches. Dafür sprechen Immobilienskandale in den USA, die wachsende Präsenz in Steueroasen, in denen Milliarden Steuergelder verschwinden, spekulative Zinswetten, die Kommunen und Mittelständler in den finanziellen Ruin trieben, Agrarfonds, die auf steigende Nahrungsmittelpreise setzen und den Hunger von Millionen Menschen duldend in Kauf nehmen, sowie Unternehmensfinanzierungen und Beteiligungen an Atom-, Kohle- und Rüstungsunternehmen, die Umwelt und Gesundheit von Hunderttausenden Menschen aufs Spiel setzen.

Ende 2012 musste Ackermann seinen Posten bei der Deutschen Bank räumen. Seinen Nachfolgern vermachte er mindestens zehn Milliarden Euro an Belastungen, die sie in der Bilanz für Gerichtsverfahren und drohende Strafen zurückstellen mussten. »Es gab eine kriminelle Kultur. Die Deutsche Bank war durch das Management so strukturiert, dass es korrupten Individuen den Betrug ermöglichte.«[82]

Und nicht zu vergessen: Wegen der skrupellosen Geldpolitik Ackermanns verloren mehr als 4000 Mitarbeiter der Deutschen Bank ihren Arbeitsplatz. In Donald Trump dürfte das Institut aber auf jeden Fall einen neuen Freund gefunden haben. »Einer Analyse des *Wall Street Journal* zufolge war die Deutsche Bank seit dem Jahr 1998 an Krediten über mindestens 2,5 Milliarden Dollar für Projekte seiner diversen Firmen beteiligt.«[83] So finanzierte die Deutsche Bank unter anderem »die Renovierung des vom Staat gemieteten Alten Postamts in Washington, wo erst im Oktober 2016 – kurz vor der Wahl – ein neues Trump-Hotel eröffnet wurde. Der 170-Millionen-Dollar-Kredit wurde 2015 gewährt.«[84]

Am 1. März 2017, nach seiner Ernennung zum US-Handelsminister, trat Wilbur Ross von seinem Posten im Vorstand der Bank of Cyprus zurück.

La Cosa Nostra und der unaufhaltsame Aufstieg des Donald Trump

Es stellt sich die Frage, wie der Aufstieg von Donald Trump in den Siebziger- und Achtzigerjahren des letzten Jahrhunderts eigentlich begann. Nach allem, was bislang bekannt ist, spielten dabei seine Verbindungen sowohl zur La Cosa Nostra, dem Ableger der sizilianischen Cosa Nostra, als auch zu russischen kriminellen Syndikaten nachweislich eine Rolle.

Doch kann man Donald Trump seine damaligen Verbindungen zur La Cosa Nostra wirklich zum Vorwurf machen? So schrieb Louis Ferrante, ehemals Capo innerhalb der Gambino-Familie:

> »Niemand hielt US-Präsident Jimmy Carter eine Pistole auf die Brust, als er den Gambino-Capo Anthony Scotto als Kandidaten für das Amt des Arbeitsministers ernannte. Ronald Reagans Arbeitsminister Ray Donovan stand unter dem Verdacht, gemeinsame Sache mit der New Yorker Genovese-Familie zu machen.«[85]

Anthony Scotto war in den Siebzigerjahren der mächtigste Mafioso in New York, ein Mitglied der La-Cosa-Nostra-Familie Gambino. Mächtig deshalb, weil er dem damaligen US-Generalstaatsanwalt Robert F. Kennedy freundschaftlich verbunden war, der ansonsten die Mobster als seine Todfeinde ansah. Scotto präsentierte in seinem Büro Fotos, auf denen er zusammen mit Lyndon B. Johnson zu sehen ist, sowie einen Brief Kennedys, unterzeichnet mit »Bob«. Er war immerhin zweimal Delegierter des Demokratischen Nominierungsparteitags und erklärte stolz, Millionen für den Wahlkampf des demokratischen Kandidaten Hugh Carey zum Gouverneur von New York gespendet zu haben.

Am 17. Januar 1979 wurde Scotto wegen Bestechung angeklagt und später auch verurteilt. Der zuständige US-Bezirksrichter Charles E. Stewart wunderte sich, dass ihn Briefe der ehemaligen New Yorker Bürgermeister Robert Wagner und John Lindsay sowie von großen Unternehmern erreichten, die allesamt Nachsicht für Scotto forderten. Die von der Staatsanwaltschaft beantragte Haftstrafe von 20 Jahren schrumpfte daraufhin auf fünf Jahre, und 1984 wurde Scotto aus dem Gefängnis entlassen.

Für den demokratischen Kandidaten Hugh Carey setzte sich auch Donald Trump ein. Wie sein Vater verstand es Donald Trump Jr. sehr früh, politische Verbindungen zu nutzen, um öffentliche Ausgaben in private Gewinne zu verwandeln. Obwohl Trump erklärte, dass er sich der Carey-Kampagne im Jahr 1974 angeschlossen habe, weil »ich wusste, dass er ein Gewinner war«, unterstützte er gleichzeitig dessen Rivalen mit einer Spende. An Carey spendete er 125 000 US-Dollar, außerdem höhere Summen an Kandidaten, die seine Bauprojekte beeinflussen könnten, etwa an den zuständigen Commissioner für Stadtplanung. Zum Dank verwandelte Carey eine staatliche Agentur, die Urban Development Corporation, in eine Art Trump-Tochtergesellschaft. Und Trump revanchierte sich bei dem Gouverneur mit hohen Spenden für dessen Wiederwahl im Jahr 1978, darunter ein Darlehen in Höhe von 300 000 US-Dollar, an dem auch Anthony Scotto beteiligt war.[86]

Damals kontrollierten fünf La-Cosa-Nostra-Familien mindestens 75 Prozent der gesamten New Yorker Bauindustrie. Das waren die Familien Genovese, Bonanno, Gambino, Luchese und Colombo. Sie bildeten eine Allianz, die Commission, deren Beschlüsse für alle Familienmitglieder bindend waren. Ebenso wichtig war ihre Herrschaft über die vier größten Gewerkschaften: die für Lkw-Fahrer, Hafenarbeiter, Arbeiter sowie Hotel- und Restaurantangestellte. Wer kein Schutzgeld an sie zahlte, hatte kaum Möglichkeiten, irgendein größeres Bauvorhaben zu realisieren. Ihre Macht beruhte auch darauf, dass sie sowohl politische Entscheidungsträger als auch städtische Angestellte und Teile der Polizei durch hohe Bestechungsgelder für ihre Interessen instrumentalisieren konnten. Das sizilianische Palermo wirkte im Gegensatz dazu fast wie ein Paradies. Genau in diese Phase fällt der Aufstieg des Immobilienmoguls Donald Trump.

Trump war seit 1971 Vorstandsmitglied der Trump Organization und übernahm das Unternehmen wenig später von seinem Vater Fred. Öffentliche Aufmerksamkeit erlangte der inzwischen 27 Jahre alte Jungunternehmer im Oktober 1973. Als Präsident der Trump Management Corporation in Brooklyn gebot er über 14 000 Appartements in Brooklyn, Queens und Staten Island. Damals beschuldigte die Bürgerrechtsabteilung des Justizministeriums sowohl Trumps Vater Fred und auch ihn selbst der Verletzung des Fair-Housing Act. Ihnen wurde vorgeworfen, Mietbedingungen an die Herkunft zu knüpfen. So beschied man etwa Schwarze, die Wohnungen seien nicht mehr verfügbar, wie David Dunlap am 16. Oktober 1973 in der *New York Times* berichtete. Die Reaktion von Donald Trump auf die Vorwürfe, laut David Dunlap: »Das ist absolut lächerlich. Wir haben niemals diskriminiert, und wir würden es auch nie tun.«[87] Dabei lagen den Behörden Hunderte entsprechender Aussagen vor. Beispielsweise die einer jungen Frau aus Jamaika, der die Vermieter einer Wohnung erklärt hatten, diese sei nicht verfügbar. Als einige Stunden später ihr weißer Freund nach derselben Wohnung fragte, wurde sie ihm gezeigt, und man bot ihm sofort einen Mietvertrag an.

Bei Donald Trumps Verteidigung gegen die ihn beschuldigende Behörde kam ihm der Rechtsanwalt Roy Cohn zu Hilfe, Trumps Rasputin genannt. »Schamlos, eiskalt, machtversessen«, beschrieb ihn die *Spiegel*-Journalistin Eva Schweitzer:

> »Der Jurist Roy Cohn verfolgte sowjetische Spione, vertrat mehrere Mafia-Größen, jagte Kommunisten mit Joe McCarthy. Und er brachte Donald Trump das politische Handwerk bei. [...] Die *Washington Post* beschreibt das ähnlich: ›Cohn brachte Trump bei, wie man Macht einsetzt und Furcht erzeugt, mit der Formel: Angriff, Gegenangriff, niemals entschuldigen.‹«[88]

Cohn verklagt in Donald Trumps Auftrag die US-Regierung auf 100 Millionen US-Dollar Schadensersatz, wegen grundloser Beschuldigungen. Die Klage wurde abgewiesen. Der gesamte Vorgang wurde erst wieder publik, als Trump zum Präsidentschaftskandidaten der Republikaner nominiert wurde.

Vier Jahre nach den negativen Enthüllungen begann Trump mit dem Bau seines ersten Wolkenkratzers. Auf der Website der Trump Organization findet man dazu die offizielle Trump-Version:

> »In einem der berühmtesten Immobiliengeschäfte der Geschichte kauften Donald J. Trump und die Hyatt Corporation Partner im Jahr 1976 das Commodore Hotel, jetzt bekannt als Grand Hyatt Hotel. Da viele der Gebäude in der Nähe des Hotels oder in der Umgebung baufällig waren und New York City vor dem Konkurs stand, war Trump in der Lage, einen beispiellosen Vertrag auszuhandeln, in dem die Stadt ihm eine 40-jährige Steuerermäßigung gewährte.«[89]

Die Betonarbeiten vergab Trump an den Unternehmer Edward J. Halloran.[90] Er war Besitzer des Halloran Hotels und von zwei Zementfabriken (Certified Concrete und Transit Mix) und außerdem ein Star in New Yorks Geschäfts- und

Partywelt. Tatsächlich unterhielt Halloran, der gerne in seinem Rolls-Royce Silver Cloud zu seinen Auftraggebern fuhr, enge Beziehungen zur Genovese-Familie, für die Auftragsmorde, Erpressung, Drogenhandel oder Betrug ein einträgliches Geschäft waren. 1988 wurde er wegen Korruption in der Zementindustrie verurteilt. Für die Schreinerarbeiten fiel Trumps Wahl ebenfalls auf ein von der Genovese-Familie kontrolliertes Unternehmen. Wenn Donald Trump damals bereits detailliert Kenntnis von sämtlichen Geschäftsbeziehungen hatte, ist die Annahme sicher nicht falsch, dass ihn diese Verbindungen zur Mafia nicht störten.

Viel bedeutender ist jedoch ein anderes Gebäude, das in jeder Beziehung als sein Aushängeschild gelten kann. Der Trump Tower ist ein 202 Meter hoher Wolkenkratzer mit 58 Etagen auf der 5th Avenue im New Yorker Stadtteil Manhattan. Das Appartement- und Bürohochaus wurde von der Trump Organization errichtet. Der Trump Tower ist geradezu *das* Symbol für die Verbindung von Wirtschaft, Politik und Mafia, *das* Symbol von Donald Trump, der von hier aus seinen Präsidentschaftswahlkampf steuerte. Einige Journalisten der Zeitschrift *Forbes* führte er durch die diversen Räume seines Penthouse, um ihnen zu zeigen, wie großartig er hier wohnt – bislang eine große Ausnahme. Die Besucher vermuteten jedoch eigensüchtige Motive dahinter. Trump wolle schlichtweg eine höhere Einstufung im für ihn unendlich wichtigen *Forbes*-Milliardärs-Ranking. Was sie sahen, waren Prunk und Protz in Gold und Marmor – das Erkennungszeichen ästhetisch debiler Raffkes. Trump erzählte ihnen, dass die »Leute seinen Adlerhorst in Manhattan« für das »beste Appartement, das jemals errichtet wurde«, hielten, und betonte dessen immense Größe (3 000 qm) und den Wert: 200 Millionen US-Dollar. Die Journalisten überprüften seine Angaben. Ihre Resultat: »Die Kommentare waren typisch Trump: prahlerisch und ungenau. Er hat die Größe seines Apartement um das Dreifache übertrieben.«[91] Für sein Vermögen dürfte das Gleiche gelten. Für das Jahr 2015 gab er ein Vermögen von zehn Milliarden US-Dollar an. *Forbes* kam hingegen auf »nur« 4,1 Milliarden. Dass Trump überhaupt Milliardär sei, bezweifelte der Autor Timothy O'Brien in seinem 2005 erschienenen Buch *The Art of Being The Donald*. Er schätzte Trumps Vermögen auf »magere« 150–250 Millionen US-Dollar. Trumps Reaktion wirft ein bezeichnendes Licht auf seinen krankhaften Narzissmus. Er verklagte den Autor und forderte mehr als fünf Milliarden US-Dollar Schadensersatz wegen Diffamierung. Nachdem er sich durch alle Instanzen geklagt hatte, unterlag er jedoch im Jahr 2011 endgültig vor Gericht.[92]

Die Eigentumswohnungen im Trump Tower wurden auch an Top-Gangster, Spieler, Milliardäre und andere Vermögende verkauft, für die der Wolkenkratzer eine neue Heimat geworden ist – Globalisierung auf 58 Etagen. Besitzer von fünf Eigentumswohnungen war der russische Unternehmer David Bogatin, der seit den frühen Achtzigerjahren im New Yorker Benzingeschäft erfolgreich war, zusammen mit der Colombo-Familie.[93] Was ihm ermöglichte, sechs Millionen US-Dollar für die fünf Wohnungen hinzublättern, die Trump persönlich ihm verkaufte. Als ein Haftbefehl wegen Steuerhinterziehung gegen Bogatin vollstreckt werden sollte, verkaufte er die Wohnungen noch schnell an Mitglieder der La-Cosa-Nostra-Familie Colombo, mit der er eng zusammengearbeitet hatte, flüchtete nach Österreich und von da aus nach Polen. Dort erhielt er im Dezember 1990 eine Banklizenz und gründete in Lublin die First Commercial Bank, die bald Filialen in anderen polnischen Städten eröffnete.[94] Niemand interessierte sich in Warschau dafür, wie er zu dem

Vermögen gekommen war, das ihm ermöglichte, eine Bank zu gründen. Noch bevor der internationale Haftbefehl gegen ihn vollstreckt werden konnte und er an die USA ausgeliefert wurde, traf er sich, nach seinen eigenen Worten, mit Lech Walesa. Im Jahr 1992 wurde er schließlich an die USA ausgeliefert, wegen Steuerhinterziehung in den Jahren 1982 bis 1985 angeklagt und wenig später auch verurteilt. [95]

Ein weiterer Mieter im Trump Tower war einer der mächtigsten Paten der russischen Organisierten Kriminalität: Wjatscheslaw Iwankow, der Anfang der Neunzigerjahre in die USA kam und ein mächtiges kriminelles Netzwerk aufbaute. »In seinem persönlichen Telefonbuch standen dem Vernehmen nach die privaten Telefon- und Faxnummern des Büros der Trump Organization im gleichen Gebäude.«[96] Iwankow schaltete in kurzer Zeit seine kriminellen Konkurrenten aus, und seine Organisation wurde die mächtigste russische Organisation in den USA. In einem Ermittlungsbericht des FBI war dazu zu lesen:

> »Zu ihren lukrativsten kriminellen Aktivitäten gehören Versicherungs- und Kreditkartenbetrug, Erpressung und Steuerhinterziehung. Der Drogenhandel durch die Organisation nimmt zu, und sie benutzt dabei Routen über Südostasien, Südamerika und die Vereinigten Staaten. Um ihre kriminellen Aktivitäten zu erleichtern, hat die Iwankow-Organisation mindestens eine Scheinfirma eingerichtet und setzt viele andere für Geldwäsche ein.«[97]

*

Ein enger juristischer Verbündeter von Donald Trump war der bereits erwähnte Rechtsanwalt Roy Cohn. Zu dessen Mandanten gehörten unter anderem auch die Capi der Genovese- und Gambino-Familien. Sein Büro befand sich auf der East 68th Street, und die Gangster der La Cosa Nostra, wie Anthony »Fat Tony« Salerno oder Paul »Big Paul« Castellano, gingen hier ein und aus. Neben dem rechtlichen Beistand hatten die Mobster aber auch noch andere Gründe, Cohn aufzusuchen. So erinnert sich eine ehemalige Sekretärin daran, wie man bei ihrem Arbeitgeber Cohn ganz offen über alles sprechen konnte, ohne eine Bespitzelung durch das FBI befürchten zu müssen. Und Trump habe Cohn 15 bis 20 Mal am Tag angerufen. vielleicht wegen des gemeinsamen Bekannten Anthony Salerno. Er wurde »Fat Tony« genannt, weil er klein, unförmig und besonders laut war. Aber er war ein führendes Mitglied der Commission der La Cosa Nostra. Am 25. Februar 1985 wurde er zusammen mit anderen Mafiosi verhaftet. Die Staatsanwaltschaft Manhattan beschuldigte die Commission und Salerno,

> »als Gremium zu fungieren, das die Beziehungen der Familien untereinander reguliert und innerfamiliäre Konflikte beilegt. [...] Weiter, dass die Commission ein Zig-Millionen-Dollar-Erpressungs-Racket betreibt – genannt der ›Zwei-Prozent-Klub‹, der weite Teile der Bauindustrie kontrolliert.«[98]

Am 13. Januar 1987 wurde Salerno von einem Gericht in New York zu 100 Jahren Gefängnis verurteilt. Nachdem er in der Haft an einem Herzleiden verstorben war, wurde er am 29. Juli 1992 auf dem Saint Raymonds's Friedhof in der Bronx bestattet.

*

An dieser Stelle kommt der legendäre Trump Tower ins Spiel, von dem aus Donald Trump bekanntlich seinen Kampf um die US-Präsidentschaft organisierte. Anstatt, wie üblich, teure Stahlbauträger zu benutzen, wählte Trump für den Bau eine Zementmischung, Ready-Mix – nasser Beton, der in schwerfälligen 50-Tonnen-Lkw mit rotierenden Trommeln zu der Baustelle gefahren wurde. Es war eine merkwürdige Wahl, da das Material schnell gegossen werden musste, was den Fortgang der Bauarbeiten anfällig für Unterbrechungen durch die von der La-Cosa-Nostra-Commission gesteuerten Gewerkschaften machte. Doch Trump sorgte vor und kaufte sein Ready-Mix von dem Unternehmen S&A Concrete. »Über S&A Concrete übernahmen die Genovese- und Gambino-Familien das gesamte Hochhausgeschäft.«[99] Auch die Abbruchfirma gehörte laut FBI in Teilen dem Genovese-Clan. Ob die Lkw-Fahrer, die den Beton anfuhren, die Betonarbeiter, welche die Formen ausgossen – alle Firmen waren entweder im Besitz der La-Cosa-Nostra-Familien oder wurden von ihr kontrolliert. An der Spitze stand die Commission, in diesem Fall der Genovese-Clan, das heißt Anthony Salerno. Vom Baumaterial des Trump Towers bis hin zur Beschäftigung polnischer Arbeiter ohne regulären Arbeitsvertrag spielte die La Cosa Nostra eine bedeutsame Rolle. Der Pulitzer-Preisträger David Cay Johnston stellte Donald Trump dazu in einem Artikel 21 Fragen. Eine lautete: »Weshalb haben Sie Beton statt des üblichen Stahls für den Bau des 58-stöckigen Trump Tower verwendet?« Die Verwendung von Beton gewährleistete Trump den zügigen Bau seines Hochhauses ohne Hindernisse und vor allem ohne Streiks. Und so war es. Tatsächlich musste sich Trump keine Sorgen mehr machen, dass der Fortgang der Bauarbeiten gestört würde. Und tatsächlich, als die Betonarbeiter im Sommer 1982 streikten, wurde der Beton weiter geliefert.[100]

Der Trump Tower konnte wie geplant fertiggestellt werden, und die Cosa Nostra kassierte über die von ihr kontrollierten Firmen Millionen US-Dollar, Geld, das zum Beispiel für den Kauf von Heroin benutzt werden konnte. Denn auch das war ein Geschäftsfeld Salernos und seines Genovese-Clans.

Sammy Gravano, lange Jahre Familienmitglied, stieg im November 1992 aus und wurde Kronzeuge der Staatsanwaltschaft. Er beschrieb den damaligen Vorgang der Auftragssicherung:

> »Nehmen wir an, ich biete für einen Auftrag, und Mr. Trump, nicht wirklich Mr. Trump, ich nehme ihn nur als Beispiel, will seine eigenen Leute nehmen. Er ist in der Gewerkschaft. Darum geht ein Typ von 282 zu ihm und flüstert ihm ins Ohr, dass es besser wäre, eine bestimmte Firma zu beauftragen. Er schaltet immer noch auf stur. Auch gut. Dann rufe ich meinen Faularsch von Neffen an, der in seinem ganzen Leben noch keinen vollen Tag gearbeitet hat und der Vorarbeiter von 282 ist. Ich sage ihm, er soll sich ans Tor der Baustellenausfahrt stellen und jeden Wagen untersuchen, der herein will. [...] Mr. Trump erkennt sehr schnell, was gespielt wird. Er ruft bei Bobby Sasso an (Boss von 282) und sagt: ›Bobby, dieser Typ ruiniert mich, ich habe großes Geld geborgt, wenn das so weitergeht, ist das Projekt nicht in zwei, sondern in fünf Jahren fertig.‹ Bobby sagt ihm: ›Ich habe gehört, du hast noch ein anderes Projekt, wo du eine Baufirma brauchst. Vielleicht hörst du diesmal auf meinen Rat.‹ –›Ja, ja, alles, was du willst.‹«[101]

Bei dem erwähnten Bobby Sasso handelt es sich um Robert Sasso, den damaligen Präsidenten der mächtigen Teamstergewerkschaft Local 282 mit 5000 Mitgliedern, die sowohl von der Genovese- als auch von der Gambino-Familie kontrolliert wurde. Sie war zuständig für zwei Trump-Baustellen, den Trump Tower und das Trump Plaza.

In den Achtzigerjahren untersuchten US-Bundesanwälte eine Reihe von Geschäften zwischen organisiertem Verbrechen, den Gewerkschaften und Immobilienentwicklern im Raum New York und New Jersey. An einer Person waren die Immobilienentwickler besonderes interessiert: Donald Trump. Nach Aussagen des damaligen Bundesanwalts Kenneth McCallion, der an den Ermittlungen beteiligt war, verhielt sich Trump außerordentlich unkooperativ bei ihren Ermittlungen. McCallion ging davon aus, dass es einen Deal zwischen der Teamstergewerkschaft Local 282 und Trump gab. Der sei belohnt worden, unter anderem, indem Robert Sassos Freundin eine Luxuswohnung erhielt.

> »Nachdem wir sie angeklagt hatten, riefen die Teamster-Führer einen stadtweiten Streik aus. Aber es gab zwei Baustellen, die nicht davon betroffen waren. Eine war der Trump Tower und die andere das Trump Plaza. Trump wurde deshalb nie strafrechtlich verfolgt, obwohl er die Bundesagenten über seine Beziehungen belogen hat.«[102]

Die Kugel rollt in Atlantic City

Klaus Rohr war von 1983 bis 1991 Leiter der OK-Ermittlung FBI in Philadelphia, Pennsylvania, und seit 1991 Deputy Legat Attaché an der US-Botschaft in Bonn. Im Gespräch mit hohen BKA-Beamten erzählte er im Jahr 1992, dass das FBI gegen Donald Trump wegen seiner Verbindungen nach Atlantic City ermittele. Was aus diesen Ermittlungen wurde, ist heute nicht mehr bekannt.

Es war der 27. Juni 1988 in der Atlantic City Convention Hall, New Jersey, USA. Am Boxring gaben sich Prominente ein Stelldichein: Muhammad Ali, Donald Trump, Jack Nicholson, Warren Beatty, Sylvester Stallone, Madonna u. a.[103] Vom Ansager des Boxkampfes besonders begrüßt wurde Donald Trump, der daraufhin aufstand, beide Hände hob und die Boxfans begrüßte. Atlantic City war damals eine offene Stadt. Nicht eine Mafiafamilie beherrschte dort die kriminellen Geschäfte, vielmehr gab es Vereinbarungen unter vielen Mafiafamilien, die sich den großen Kuchen teilten. Und es gab kein Casino, an dem die Mafiafamilien nicht direkt oder über Strohmänner oder Strohfirmen beteiligt waren.

Trump war nicht nur in der Hotel- und Immobilienbranche tätig, sondern setzte zeitweise auch massiv auf Spielbanken und andere Freizeitgeschäfte. Diese Unternehmen waren hauptsächlich in Atlantic City angesiedelt und wurden von der Holdinggesellschaft Trump Entertainment Resorts verwaltet. In einem Memorandum aus dem Jahr 1981 erinnerte sich ein FBI-Agent an ein Treffen mit dem damals 35-jährigen Donald Trump. Bei diesen Treffen ging es vor allem um dessen geplanten Einstieg in die Casino-Industrie von Atlantic City:

> »Trump machte die Agenten darauf aufmerksam, dass er in der Presse gelesen und von verschiedenen Bekannten gehört habe, dass in Atlantic City wohl das organisierte Verbrechen operiere. Trump gab zu Protokoll, dass er zwar ein Casino in Atlantic City bauen wolle, gleich-

zeitig aber auch keine Lust habe, den Namen seiner Familie unbeabsichtigt in den Dreck zu ziehen.«

Das war kühn. Noch im Oktober 1993 erklärte Donald Trump vor einem Ausschuss des Kongresses, der sich mit den Casinos der Indianer beschäftigte, dass die Betreiber durch das organisierte Verbrechen verwundbar seien. Es sei offensichtlich, so Trump, dass das organisierte Verbrechen wuchere, und bei ihm sei genau das Gegenteil der Fall. »Allein im Taj Mahal habe ich mehr Geld für Sicherheit und Sicherheitssysteme ausgegeben als alle anderen Casinos der Indianer zusammen. Es gibt keine Möglichkeit für die Indianer, sich vor dem Mob zu schützen, und sie könnten das größte kriminelle Problem in der Geschichte der USA werden.«[104] Trump wollte schlichtweg nur die Konkurrenz ausschalten, denn er war in Atlantic City selbst eng mit dem Mob verbunden.

Hatte Trump in Manhattan mit dem Mafia-Unternehmen S&A Concrete blendende Geschäfte gemacht, so war es in Atlantic City die Firma Scarf Inc. Drei Casino-Hotels waren im Besitz von Donald Trumps Entertainment Resorts Inc.: Das Trump's Castle, das später in Trump Marina umbenannt wurde, das Trump Plaza und das Trump Taj Mahal. Es gab auch Berichte, wonach Scarf Inc. als Beton- und Bauunternehmer bei seinen Atlantic-City-Projekten Aufträge von Trump erhielt. »Das Casino wurde mit der Hilfe von zwei Baufirmen gebaut, die von den Mobstern Nicademo Scarfo (›Little Nicky‹) und seinem Neffen Phillip Leonetti (›Crazy Phil‹) kontrolliert wurden«, so die Staatskommission von New Jersey 1986 in einem Bericht über Organisierte Kriminalität.[105]

Scarfo war berüchtigt, weil er in der Vergangenheit, wie in diesen Kreisen üblich, alle seine Konkurrenten hatte liquidieren lassen. In Atlantic City war er konkurrenzlos, wenn es um Betonarbeiten ging. Das Gleiche galt für die Mitarbeiter in den Hotels. Die zuständige Gewerkschaft wurde von Scarfo kontrolliert. Trumps Partner in Atlantic City war außerdem Kenneth Shapiro, der in einem Bericht der Staatskommission von New Jersey als Scarfos Investmentbanker bezeichnet wurde.[106]

Und dann war da noch Danny Sullivan, der zusammen mit Shapiro Besitzer eines Unternehmens war, welches das Gelände vermietete, auf dem Trump sein Hotel-Casino errichtete.[107] Trump setzte Sullivan als Arbeitsberater ein, der in engem Kontakt zu dem La-Cosa-Nostra-Boss Jimmy Hoffa stand, insgeheim als FBI-Informant arbeitete und die Behörde über die verschiedenen Mafiosi in Kenntnis setzte, die seinen Weg kreuzten.

Donald Trump war jedoch noch sehr viel tiefer in die Mafiabeziehungen eingebunden. Und das hängt mit den legendären Trump-Limousinen zusammen, die er Ende der Achtzigerjahre entwickeln ließ. Es handelte sich um Luxuslimousinen, die nach den Worten von Trump einzigartig waren. In der Tat enthielten sie im Inneren alles, was notwendig war, um sicher und bequem ins Casino zu fahren: Schnapsbar, Fernseher, Aktenschredder und Faxgerät. Das erste Modell stellte er im Jahr 1988 bei einer Messe in Atlantic City vor. Gebaut wurden die Luxuskarossen von dem Unternehmen Dillinger Coach Work in New York. Firmeninhaber waren John Staluppi und Jack Schwarz. Der Vertrag mit Trump wurde im März 1988 geschlossen. Er garantierte die Lizenz für die Herstellung, Werbung und den Verkauf der Trump-Limousine in den USA. Teil des Zwei-Jahres-Vertrages war, dass Trump 20 dieser Fahrzeuge für seine Casinos in Atlantic City kaufte.

John Staluppi war den Behörden seit Langem bekannt,

und sie wussten sehr viel über seine Geschäfte und Verbindungen Anfang der Achtzigerjahre. Dazu gehörten auch enge Beziehungen zur La-Cosa-Nostra-Familie Colombo. In einem Memorandum des FBI aus dem Jahr 1988 ist zu lesen, dass das

> »Colombo-Mitglied John Staluppi in einem großen Artikel vor einer Woche erwähnt wurde, wonach er ein großer Autoverkäufer und ein sehr seriöser Mann sei. Die Quelle sagte, dass der Artikel die Colombo-Familienmitglieder amüsierte. Die Quelle sagte, Staluppi sei wegen seiner legitimen Unternehmen in die Familie aufgenommen worden.«[108]

Er selbst bestritt keineswegs, geschäftliche Beziehungen zur Mafiafamilie Colombo unterhalten zu haben, versicherte jedoch, selbst kein Gangster zu sein, denn er habe immerhin die Trump-Limousine produziert und pflege gesellschaftlichen Umgang mit Donald Trump. »Ich war auf seiner Jacht, er auf meiner Jacht«, erklärte er. Seine Jacht war die *Octopussy*. Trumps doppelt so große Yacht hieß *Princess*, er hatte sie vom Sultan von Brunei erworben. Staluppi war zudem ein häufiger Gast in Trumps Spielcasinos, und zwar schon, bevor es zu dem Vertrag mit Trump kam. Seine Kreditlinie betrug 250 000 US-Dollar für jedes der drei Trump-Casinos. Im November 2009 nahmen sowohl Trump als auch Staluppi gemeinsam in Trumps Golfklub Mar-a-Lago an einem sogenannten Themen-Charity-Dinner teil. Das Thema war James Bond.[109] Sicher ist auch, dass Staluppis Unternehmen »ihn zu einem der reichsten Figuren der Organisierten Kriminalität machte«, so der Journalist William Bastone.[110]

Und nicht zu vergessen Joseph Weichselbaum, der einen

Helikopter-Shuttle-Service für betuchte Zocker betrieb und in einem Appartement im Trump Plaza wohnte. Trump erließ ihm einen Teil der Miete im Gegenzug für den Helikopter-Service. Außerdem kümmerte sich Weichselbaum um Trumps Privathubschrauber. 1986 bekannte er sich des Kokainschmuggels schuldig. Dem Gericht legte Trump einen Brief vor, in dem er seinen Freund als »gewissenhaft, direkt und fleißig« beschrieb. Weichselbaum wurde zu drei Jahren Haft verurteilt, konnte nach seinem Gefängnisaufenthalt aber direkt in ein noch nobleres Domizil im Trump Tower ziehen, wo seine Freundin zwei zusammenhängende Wohnungen erworben hatte. Als Trump im Jahr 1990 von Casino-Funktionären zu dem Brief an das Gericht befragt wurde, konnte sich der Milliardär nicht mehr daran erinnern, ihn überhaupt geschrieben zu haben.

Im Jahr 1985 kaufte Trump ein wichtiges Grundstück. Eigentümer waren zwei junge Männer, deren Väter zur La Cosa Nostra aus Philadelphia gehörten. Der eine Vater war Philip (»Chicken Man«) Testa, der Underboss der Philadelphia-Cosa-Nostra-Familie. Der andere war Frank (»Chickie«) Narducci Sr., der dort Capo war. Die Söhne, Salvatore Testa (22) und Frank Narducci Jr. (25), besaßen einen Nachtklub genau dort, wo Trump ein Casino bauen wollte. Sie hatten das Gelände im Jahr 1978 für 250 000 US-Dollar gekauft. Sie verkauften Trump den Besitz für 1,1 Millionen US-Dollar.

Dann ist da noch die Verbindung von Donald Trump zu einem gewissen Robert LiButti, einem sogenannten High Roller (Glücksspieler mit Einsätzen von mindestens 100 000 US-Dollar), der sich rühmte, ein Mitarbeiter des legendären Mafiapaten John Gotti, Capo dei Capi der Gambino-Familie, zu sein. Er gewann und verspielte in Trumps Casinos Millionen Dollar. Zwischen 1984 und 1990 verspielte er über

20 Millionen US-Dollar und machte dabei zwölf Millionen US-Dollar Verlust. Entsprechend verwöhnt wurde er in den Casinos: Luxusautos wurden ihm zur Verfügung gestellt, das Casino bezahlte Urlaub, Schmuck und Eintrittskarten für Boxkämpfe, den Super Bowl oder das Theater.

Trump bestritt, LiButti zu kennen. Im Jahr 1991 erklärte er gegenüber Journalisten: »Ich habe gehört, dass er ein High Roller ist. Aber wenn er hier vor mir stehen würde, wüsste ich nicht, wer er ist.« Dem widersprach LiButtis Tochter in einem Interview mit *Yahoo News*. Sie behauptete, dass sie und ihr verstorbener Vater mit dem Trump-Hubschrauber geflogen wurden, dass Trump ihre Geburtstagsfeier in einem seiner Casino-Hotels besuchte und dass sie und ihr Vater sich später mit Donald Trump und anderen auf einer der Trump-Jachten entspannt hätten.[111] Trump ließ daraufhin über einen Sprecher erklären, dass er während der Zeit, als das Casino-Geschäft lief, viele Glücksspieler kannte: »Ich nehme an, LiButti war einer von ihnen. Aber ich kann mich nicht an den Namen erinnern.« LiButti wurde 1994 wegen Steuerbetrugs zu fünf Jahren Gefängnis verurteilt.

Eines von Trumps prächtigsten Casinos in Atlantic City war das Taj Mahal. Es wurde am 2. April 1990 mit einer Lasershow und einem fulminanten Feuerwerk eröffnet, Trump verkündete den 2 000 eingeladenen Gästen, dass es das größte Casino der Welt sei, und schwärmte vom achten Weltwunder.[112] »Man habe ihm gesagt, erklärte Trump bei der Einweihung, dass er einen Umsatz von einer Million US-Dollar täglich erreichen werde. Ich denke, wir machen das in den ersten Stunden.«[113]

Vizepräsident des Taj Mahal für Marketing war Danny Leung. Im August 1992 bezeichnete ihn ein US-Senatskomitee als Mitglied der chinesischen Triade K14. Danny Leung ist ein Mitglied der K14-Triade. Er war ein Geschäftspartner von Eddi Louie, einem Mitglied der Triade und Bruder von Nicky Louie, Anführer der Ghost Shadows Gang. Dem Untersuchungsbericht des US-Senats zufolge vergab er Hotelzimmer und Tickets für die aufwendigen und teuren asiatischen Shows an verschiedene Mitglieder der Triaden. Die Polizeibehörden gehen davon aus, dass Leung auch in einer Geschäftsverbindung zu Raymond Miu stand. Der war Veranstalter der Raymond-Miu-Produktion, des exklusiven Veranstalters von asiatischer Unterhaltung im Taj-Mahal-Casino.[114] Auch Raymond Miu gehörte zu einer chinesischen Triade. Danny Leung hatte außerdem eine zusätzliche Vereinbarung mit dem Casino abgeschlossen, wonach er Spieler aus Toronto einfliegen lassen konnte. Dazu gehörten auch 16 italienische Mafiosi, die in Kanada bei einem Kreditbetrug über eine Million US-Dollar erbeutet hatten.[115] Leung erklärte, er sei niemals Mitglied der Triade K14 gewesen. Und Donald Trump hat das alles nicht interessiert.

Wenig amüsiert dürfte Donald Trump im März 2015 über einen Beschluss des FinCEN (Financial Crimes Enforcement Network) gewesen sein, der US-Behörde zur Bekämpfung von Geldwäsche, Terrorismusfinanzierung und Finanzkriminalität. FinCEN verhängte eine Strafe in Höhe von zehn Millionen US-Dollar gegen Trumps Taj-Mahal-Casino wegen vorsätzlicher und wiederholter Verletzung des Bank Secrecy Act (BSA). »Trump Taj Mahal erhielt viele Warnungen über seine Defizite«, erklärte Jennifer Shasky Calvery, die FinCEN-Direktorin. »Wie alle Casinos in diesem Land hat Trumps Taj Mahal die Pflicht, unser Finanzsystem davor zu schützen, dass es von Kriminellen, Terroristen und anderen Akteuren benutzt wird.«[116]

*

Den Neujahrstag 2017 zelebrierte Donald Trump mit großem Pomp in seinem noblem Golfklub Mar-a-Lago zusammen mit seinen besten Freunden. Herzlich begrüßte er unter anderem Joseph Cinque, den Präsidenten der American Academy of Hospitality Sciences (AAHS), die von Trump und seiner Familie stark beeinflusst ist.[117] Die AAHS verleiht jährlich den »Star Diamond Award«. Er wird an herausragende Hotels, Resorts und Touristikunternehmen vergeben, zu denen seinerzeit natürlich Trumps Taj Mahal und das Mar-a-Lago gehören. Cinque überreichte Trump an diesem 1. Januar einen bronzenen Adler. Und auf der Webseite der AAHS war zu lesen: »Vergangenheit, Gegenwart und Zukunft. Wir werden Präsident Trump immer unterstützen und ihm zur Seite stehen, um Amerika wieder groß zu machen.«[118]

*

Wer ist dieser Joseph Cinque, der auch Joey No Socks, »Joey ohne Socken«, genannt wird? Ob der Spitzname mit seiner Vergangenheit zusammenhängt? In den Achtzigerjahren wurde in New York ein paar Mal auf ihn geschossen. Es sei ein Überfall gewesen, erzählte er, während die Ermittler davon überzeugt waren, dass es sich um eine Auseinandersetzung mit dem Mob handelte. Danach blieb es ruhig. Bis zum Jahr 1989. Da stürmte die Polizei sein Appartement in New York. Sie entdeckte eine ganze Kunstsammlung, darunter Gemälde von Marc Chagall und Joan Miró. Cinque kam mit einer kleinen Strafe davon, obwohl die Ermittler behaupteten, dass er auch Kontakte zu John Gotti, dem Capo dei Capi des Gambino-Clans, habe.[119] Doch weil er auch Informant des FBI war, musste er keine Strafe absitzen. Und sein Anwalt erklärte, dass sein Mandant nie etwas mit John Gotti oder dem Mob zu tun gehabt habe. Als Donald Trump einmal bei einer Star-Diamond-Award-Verleihung nach Joey No Socks gefragt wurde, antwortete er: »Wenn dir ein Typ einen Preis übergibt, nimmst du ihn. Dich interessiert nicht seine Lebensgeschichte.«[120]

Trumps Verbindungen zu russischen Größen der Organisierten Kriminalität

Trumps Kontakte nach Russland, die ihm inzwischen als US-Präsident besondere Schwierigkeiten bereiten, reichen zurück bis ins Jahr 1997. Damals, am 22. Januar, reiste der russische Ex-General Alexander Lebed, der als russischer Präsidentschaftskandidat gegen Boris Jelzin für sich warb, in die USA. Er traf sich nicht nur mit Investoren der Wall Street im Harvard Club in Manhattan, sondern auch mit dem Immobilienmogul Donald Trump im Trump Tower. Trump erklärte, er habe mit Lebed darüber gesprochen, etwas »Großes« in Moskau zu bauen, vielleicht ein Hotel. Lebed fand die Idee hervorragend. Als Abschiedsgeschenk erhielt der Russe einen Apfel aus Kristall. »Er hat mich nach Russland eingeladen, und ich habe angenommen.«[121] Drei Jahre zuvor hatte Lebed in einem Interview erklärt, dass er den chilenischen Diktator Augusto Pinochet zwar nicht unterstütze, es aber hervorragend finde, wie er Ordnung und Disziplin in Chile durchgesetzt habe.[122]

Weil Boris Jelzin russischer Präsident blieb, wurde nichts aus der Einladung an Trump. Lebed zog sich als Gouverneur von Krasnojarsk zurück und kam im April 2002 bei einem Hubschrauberabsturz ums Leben. Unterdessen hatte sich in

New York längst die russische Mafia eingenistet. Ihr Kopf war Wjatscheslaw Iwankow, genannt der »Rote Pate«, der 1991 in New York ankam. »Gleichzeitig blieb er jedoch, vor allem durch den internationalen Drogenhandel, in engem Kontakt zu den Gangstern in seiner Heimat.«[123]

*

Im Jahr 2001 erteilte die Trump Organization eine Lizenz für den Trump Tower in Toronto. Auf Fotos sieht man Donald Trump mit einer Schaufel in der Hand in die Kameras lächeln. An seiner Seite steht Alexander Shnaider, der Mitbesitzer des Trump Towers in Toronto, der 500 Millionen US-Dollar seiner Midland Resources Holding AG in den Neubau investiert hat. Shnaider ist Vorsitzender von Talon International und Miteigentümer von Midland Resources. Das alles führt zurück in die Zeiten, als amerikanische Investoren im korrupten Russland ihre große Chance suchten und teilweise auch fanden. Shnaider und seine Midland Resources kauften den Formel-1-Rennstall von Eddie Jordan; seitdem bewegt er sich auf internationalen Auto-Rennstrecken. Den Einstieg soll er sich 148 Millionen US-Dollar haben kosten lassen.[124]

Bei Shnaiders weltweit operierender Midland Group, die als Midland Resources Holding AG im Steuerparadies Guernsey registriert ist, handelt es sich um ein internationales Firmengeflecht, eine Mischung aus serbischer Fleischverarbeitung, kanadischen Luxusimmobilien, türkischem Schrotthandel, armenischer Elektrizität, Moskauer Glücksspielautomaten und der glitzernden Welt der Formel 1. Allein 19 Beteiligungen der Holding residieren auf Barbados, den Niederländischen Antillen, in Panama, Armenien, Russland, Serbien, der Türkei und auf Zypern. In Moskau besitzt

Shnaider ein Casino und ein Bürohochhaus. Für sein Imperium, das sich auf 34 Länder erstreckt und über 50 000 Menschen beschäftigt, ist der Milliardär mit seinem Privatjet ständig unterwegs. Die Midland Group macht nach Schätzungen jährlich einen Gewinn von vier Milliarden US-Dollar. Journalisten stießen bei der Analyse der »Panama Papers« noch auf 28 Offshore-Firmen, die in Verbindung mit der Midland Group standen. Die Holding besitzt zudem Aktien von zwei Unternehmen, die auf den Britischen Jungferninseln registriert sind. Was ihn verdächtig machte, war seine einstige geschäftliche Beziehung zu einem Boris Birshtein und dessen Konzern Seabeco. Für die belgischen Ermittlungsbehörden fungierte dieser Birshtein als Geldwäscher für eines der größten russischen kriminellen Syndikate. Und es war der »Ex-KGB-Chef Wladimir Kurschkow, der in einem Fernsehinterview erklärte, dass das Seabeco-Netzwerk von Boris Birshtein im Auftrag des KGB geschaffen wurde, um geheime Aktivitäten zu finanzieren und Geld zu waschen«.[125]

*

Nach diesem kleinen Exkurs zu einem der Investoren des Trump Tower in Toronto wieder zurück zum New Yorker Trump Tower, dem Zentrum der Macht nicht nur des US-Präsidenten. Im 51. Stockwerk wurde über Jahre ein illegaler Glücksspielring betrieben, dem es gelang, über zypriotische Strohfirmen und Bankkunden Hunderte Millionen Euro zu waschen, die anschließend in den USA in Immobilien und Hedgefonds investiert wurden. Beteiligt war der Kunsthändler Helly Nahmet, der die gesamte Etage für 18,4 Millionen US-Dollar gekauft hatte. Er ist inzwischen verurteilt worden. Ebenfalls mit von der Partie war ein gewisser Vadim Trincher, der zurzeit eine fünfjährige Gefängnisstrafe verbüßt. Der Glücksspielring wurde am 16. April 2013 vom FBI zerschlagen, nachdem Beamte den 51. Stock gestürmt hatten. Bei ihren Ermittlungen stieß die US-Bundespolizei auf den Kopf des Rings. Es war der in Moskau lebende Mafiaboss Alimsan Tochtachunow, Spitzname Taiwanchik, der Taiwanese, der die Operation leitete. Auch zwei weitere Beteiligte hatten sich bei Donald Trump eingekauft. Der eine lebte in einer Eigentumswohnung im Trump International Beach Resort in Florida, der andere in seiner Eigentumswohnung im New Yorker Trump Tower. Die Staatsanwaltschaft warf ihnen vor, Mitglieder einer russisch-amerikanischen kriminellen Organisation zu sein, die illegales Glücksspiel und Geldwäsche betreibe.

Der Trump Tower in New York ist von besonderer Bedeutung im Hinblick auf die Verbindungen Donald Trumps in die Schattenwelt undurchsichtiger russischer Investoren. Da wäre zum Beispiel Felix Sater, der mit seiner Familie im Alter von sieben Jahren nach New York kam. Er und einer seiner Geschäftspartner hatten eine glänzende Idee. Sie würden nicht nur den Trump Tower in den USA, sondern ähnliche Projekte auch in der ehemaligen UdSSR bauen. Bei Trump stieß er damit auf offene Ohren. Der übertrug die Rechte, entsprechende Projekte in Moskau, Florida und New York zu entwickeln, dem Unternehmen Bayrock, dessen Geschäftsführer ab dem Jahr 2002 Sater war. Besitzer war ein gewisser Tevfik Arif.[126] »Jeder kann dabei sein und einen Turm bauen«, erzählte Sater den potenziellen Investoren. »Ich kann einen Trump Tower aufgrund meiner Beziehungen zu Trump bauen.« Zwar wurde nichts aus dem Trump Tower in Moskau, doch die Beziehungen zwischen ihnen blieben bestehen. So veröffentlichten US-Medien anlässlich der Einweihungsfeier für das Hochhaus Trump SoHo im Zentrum von Manhattan am 19. September 2007 ein Foto, das Donald Trump an der Seite von Tevfik Arif und Felix Sater zeigt.[127] Für Trump war das Trump SoHo ein beeindruckendes Meisterwerk, das er seinen vermögenden Kunden in gewohnt protziger Manier als grandioses und erfolgreiches Immobilienprojekt anbot.

Es gab also Geschäftsbeziehungen zwischen Donald Trump und dem Unternehmen Bayrock Group, und Felix Saters geschäftliche Visitenkarten beweisen, dass er auch Büros von Trump benutzte. Sater hat eine schillernde Vergangenheit, die eng mit dem organisierten Verbrechen verbunden ist. Seinem Vater Michail Scheferowski wurde vorgeworfen, Verbindungen zu einem der führenden Köpfe der kriminellen Organisation Solnzewskaja gehabt zu haben, dem Top-Gangster Semjon Mogilewitsch, der im Zusammenhang mit belastendem Material gegen den ungarischen Ministerpräsident Viktor Orbán in die Schlagzeilen geriet.[128] Scheferowski wurde im Jahr 2000 in Brooklyn wegen Erpressung zu einer Strafe von drei Jahren auf Bewährung verurteilt.[129] Dabei stellte sich heraus, dass er auch Verbindungen zur La-Cosa-Nostra-Familie Genovese hatte. Sein Sohn Felix fiel 1991 dadurch auf, dass er einem Rohstoffhändler in einer Bar in Manhattan mit dem Stiel eines Margarita-Glases ins Gesicht stach. Nach Trumps Darstellung geriet Felix Sater einfach in eine »Kneipenschlägerei, was vielen Leuten passiert«. Im Jahr 1993 war er als Händler für eine Rohstofffirma tätig. Es handelte sich um ein Joint Venture zwischen vier New Yorker La-Cosa-Nostra-Familien und der russischen Mafia.[130]

Zwischen 1993 und 1994 traf sich Felix Sater nach Informationen eines Vertrauten des russischen Mafiabosses Semjon Mogilewitsch (»Ich war persönlich bei dem Treffen in Budapest dabei«) drei Mal mit Mogilewitsch, Sergei Michailow und Viktor Averin, den Top-Größen des russischen kriminellen Syndikats Solnzewskaja. Im Jahr 1998 bekannte sich Felix Sater als einer von 19 amerikanischen und russischen Händlern mit Mafiaverbindungen des betrügerischen Aktienhandels schuldig.

> »Währenddessen wurde die Strafe immer weiter aufgeschoben. Seine Akten blieben unter Verschluss. Als er dann doch noch vor dem Richter Leo Glaser erschien, erhielt er in einem unspektakulären Verfahren eine Geldstrafe von 25 000 US-Dollar – das war alles. Einige verglichen dieses Strafmaß mit dem früheren Urteil von Richter Glaser gegen den Mafia-Killer ›Sammy the Bull‹ Gravano von viereinhalb Jahren Haft für 19 Morde, im Austausch für Kooperationen gegen John Gotti.«[131]

Ähnlich schien das Motiv für die milde Strafe bei Sater gewesen zu sein. Er war inzwischen ein wichtiger Informant sowohl des FBI als auch der CIA. Und hier liegt ein Problem, das mit der Arbeit des FBI zu tun hat. Denn dessen Nachrichtendienstliche Abteilung hatte in der Vergangenheit enge Verbindungen zu Top-Größen russischer krimineller Organisationen aufgebaut und verfügte dementsprechend über ein riesiges Archiv. Doch die FBI-Ermittler konnten nicht auf diese nachrichtendienstlichen Erkenntnisse zugreifen. Deshalb ist es bislang auch unmöglich, die diesbezüglichen Erkenntnisse über Donald Trump, zum Beispiel über seine Beziehungen zu seinen Unterstützern sowie zu russischen Kriminellen und zu Putin, die sich bereits im Wahlkampf für Trump starkgemacht hatten, publik zu machen.

> »Viele der justiziablen Beweise sind als streng geheim eingestuft, um die Quellen und Methoden zu schützen, im Besonderen, um die betroffenen Persönlichkeiten zu schützen, die auf die eine oder andere Weise dem FBI geholfen hatten«,

so Jack Blum, einer der bekanntesten Experten für Wirtschaftskriminalität.[132]

Als die *New York Times* zum ersten Mal die Verbindungen von Felix Sater zur Organisierten Kriminalität und Geldwäsche veröffentlichte, drückte Trump sein Erstaunen aus und erklärte, dass er diesen Sater überhaupt nicht kenne und er sich auch nicht an ihn erinnern könne, selbst wenn er hier im gleichen Raum säße. Das erinnert an seine Aussage über LiButti, den Mitarbeiter des Mafiapaten Gotti. Sater selbst meldete sich in der *Washington Post* zu Wort. Demnach sei er häufig im Büro von Trump gewesen, um über gemeinsame Geschäfte zu sprechen. Er erinnerte sich an einen gemeinsamen Flug nach Colorado und behauptete, dass Trump ihn sogar gebeten habe, seine beiden Kinder Donald Jr. und Ivanka im Jahr 2006 nach Moskau zu begleiten, um ihnen die prachtvolle russische Hauptstadt zu zeigen. In Moskau jedenfalls hatte Donald Trump Jr. nachhaltigen Eindruck hinterlassen. Im Juni 2008 wurde er als Ehrengast anlässlich des 6. Russischen Immobilien-Gipfels begrüßt.[133]

Tevfik Arif, der andere Gast Trumps, der auf dem Foto von der Einweihungsfeier des Trump SoHo zu sehen ist, war früher Leiter der Abteilung Hotel-Management im sowjetischen Handelsministerium und betätigte sich später als Projektentwickler. Der Multimillionär geriet international in die Schlagzeilen, als er im Herbst 2010 wegen eines Sexskandals an der türkischen Küste festgenommen wurde. Und das ausgerechnet auf der Jacht *Savarona*, auf der einst der türkische Staatsgründer Kemal Atatürk seine letzten Wochen verbrachte. Die *Savarona* war Ende der Achtzigerjahre des vorigen Jahrhunderts von einem türkischen Geschäftsmann gepachtet und saniert worden. Der vermietete das luxuriöse Schiff für 50 000 US-Dollar pro Tag weiter. Einer seiner Stammkunden war Arif, der die *Savarona* jedes Jahr für eine Woche mietete. Im Raum stand der Verdacht der Zuhälterei und des Menschenhandels. Arif soll damals 15 zum Teil minderjährige Begleiterinnen aus Russland und der Ukraine für die männlichen Gäste mit an Bord gebracht haben.[134] Die mussten 10 000 US-Dollar für eine Nacht bezahlen. In der Klageschrift der beiden New Yorker Rechtsanwälte Frederick Oberlander und Richard Lerner im Auftrag der Bayrock Group vom 10. Mai 2010 ist unter anderem zu lesen: »Arif und Sater benutzten Bayrock über Jahre für kriminelle Aktivitäten, einschließlich Bankbetrugs, Steuerhinterziehung, Geldwäsche, Korruption, Erpressung und Unterschlagung. [...] Arif und Sater sind nicht nur organisierte Unternehmer, sondern organisierte Kriminelle, die Bayrock benutzten.«[135]

Die Wege russischer Paten nach Washington

Deutsche Urlauber weilten einst gerne im Drei-Sterne-Hotel Mar y Pins in Peguera im Südwesten des Touristenparadieses Mallorca. Sie ahnten sicher nicht, dass der Hotelbesitzer Juniorboss einer in Moskau einflussreichen kriminellen Organisation, der Taganskaja, war. Zu deren Aktivitäten gehörten seit Ende der Neunzigerjahre Bankbetrug, Erpressung und Auftragsmorde, häufig mit dem Ziel, erfolgreiche Firmen zu übernehmen. Beteiligt waren Anwälte, korrupte Beamte und Unternehmer, die dabei halfen, die mit brutaler Gewalt übernommenen Firmen zu legalisieren. Nach einer solchen Übernahme wurden entweder die vorhandenen Vermögenswerte entnommen und die Unternehmen in den Ruin getrieben, oder die Firmen verblieben unter der Kontrolle der Taganskaja. Auf diese Art wurden insgesamt 26 Unternehmen in Moskau und Umgebung übernommen.[136] Über Geldwäsche wurden Teile der geraubten Vermögen im Ausland investiert, in Lettland in den Immobilienhandel, in Kasachstan in das Ölgeschäft und in den USA in den Finanzbereich.[137]

Einer der führenden Köpfe der Taganskaja war Alexander Romanow, der das Mar y Pins und ein benachbartes Chalet im Jahr 2010 für rund zehn Millionen Euro erworben hatte. Bis 2013 vertrieb er die 70 Zimmer als Hotelier. Dann geriet er ins Fadenkreuz der spanischen Staatsanwaltschaft, wurde im Dezember 2013 festgenommen und kam in Untersuchungshaft. Die Staatsanwaltschaft forderte für ihn 17 Jahre Gefängnis und eine Geldstrafe von 40,1 Millionen Euro, unter anderem wegen Geldwäsche.

> »Die Anwälte bestreiten alle Vorwürfe und behaupten, dass die Beweise der Staatsanwaltschaft nicht für eine Verurteilung ausreichen. Ihr Mandant sei das Opfer von Vorurteilen gegen reiche Russen, die Gelder stammen nach ihrer Auffassung aus legalen Quellen, auch wenn Romanow in Russland vor Jahren wegen Mitgliedschaft in der Taganskaja-Mafia verurteilt worden sei.«[138]

Doch dann einigten sich Romanow und seine Anwälte im Jahr 2016 mit der Staatsanwaltschaft auf eine Haftstrafe von drei Jahren und neun Monaten. Das Urteil ist mittlerweile rechtskräftig.[139] Da 1,6 Millionen Euro nachweisbar aus kriminellen Quellen stammten, ging das Hotel inzwischen in Staatsbesitz über. Gesucht wird nun ein neuer Besitzer. Mindestangebot: 12,6 Millionen Euro.

So weit ist eigentlich alles ziemlich normal. Wenn es da nicht brisante Beziehungen des einstigen Hotelbesitzers gäbe. Und zwar zu Alexander Torschin. Der ist seit 2015 immerhin Vizegouverneur der mächtigen russischen Zentralbank und einer der einflussreichsten Politiker in Moskau. Er war Mitglied eines Regierungsausschusses zur Bekämpfung des Drogenhandels sowie Angehöriger des Nationalen Anti-Terror-Komitees. Alexander Torschin genoss das volle Vertrauen von Wladimir Putin. Der beauftragte ihn im Jahr 2005 mit der Leitung einer parlamentarischen Kommission, welche die Aktionen der Sicherheitskräfte bei dem Terroranschlag im September 2004 in Beslan untersuchen sollte. Bei der Geiselbefreiung starben 334 Geiseln, die Hälfte davon Kinder.[140] Den tödlichen Angriff hatte Putin persönlich angeordnet. Torschin hatte seit Ende der Neunzigerjahre mit Romanow zu tun. Damals bekleidete Torschin bereits eine Führungsfunktion in der russischen Zentralbank, und Romanow war sein Untergebener. Aus der geschäftlichen Beziehung entwickelte sich eine innige Freundschaft. Romanow seinerseits unterhielt zugleich enge Kontakte zu den kriminellen Syndikaten Solnzewskaja und Ismailowskaja.[141] Im Jahr 2005 wurde er wegen Betruges zu dreieinhalb Jahren Gefängnis verurteilt und verzog sich danach mit 12,3 Millionen Euro und 2,6 Millionen US-Dollar nach Spanien.

Der Kopf der Taganskaja hingegen blieb in Moskau unbehelligt – bis heute. Für die spanischen Staatsanwälte war eigentlich weniger Romanow, sondern Torschin der Chef dieser kriminellen Organisation. Sie begründeten ihren Verdacht mit den Aussagen von Romanow selbst und der Auswertung der Telefonüberwachung zwischen August 2012 und Mai 2013. In den aufgezeichneten Telefongesprächen bezeichnete Romanow sich selbst als eine Person, die sich bei ihren Geschäften ihrem »Paten« oder auch dem »Boss« unterordne. Daraus zogen die Staatsanwälte den Schluss, dass damit der Vizegouverneur der Zentralbank gemeint sei. Journalisten der spanischen Tageszeitung *El Pais* erfuhren zudem aus drei unterschiedlichen Quellen der Justiz, dass Torschin vorhatte, am 21. August 2013 an Romanows Geburtstagsfeier auf Mallorca teilzunehmen. Am Flugsteig warteten bereits ein Dutzend Ermittler und Staatsanwälte, um ihn, zusammen mit anderen Passagieren aus Moskau, die angeblich einem Geldwäschering angehörten, verhaften zu lassen.[142] Doch Torschin wurde gewarnt, spanischen Boden zu betreten, und zwar vom russischen Innenministerium. Denn dort war aufgrund von Rechtshilfeersuchen der spanischen Staatsanwaltschaft bekannt, dass gegen die Taganskaja-Organisation ermittelt wurde.

Was die gesamte Angelegenheit weitaus delikater machte, war die Tatsache, dass Alexander Torschin seit Langem gute Beziehungen in die USA unterhielt. Dort ist er eines der raren russischen lebenslangen Mitglieder der National Rifle Association (NRA), der einflussreichen Waffenlobby, die den Wahlkampf von Donald Trump mit besonders üppigen Spenden bedachte. Torschin wiederum scheint selbst ein Waffennarr zu sein. Er unterstützt die russische NGO »Das Recht, eine Waffe zu tragen«. Deren Vorsitzende ist Maria Butina. Sie ist Besitzerin einer Moskauer Public-Relation-Firma und persönliche Assistentin von Torschin. Bereits im Jahr 2014 äußerte sie gegenüber einem rechtskonservativen US-Medium über Alexander Torschin: »Er ist ein großer Waffenliebhaber, unterstützt unsere Organisation und ist ein Freund der NRA.«[143]

Der Vizegouverneur der russischen Zentralbank bestätigte, dass er Donald Trumps Sohn Donald Trump Jr. im Mai 2013 anlässlich einer Veranstaltung der NRA bei einem Dinner in Louisville/Kentucky persönlich getroffen habe und später auch den damaligen Präsidentschaftskandidaten Trump.[144]

Als Donald Trump bereits als US-Präsident in Amt und Würden war, wurde Torschin als Mitglied einer russischen Delegation sogar für den 2. Februar 2017 zum obligatorischen Gebetsfrühstück ins Weiße Haus eingeladen. Am Abend zuvor traf er sich in Washington mit zwei republikanischen Abgeordneten und Trumps rechtsradikalem Chefstrategen Stephen Bannon. Das geplante Treffen mit Trump wurde jedoch sehr kurzfristig abgesagt, und zwar, wie aus dem Weißen Haus verlautete, weil sich kurz zuvor die Gerüchte über Verbindungen zwischen Trumps politischem Team und dem Kreml verdichtet hatten. Demnach habe Putin eine Kampagne befohlen, um die Wahlaussichten der demokratischen Kandidatin Hillary Clinton zu beeinträchtigen und Donald Trump zu stärken. Da wäre ein Treffen mit dem Mann, der nach Ansicht spanischer Staatsanwälte der Pate einer russischen kriminellen Organisation war, selbst für Trumps undurchsichtiges Umfeld heikel gewesen. Aber, so erklärte seine persönliche Assistentin Maria Butina gegenüber *Yahoo News* trotzig,

> »Herr Torschin hatte keine besonderen Fragen oder Statements im Sinn. Es ging ja nur um einen fünf Sekunden langen Handschlag. Wir alle erhoffen uns bessere Beziehungen zwischen unseren beiden Ländern,

und ich bin mir sicher, dass es andere Gelegenheiten geben wird, um dieser Hoffnung Ausdruck zu geben.«[145]

Auch Torschins Anwälte meldeten sich zu Wort und erklärten, spanische Strafverfolgungsbehörden hätten niemals gegen ihren Mandanten Anklage erhoben und weder ihn noch die russischen Strafverfolgungsbehörden mit irgendwelchen Informationen über seine angeblichen Beziehungen zum organisierten Verbrechen konfrontiert. Die Kontakte zwischen ihrem Mandanten und Alexander Romanow seien vor sieben Jahren beendet worden und nur privater Natur gewesen. Außerdem sei er niemals Besitzer von Immobilien in Spanien gewesen, und im Jahr 2017 sei er als Privatmann zu dem traditionellen »Gebetsfrühstück« nach Washington eingeladen worden.[146] Gegenüber Journalisten von *Bloomberg* hingegen erklärte Torschin zu seinem Kontakt mit dem ehemaligen Mafiapaten Alexander Romanow: »Das letzte Mal sprachen wir uns am 27. November 2013, als ich 60 Jahre alt wurde. Er rief mich an, um mir zum Geburtstag zu gratulieren.«[147]

Eine Hand wäscht die andere – Trumps russische Freunde im Präsidentschaftswahlkampf

Es geht um die Wahl der Miss Universum in Moskau. Donald Trump hat diesen Schönheitswettbwerb initiiert und dafür am 13. Juni 2013 sieben Millionen US-Dollar an eine Familie Agalarow bezahlt, die diese Veranstaltung für ihn in Moskau organisieren soll. Fünf Tage später twittert er an Aras Agalarow: »Glaubst du, dass Putin im November zu dem Schönheitswettbewerb in Moskau kommen wird? Wenn es so ist, wird er mein neuer bester Freund.«[148]

Agalarow ist einer der reichsten Männer Russlands und hat sein Vermögen unter anderem mit Immobiliengeschäften stetig vermehrt. Vierzehn Tage vor der Moskauer Miss-Wahl verleiht Wladimir Putin ihm einen der höchsten russischen Orden.

Mit dem Schönheitswettbewerb in Moskau und der Verbindung zu Agalarow bezweckte Donald Trump natürlich noch etwas anderes. Er wollte mit dem Immobilienmogul in Moskau einen Trump Tower errichten. Am 9. November 2013 fand der Wettbewerb in Moskau statt. In einem Interview mit dem US-Fernsehsender MSNBC wurde Donald Trump deshalb über seine Beziehungen zu Putin befragt. »Ich habe eine Beziehung, und ich kann Ihnen sagen, dass er sich sehr dafür interessiert, was wir hier heute unternehmen.« Doch Putin machte in letzter Minute einen Rückzieher, ließ Trump jedoch ein Geschenk überreichen, verbunden mit einem sehr freundlichen persönlichen Begleitschreiben.

Zwar fehlte Putin bei der glanzvollen Präsentation der »schönsten Frauen der Welt«, aber andere ehrenwerte Gäste waren anwesend. Etwa Alimsan Tochtachunow. »Wie kommt es, dass ein angeblicher russischer Gangster, verbunden mit einem illegalen internationalen Glücksspielring aus dem Trump Tower heraus, als Ehrengast an einer Veranstaltung von Donald Trump in Moskau im Jahr 2013 teilnehmen kann?«, fragten Journalisten.[149] Tochtachunow dementierte zunächst, überhaupt anwesend gewesen zu sein. Nachdem man ihm entsprechende Fotos vorgelegt hatte, erklärte er, dass er die Eintrittskarte selbst gekauft habe und nicht mit Donald Trump zusammengetroffen sei.

Für Donald Trump hat sich der Schönheitswettbewerb auf

jeden Fall gelohnt. Zum einen zahlten ihm Investoren 14 Millionen US-Dollar dafür, dass er den Wettbewerb nach Moskau brachte. Außerdem festigte er seine Freundschaft zu Aras Agalarow und dessen Sohn Emin Agalarow, der bei der Veranstaltung seinen ersten großen Auftritt als Sänger hatte und die Trump-Familie begeisterte. In einer E-Mail an Emin schrieb Trump: »Emin, deine Vorstellung bei Miss Universum war fantastisch. Du bist ein STAR!«[150] Und am 14. November 2013 schrieb er an Emins Vater: »Wir hatten ein großartiges Wochenende mit dir und deiner Familie. Du hast fantastische Arbeit geleistet. Als Nächstes kommt der Trump Tower Moskau. Emin war WOW!«[151]

Besonders eng schien die Freundschaft zwischen Emin Agalarow und Donald Trump Jr. gewesen zu sein. Der in Moskau lebende Musikjournalist, Donald-Trump-Fan und Vermarkter des Popstars Emin Agalarow Rob Goldstone schrieb am 3. Juni 2016 in einer E-Mail an Trump Jr.:

> »Emin hat mich gerade angerufen und mich gebeten, Sie über einige interessante Dinge zu informieren. Der Generalstaatsanwalt hat sich mit seinem Vater Aras an diesem Morgen getroffen. Bei ihrem Treffen erboten sie sich, die Trump-Kampagne mit offiziellen Dokumenten und Informationen zu beliefern, die mit Russland zusammenhängen und Hillary Clinton inkriminieren. Das sei für Ihren Vater sehr nützlich.«

Bei dem erwähnten Generalstaatsanwalt handelt es sich um Juri Tschaika, der selbst tief in mafiose Machenschaften verstrickt ist und aufs Engste mit Wladimir Putin verbunden ist. Nachdem die Verbindung zwischen Rob Goldstone und Aras Agalarow durch Veröffentlichungen in US-Medien bekannt geworden war, behauptete der russische Milliardär, er und sein Sohn Emin würden diesen Goldstone überhaupt nicht kennen. Wenig später tauchten Fotos auf Goldstones Facebook-Seite auf, auf denen Goldstone neben Emin Agalarow sitzt, zusammen mit Aras Agalarow, und zwar während eines Arbeitsessens mit Donald Trump in Las Vegas, als der Familie das Recht eingeräumt wurde, die Miss-Wahl in Moskau auszurichten.[152] Donald Trump Jr. war von dem Angebot begeistert (»I love it«) und nahm es an.

Um die angebotene Wahlkampfhilfe für den republikanischen Präsidentschaftskandidaten zu organisieren, reiste Natalja Wesselnizkaja, die Goldstone als seine russische Regierungsanwältin bezeichnete, am 9. Juni 2016 nach Washington, D.C. Tatsächlich war sie in der Vergangenheit auch dem FSB zu Diensten gewesen und eng mit Generalstaatsanwalt Juri Tschaika verbunden, also auch Wladimir Putin.

Sie traf sich mit Donald Trump Jr., Donald Trumps Schwiegersohn Jared Kushner und Paul J. Manafort, dem damaligen Chef der Wahlkampagne, im 25. Stock des Trump Tower, eine Etage unter dem Büro des künftigen Präsidenten. Wenige Tage nach diesem Besuch in New York wurden die ersten 20 000 internen E-Mails aus dem Innenleben der Parteispitze der Demokraten über WikiLeaks veröffentlicht. Auf dem Höhepunkt des Präsidentschaftswahlkampfes – inzwischen hatten weitere Treffen zwischen russischen Emissären und Trumps Wahlkampfteam stattgefunden – veröffentlichte WikiLeaks am 7. Oktober 2016 60 000 private E-Mails von John Podesta, dem Wahlkampfmanager Hillary Clintons. Diese Wahlkampfhilfe für Donald Trump aus dem Kreml dürfte mitentscheidend für Trumps Wahlsieg gewesen sein.

*

Der verräterische E-Mail-Verkehr zwischen Donald Trump Jr. und Rob Goldstone beziehungsweise Emin Agalarow und insbesondere das Treffen mit der Anwältin Natalja Wesselnizkaja wurden von der *New York Times* publik gemacht. Daraufhin bestätigte Trump Jr. sowohl die E-Mails als auch das Treffen mit den Kreml-Emissären. In einer Stellungnahme erklärte er, das Treffen habe überhaupt nichts mit dem Wahlkampf zu tun gehabt. Daraufhin twitterte der US-Präsident: »Mein Sohn Donald hat gestern Abend gute Arbeit geleistet. Er war offen, transparent und unschuldig. Das ist die größte Hexenjagd in der politischen Geschichte. Traurig!«[153]

Dagegen berichtete die *Washington Post* am 31. Juli 2017, dass Trump seinem Sohn die Stellungnahme zu dem umstrittenen Treffen mit der russischen Anwältin Wesselnizkaja selbst diktiert habe, und zwar am 8. Juli 2017 auf dem Flug vom G-20-Gipfel in Hamburg nach Washington, D.C.[154]

Für Jay Sekulow, den Anwalt von Donald Trump, war das eine Falschinformation, eine typische Fake News der *Washington Post,* die nur ein Ziel habe, nämlich den Präsidenten zu verleumden. Es dauerte wiederum nur einige Tage, bis eine Sprecherin des Weißen Hauses einräumte, dass der US-Präsident das Statement nicht selbst diktiert habe, sondern nur einen »väterlichen Rat« bei der Abfassung gegeben habe.

*

Interessant ist die Frage, mit wem Aras Agalarow und sein Sohn Emin in Moskau wohl verbunden sind. Aufschlussreich ist eine Aussage von Dietmar Clodo, in den Neunzigerjahren in Ungarn ein erfolgreicher Unternehmer und Besitzer einer Sicherheitsfirma, die von dem Mafia-Boss Semjon Mogilewitsch mitfinanziert wurde. Entsprechend eng waren deshalb seine Beziehungen zu Mogilewitsch, als der in Ungarn sein internationales kriminelles Netzwerk ausbaute. Und er kannte Sergei Michailow und Viktor Averin, die Anführer der kriminellen Organisation Solnzewskaja, persönlich, die wiederum eng mit Mogilewitsch zusammengearbeitet hatten.

Clodo schrieb mir in einer E-Mail:

> »Emin Agalarow hat in Moskau im Jahr 2013 bei Michas' (Sergei Michailow) Geburtstag gesungen. Das war im Hotel Ukraine. Semjon Mogilewitsch hatte da ein ganzes Stockwerk für sich, und das Restaurant war für uns reserviert. Da war kein anderer als wir. Eingeladen waren etwa 30 Männer mit ihren Frauen und einige Models und Sängerinnen. Emins Vater war auch dabei und zwei Amerikaner. Aber ich habe keine Ahnung, wer das war. Michas hatte mich damals eingeladen. Er hat mich zu den Gesprächen geholt, denn er wollte, dass ich zuhöre, um ihm meine Meinung über die Amis zu sagen. Ob sie Blender seien etc. Das waren sie anscheinend nicht. Jedenfalls wurde viel darüber geredet, dass sie in Moskau einen Trump Tower bauen wollten. Michas und Averin wollten unbedingt mit von der Partie sein.«[155]

Alle diese einzelnen Informationen über die engen Verbindungen zwischen den Mitarbeitern der Trump-Wahlkampagne, russischen Kriminellen und höchsten Regierungsstellen im Kreml haben dazu geführt, dass FBI-Chef James Comey entsprechende Ermittlungen führte. Und zunehmend gerieten auch der US-Präsident und seine Familie ins Visier. Für Donald Trump war damit eine rote Linie überschritten. Völlig unerwartet feuerte er am 10. Mai 2017 den zuvor hochgelobten Comey. Die Begründung von Donald Trump: »Ich weiß es zwar sehr zu schätzen, dass Sie mich in drei verschiedenen Situationen darüber informiert haben, dass nicht gegen mich ermittelt werde. Dennoch stimme ich mit dem Justizministerium darin überein, dass Sie nicht in der Lage sind, das FBI effektiv zu führen.« Tatsache ist, dass es eine einsame Entscheidung des Präsidenten war. Diese Entscheidung »stellte die US-Demokratie auf den Prüfstand, denn bei den nun bedrohten Russland-Ermittlungen geht es nicht zuletzt um die Rechtmäßigkeit des Wahlergebnisses – und des Präsidenten«.[156]

Am 8. Juni 2017 fand eine zweieinhalbstündige Anhörung von James Comey vor dem Geheimdienstausschuss des US-Senats statt. Comeys Aussagen waren brisant: »Ich bin zu dem Schluss gekommen, dass ich wegen der Russland-Ermittlungen gefeuert wurde.« Und weiter: »Die Russen griffen 2016 in unsere Wahlen ein. Sie taten es mit Vorsatz. Sie taten es mit Raffinesse. Sie taten es mit überwältigenden technischen Anstrengungen. Und es war eine aktive, von der Spitze ihrer Regierung gesteuerte Maßnahmenkampagne. Daran gibt es keine Zweifel.«[157]

Dabei waren zu diesem Zeitpunkt die Beziehungen zwischen Donald Trump und russischen Kriminellen überhaupt noch nicht untersucht worden. Inzwischen ist ein Sonderermittler ernannt worden. Robert Mueller gilt als unabhängig und unbestechlich. Und schon versuchen Donald Trump und sein Team, auch ihn ins Abseits zu stellen, indem sie belastendes Material gegen ihn zu finden versuchen. Denn Mueller ist loyal gegenüber der US-Verfassung und nicht gegenüber Donald Trump. Aber Illoyalität wird, wie im System der Neuen Paten üblich, früher oder später bestraft werden. Laut einem Bericht der *Washington Post* soll sich Donald Trump am 21. Juli 2017 bei seinen Anwälten erkundigt haben, ob und wie seine Vertrauten, Familienmitglieder und er selbst sich im Zusammenhang mit der Russland-Affäre begnadigen können.[158]

Rechtsradikale Einflüsterer

Davon unabhängig zeigt sich am Beispiel von Donald Trump auch die enge Verknüpfung zwischen rechtsradikalen Bewegungen und den Neuen Paten. Einer der nach wie vor einflussreichsten Chefideologen des US-Präsidenten ist der Ex-Banker Stephen Bannon, als Wahlkampfchef der ideologische Architekt von Trumps Wahlsieg. Der rechtsradikale Rassist und Verschwörungstheoretiker, der von einer Zerstörung der westlichen liberalen Demokratie träumt, war bis April 2017 Mitglied des Nationalen Sicherheitsrates und bis August 2017 Trumps Chefstratege im Weißen Haus. Besonders einflussreich wurde er durch seinen Informationsdienst Breitbart News Network, eine rassistische und antidemokratische Plattform mit Millionen Anhängern. Nach einem Interview mit Bannon resümierte der dänische Journalist Flemming Rose: »Am meisten beunruhigte mich bei unserem Gespräch, dass Bannon offensichtlich die Meinung vertrat, dass Gewalt und Krieg eine bereinigende Wirkung haben können. Dass wir alles niederreißen und von Anfang an neu aufbauen müssen.«[159]

Gleichzeitig umwirbt Bannon die europäischen rechtsradikalen Parteien, die in ihm einen starken Verbündeten sehen. Bis er im August 2017 seinen Posten als Chefberater von Donald Trump im Weißen Haus verlassen musste (er sagt, freiwillig), war er dessen ideologischer Stratege. Inzwischen arbeitet er wieder als Chefredakteur von *Breitbart News*. Finanziert wird das Nachrichtenportal übrigens von dem Multimilliardär Robert Mercer, der auch den Wahlkampf Trumps mit 22,5 Millionen US-Dollar unterstützte. Die *Washington Post* nannte Mercer einen der »zehn einflussreichsten Milliardäre in der Politik«.[160] Bannon wird in diesem Zusammenhang mit den Worten zitiert: »Die Mercers haben den Grundstein gelegt für die Trump-Revolution.«[161]

Zu den rechtsradikalen Scharfmachern gehörte auch ein militärischer Sicherheitsberater von Donald Trump, ein enger Freund von Bannon und bedingungsloser Unterstützer Trumps während des Wahlkampfs. Es handelt sich um den in England geborenen Sebastian Gorka, Sohn ungarischer Eltern, der 2012 die US-Staatsbürgerschaft erhielt. Gorka war Redakteur für Sicherheitsfragen bei *Breitbart News* und hat eine interessante Vergangenheit. Er studierte in Budapest politische Wissenschaften und konzentrierte sich danach auf den Islamismus, obwohl er weder eine arabische Sprache spricht noch kaum je in einem islamischen Land war. Im Jahr 1998 wurde er Berater des neu gewählten ungarischen Ministerpräsidenten Viktor Orbán. Und im Jahr 2006, als die Sozialisten regierten, galt er bereits als Verbindungsmann zu rechtsradikalen Organisationen. Er verfasste zahlreiche Artikel in der Zeitung *Magyar Demokrata*, einem Sammelbecken für ungarische Autoren, die sich durch antisemitische und rassistische Artikel auszeichneten. Im Januar 2007 gründete Gorka zusammen mit zwei führenden Ex-Politikern der faschistischen Jobbik-Partei eine eigene Partei, die jedoch erfolglos war.[162] Ein Jahr zuvor hatte er bereits einen lebenslangen Eid auf den Orden des ungarischen Nazi-Kollaborateurs Vitézi Rend geleistet. Gorka bestreitet das allerdings.

Im Jahr 2007 unterstützte Gorka öffentlich eine rassistische und antisemitische paramilitärische Organisation, die Ungarische Garde (Magyar Gárda), die von der rechtsradikalen Jobbik-Partei im Mai 2007 gegründet worden war. In einem Interview für Echo TV am 6. August 2007 wurde Gorka als Vorsitzender seiner neuen Partei UDK gefragt, ob er die Magyar Gárda unterstütze: »›Das ist so.‹ Die Magyar Gárda sei ›eine Antwort auf eine große gesellschaftliche Notwendigkeit‹.«[163] Denn das ungarische Militär sei »krank und reflektiere den Zustand der ungarischen Gesellschaft. [...] Dieses Land kann sich nicht selbst verteidigen.«[164] Berüchtigt wurde die Ungarische Garde durch ihre gnadenlose Verfolgung von Roma-Angehörigen. Sie orientierte sich in ihrer öffentlichen Präsentation an den sogenannten Pfeilkreuzlern, die von 1944 bis 1945 in Ungarn an der Macht waren. »Deren Anhänger halfen den deutschen Besatzern, die zweite Deportationswelle des Holocaust im November 1944 durchzuführen, und terrorisierten das Budapester Ghetto. Und im Oktober 1944 erschossen Pfeilkreuzler Zehntausende ungarische Juden am Ufer der Donau.«[165] Die Ungarische Garde wurde im Juli 2009 in letzter Instanz von ungarischen Gerichten verboten. Dagegen legte der Jobbik-Vorsitzende Widerspruch vor dem Europäischen Gerichtshof für Menschenrechte ein. Am 9. Juli 2013 bestätigte auch der Europäische Gerichtshof für Menschenrechte das Verbot der Garde als »bedrohliche Gruppe« von »organisierten Militanten«. [166] Erst nach Gorkas Ernennung zu einem der Sicherheitsberater in der neuen US-Regierung wurde dann durch Enthüllungen in ungarischen wie US-Medien bekannt, welche Rolle er in seiner Zeit in Ungarn gespielt hatte.

Gorka wanderte in die USA aus, weil er in Ungarn politisch nicht erfolgreich war. In den Vereinigten Staaten hielt er als Sicherheitsexperte für Islamismus Vorträge in staatlichen

Institutionen, unter anderem beim FBI, bei der CIA und vor Militärs. Dabei zeichnete er sich durch einen bedingungslosen Hass gegen Muslime aus. So rief er unter anderem zum »Heiligen Krieg« gegen die Dschihadisten auf.[167] Und er gehört zu denjenigen, die davon überzeugt sind, dass sich der Westen im Krieg mit dem Islam befinde. Seine stramm rechte Ideologie hatte zweifellos Einfluss, aber weil seine Vorträge von wenig faktischer Sachkenntnis getrübt waren, kündigte das FBI im Herbst 2016 die Zusammenarbeit mit ihm auf. »Sebastian Gorka war eher als Ideologe bekannt denn als objektiver Terrorismus-Experte, als das FBI ihn anstellte. Das wirft die Frage auf, ob es sein Ziel war, Vorurteile über den radikalen Islam innerhalb der Strafverfolgung zu fördern, anstatt zuverlässige wissenschaftliche Erkenntnisse zu liefern«, sagte der ehemalige FBI-Agent Mike German.[168]

Ende April 2017 meldeten US-Medien, dass Gorka als Sicherheitsberater von Donald Trump aus dem Weißen Haus entfernt werden solle. Doch er blieb auf seinem Posten. Auf seinem Twitter Account (Sebastian Gorka DrG) vom 7. August 2017 bezeichnete er sich nach wie vor als »Deputy Assistant to the 45th American President«. Und er war weiterhin ein begehrter Interviewpartner bei Trumps Propagandasender Fox News, wo er nun die FBI-Ermittlungen gegen Donald Trump und seine Familie heftig attackierte. Am 10. August 2017 postete er auf Twitter: »Wir sind nicht nur eine Supermacht, wir sind eine Hypermacht. In der Geschichte der Welt hat es noch nie eine Nation gegeben, die so mächtig war wie unsere große Nation.«

Gorkas Ehefrau gehört ebenfalls zum Trump-Team, als Beraterin für Sicherheitsfragen im Heimatschutzministerium. Sie hat sich dadurch ausgezeichnet, dass die finanzielle Unterstützung für Initiativen, die sich für eine De-Radikalisierung von Neonazis engagieren, unter Donald Trump massiv eingeschränkt wurde. Sebastian Gorka trat am 26. August 2017 von seinem Posten im Weißen Haus zurück.

Nachtrag: Seit Beginn von Trumps Präsidentschaft wird für ihn zweimal am Tag ein besonderer, 20 bis 25 Seiten starker Ordner zusammengestellt.

> »Dabei handelt es sich jedoch nicht um streng geheime Berichte der Nachrichtendienste oder wichtige Entscheidungen der Legislative. Vielmehr enthalten die Ordner ausschließlich Screenshots von positiven Nachrichten über Trump, Tweets, die ihn loben, Zusammenfassungen von TV-Interviews, die ihn im günstigsten Licht darstellen.«[169]

3. KAPITEL

Wladimir Putin, einer der Neuen Paten?

Wenn die Graue Zone in Italien von zentraler Bedeutung ist, um die heutige italienische Mafia zu begreifen, so gilt dies in noch viel stärkerem Maße für die Situation in der Russischen Föderation unter Wladimir Putin. Darauf wies der russische neoliberale Wirtschaftsexperte und Oppositionspolitiker Grigori Jawlinkski im Oktober 2011 anlässlich der Tagung »Forum 2000« zum Thema Demokratie und die Herrschaft des Rechts hin. »Warum wurde das System Putin überhaupt ermöglicht?«, fragte er.

> »Doch erst durch die massive Unterstützung der westlichen Welt, durch den Internationalen Währungsfonds, die Weltbank und durch die westlichen Regierungen. Wenn sie Russland kritisieren, müssen Sie sehen, dass es ja ein Joint Venture mit den westlichen Banken gibt, die viel Geld mit der russischen Korruption verdienen. Oder mit den westlichen Unternehmen, die ebenfalls davon profitieren.«[170]

Wladimir Putin und sein politisches System sind in der Vergangenheit in allen Varianten beschrieben, analysiert und dokumentiert worden. Doch ein Bereich wurde bislang ausgeblendet oder als Nebenprodukt seiner konfliktreichen Politik bewertet. Tatsächlich repräsentiert Putin all das, was die italienischen Mafien erfolgreich gemacht hatte, bis hin zur totalen Kontrolle des Territoriums und den Versuchen, dieses Territorium mit Gewalt auszudehnen. Dazu gehören die Zentralisierung der Verwaltung und die Eliminierung jeglicher Autonomie, kulturell wie wirtschaftlich, aber auch der Putin tragende gesellschaftliche Konsens. Die These ist bekanntlich: Die Capos und Capo dei Capi der italienischen Mafien schalten die ökonomischen Konkurrenten aus und versuchen den Staatsapparat zu infiltrieren, um sich und ihre loyalen Freunde zu bereichern.

Im Gegensatz zu Putin und seinem Herrschaftssystem, sagt man in Rom, sei die italienische Mafia geradezu eine zarte Balletttänzerin. Der italienische Oberstaatsanwalt Roberto Scarpinato erklärte in einem Vortrag in Karlsruhe im Jahr 2010:

> »Was Russland angeht, so ist bekannt, dass mafiose kriminelle Vereinigungen, die aus dem KGB und dem sowjetischen Staatsapparat hervorgegangen sind, sich in den höchsten Positionen wirtschaftlicher und politischer Macht etabliert haben. Inzwischen wird allgemein anerkannt, dass der russische Kapitalismus mafios ist – und zwar zu etwa 60 bis 70 Prozent.«[171]

Wobei eines zweifellos feststeht: »Russische Mafiagruppen arbeiten im Auftrag des Kreml«, so eine Meldung der Deutschen Welle am 27. April 2017.[172] Sie bezog sich auf eine Studie von Professor Mark Galeotti vom European Council on Foreign Relations (ECFR) in Prag. Demnach bedienen sich

Regierungsangehörige in Moskau krimineller Organisationen, um beispielsweise Cyberattacken durchzuführen oder Personen zu liquidieren. »Der russische Staat ist in hohem Maße kriminalisiert, und die Durchmischung von krimineller ›Unterwelt‹ und der politischen ›Oberwelt‹ hat dazu geführt, dass das Regime von Zeit zu Zeit Kriminelle als Instrumente seiner Herrschaft einsetzt.«[173] Bestätigt wird diese Behauptung von Walter Kegö, einem ehemaligen hohen schwedischen Polizeioffizier, zuständig für die Bekämpfung der Drogenkriminalität. Heute beschäftigt er sich am Institut für Sicherheits- und Entwicklungspolitik in Stockholm mit der Organisierten Kriminalität in Russland. »Es gibt keinen Zweifel, dass hohe Kreml-Beamte die Mafia immer wieder für ihre Zwecke nutzen.«[174]

Kann es unter diesen Bedingungen überhaupt Widerstand geben, wenn es stimmt, was der polnische Putin-Kritiker und Professor für Politikwissenschaften in Regensburg Jerzy J. Mackow behauptet, dass wir im »Konflikt mit Kriminellen« stehen, »die in Russland die Macht haben, Menschen zu vernichten, zu stehlen, Kriege zu beginnen und Nuklearwaffen einzusetzen«.[175] An dieser Aussage ist sicher nichts falsch, aber sie kommt von einem sehr scharfzüngigen Oppositionellen und ist daher mit entsprechender Vorsicht zu genießen.

Doch wie ist dann die Erkenntnis des russischen Kriminologen Wladimir Semenowitsch Owchinski, des ehemaligen Chefs des russischen Interpol-Büros, zu bewerten?

> »Vielleicht ist der Hauptunterschied der neuen Kriminellen, dass es noch nie – weder in den 1980er-Jahren noch in den 1990er-Jahren – eine so große Präsenz von Repräsentanten der Organisierten Kriminalität in den offiziellen staatlichen Institutionen gab wie heute.

In unserem Land gibt es keine ›makellosen‹ staatlichen Institutionen, sei es die Regierung, die Ministerien, die Gouverneure oder das Bürgermeisteramt.«

Seine Schlussfolgerung ist eindeutig: »Wir haben jetzt eine Art von ›Verstaatlichung‹ der Mafia. Die staatlichen Institutionen haben die Strukturen der Mafia übernommen.« [176]

Der russische Oppositionspolitiker Alexei Nawalny hat sich ebenfalls eine klare Meinung gebildet, und die bezieht sich nicht nur auf Wladimir Putin, sondern auch auf dessen Ministerpräsidenten Dmitri Medwedew: »Medwedew kann so offensichtlich stehlen, weil Putin das Gleiche nur in größerem Umfang tut; denn jeder in der Regierung macht das Gleiche, ebenso die Richter, die Staatsanwälte und die Nachrichtendienste.«[177] Seine Vorwürfe unterfütterten Nawalny und sein »Fonds zur Korruptionsbekämpfung«, der sich unter anderem mithilfe von Kleinspenden finanziert, mit Dokumenten und Fotos. Der angegriffene Medwedew, der im Jahr 2008 noch vollmundig davon gesprochen hatte, dass er der Korruption den Krieg erklären werde, nannte die Vorwürfe »Unsinn«.

Wenn in der Russischen Föderation tatsächlich eine Verstaatlichung der Mafia stattgefunden hat, dann könnten die vorhandenen Sicherheitsinstitutionen in der Tat nichts mehr ausrichten. Verantwortlich für die Aufklärung von Wirtschaftskriminalität, Korruption und eben auch Mafia-Verbrechen wäre zum Beispiel Dmitri Sachartschenko, der Chef der Abteilung für den Kampf gegen Wirtschaftskriminalität im russischen Innenministerium. Im September 2016 musste er jedoch seinen Posten räumen. Aber erst nachdem in seiner Wohnung umgerechnet 120 Millionen Euro Bargeld in verschiedenen Währungen gefunden worden waren. Sein offizielles Jahresgehalt betrug 46 000 US-Dollar. Das Geld wurde nicht nur in den eigenen vier Wänden, sondern auch auf Schweizer Konten versteckt. Auf Konten der Rothschild Bank und einer Schweizer Filiale der Dresdner Bank wurden insgesamt über 300 Millionen US-Dollar eingefroren. Sachartschenko wird vorgeworfen, seine Stellung missbraucht zu haben, indem er Korruptionsbeschwerden gegen die Zahlung von Schmiergeld einstellte. Bis zu 500 000 US-Dollar habe er für Gefälligkeiten gefordert und auch erhalten. Der Beschuldigte wies alle Vorwürfe von sich.

In den westlichen Medien wurde ausführlich über den Fall berichtet, stets mit dem Hinweis, die Festnahme Sachartschenkos sei ein Zeichen dafür, dass Putin jetzt energisch gegen die grassierende Korruption und Organisierte Kriminalität vorgehe.

Aber tut er das tatsächlich? In der Russischen Föderation verantwortlich dafür wäre der seit Juni 2006 amtierende Generalstaatsanwalt Juri Tschaika. Aber ist Tschaika möglicherweise selbst Teil des Mafiasystems?

Die Geschichte eines Generalstaatsanwalts und seiner Söhne

In der griechischen Küstenstadt Nea Poteidaia auf der griechischen Halbinsel Chalkidiki besticht das mit fünf Sternen ausgezeichnete Pomegranate Wellness Spa Hotel mit einem Außenpool, einem privaten Strandbereich, einem Wellnesscenter und einer Sauna. Im Mai 2014 wurde hier ein prachtvolles Fest gefeiert. Anlass war die Renovierung und Wiedereröffnung dieses wohl einzigartigen Luxushotels. Alleine die

Renovierungsarbeiten schlugen mit knapp 25 Millionen Euro zu Buche. 130 Artisten, unter ihnen russische Zauberkünstler und Akrobaten, begeisterten die betuchten griechischen und russischen Gäste. Während russische Popstars auf der Bühne griechische und russische Lieder trällerten, labten sich die Gäste an den kulinarischen Köstlichkeiten des Vier-Gänge-Menüs. Anwesend war auch, dem Anlass entsprechend leger gekleidet, der russische Kulturminister Wladimir Medinski. Am Ende der Veranstaltung bestaunten alle gemeinsam ein fantastisches Feuerwerk. Geschätzte Kosten des gesamten Events: eine Million Euro. Betreiber des Hotels ist die Portes Melathron S.A. in Nea Moudania. Einer der Besitzer ist Artjom Tschaika, der bei den Feierlichkeiten ebenfalls anwesende Sohn des russischen Generalstaatsanwalts Juri Tschaika. In den russischen Nachrichten war er im Jahr 2011 schon einmal im Zusammenhang mit einem Korruptionsskandal erwähnt worden. Damals ging es um illegale Casinos und um Staatsanwälte, die als Gegenleistung für deren Duldung entsprechende »Gefälligkeiten« entgegennahmen.[178] Artjom Tschaika sei der Vermittler zwischen den Staatsanwälten und den Betreibern der illegalen Casinos gewesen.[179] Der damalige russische Ministerpräsident Medwedew wies die Ermittler an, den Fall nicht öffentlich zu machen und Familienangehörige der hochkarätigen Beamten nicht anzutasten. Generalstaatsanwalt Tschaika entschied, seinen Sohn nach Nischni Nowgorod zu schicken, wo Artjom einige Geschäftsinteressen hatte.

Der Vorfall erinnerte Journalisten an einen Vorgang im März 1999. Damals wurden zwei Unternehmer erpresst. Sie sollten 60 000 US-Dollar bezahlen. Zwei Verdächtige wurden verhaftet. Bei ihnen fand die Polizei einen Revolver und eine Handgranate. Das von ihnen benutzte Auto hatte sowohl eine Genehmigung, sowohl auf einem Sonderparkplatz der Duma zu parken als auch auf ein geschütztes staatliches Gelände zu fahren. Besitzer des Autos und der Genehmigung war Artjom Tschaika.[180]

Inzwischen ist der heute 41-jährige Unternehmer ein reicher Mann. Sein auf 200 Millionen Euro geschätztes Vermögen gründet nicht nur auf dem besonderen Schutz seines Vaters, sondern auch auf fragwürdigen Firmenübernahmen, beispielsweise eine Reederei in der sibirischen Stadt Irkutsk, wo sein Vater jahrelang als Staatsanwalt wirkte. Der Direktor der Reederei, der sich vehement gegen die Übernahme wehrte, wurde tot aufgefunden. Offizielle Version: Selbstmord. Ermittelt wurde nie. Kapital aus dem Werft-Deal soll Artjom Tschaika in den Jahren 2002 und 2004 in die Schweiz transferiert haben. Hier kaufte er für 2,7 Millionen Schweizer Franken ein Anwesen mit Blick auf den Genfer See. Seit Oktober 2002 ist er gemeinsam mit seinem jüngeren Bruder Igor an einem Unternehmen in Lausanne beteiligt. Beide sind mit einer Stammeinlage von je 15 000 Schweizer Franken in den offiziellen Unterlagen verzeichnet. Über Igor berichtete das russische Magazin *Forbes*, dass seine Firmen besonders häufig lukrative Staatsaufträge ergatterten.[181] Das Schweizer Bundesamt für Polizei konnte jedoch keine konkreten Hinweise für Geldwäsche im Zusammenhang mit den beiden Tschaika-Brüdern feststellen.

Ihr Schweizer Partner ist der ehemalige Chef einer Ausländerbehörde. Der bemühte sich Mitte der Neunzigerjahre bereits um einen anderen Klienten, der am Genfer See ein Haus gekauft hatte.[182] Es ist der bereits erwähnte Sergei Michailow, ein gelungenes Beispiel für die Transformation krimineller Aktivitäten in die scheinbare Legalität russischer Art. Michailow hatte es geschafft, vom Kellner eines

Moskauer Restaurants zum Anführer der größten kriminellen Organisation Russlands, der Solnzewskaja, aufzusteigen. Für internationale Polizeibehörden, ob in Israel, den USA, Kanada, Spanien, Österreich, Deutschland oder der Schweiz, war er hingegen einer der mächtigsten Paten der Solnzewskaja. Deren Mitglieder, mindestens 2 000 sollen es in den späten Neunzigerjahren gewesen sein, agierten nicht nur in Moskau, sondern auch in Budapest, Wien, Brüssel, Málaga, Tel-Aviv und Berlin. Ihre Aktivitäten reichten von Schutzgelderpressung, Korruption, Bankbetrug, Drogen- und Waffenhandel über Kunstfälschungen, Antiquitätenschmuggel und internationalem Mädchenhandel bis hin zu allen Formen der Wirtschaftskriminalität. Im Jahr 1996 wurde Michailow in Genf verhaftet. Die Staatsanwälte warfen ihm Geldwäsche vor sowie Führungsmitglied der kriminellen Organisation Solnzewskaja zu sein.

Der Prozess platzte dann – unter anderem weil die Genfer Justiz nicht einmal ansatzweise in der Lage war, ein Verfahren gegen einen der mächtigsten Bosse der russischen kriminellen Syndikate zu führen. In dem Ermittlungsverfahren erklärte die Moskauer Generalstaatsanwaltschaft, es gäbe keine Erkenntnisse, weder über die kriminelle Organisation Solnzewskaja noch über Michailow selbst. Allerdings schickte die damalige russische Sondereinheit zur Bekämpfung der Organisierten Kriminalität (RUBOP) der Genfer Justiz am 12. Dezember 1996 eine zweiseitige Erkenntnismitteilung über Michailow. Dort heißt es unter anderem: »Sergei Michailow ist Führer der kriminellen Vereinigung Solnzewskaja; er wurde im Dezember 1989 wegen Erpressung verhaftet; die Solnzewskaja kontrollierte im Dezember 1989 mehr als 20 Unternehmen in Moskau und Umgebung; die kriminelle Vereinigung verfügt über 800 aktive Mitglieder.«[183] Positiv für Sergei Michailow war, dass Kriminelle massiven Druck auf einzelne Angehörige der Jury ausübten, dass die Dolmetscher fehler- und lückenhaft übersetzten und dass einer seiner Fürsprecher der ehemalige US-Justizminister Clark Reims war.

Nach seiner Rückkehr nach Moskau forderte Michailow von der Schweizer Justiz Schadensersatz für die erlittenen 778 Tage Untersuchungshaft, und zwar eine Million US-Dollar. Man einigte sich auf 450 000 US-Dollar. Der für das Verfahren zuständige Untersuchungsrichter Georges Zecchin wechselte nach dem Prozess ins Bankgeschäft. Er wurde später sogar Vorstandsvorsitzender der Crédit Agricole Suisse Asien.

*

Neben Artjom Tschaika, dem Sohn des Generalstaatsanwalts, gehörte Olga Lopatina zu den Mitbesitzern des Hotels auf Chalkidiki beziehungsweise des Unternehmens Portes Melathron S.A. Sie war mit dem stellvertretenden russischen Generalstaatsanwalt verheiratet. Im Jahr 2011 wurde das Paar offiziell geschieden. Im Scheidungsverfahren gab ihr Ehemann in der Einkommenserklärung die Summe null als Einkommen für seine Exfrau an. So gesehen ist es ein Rätsel, wie die bisherige Hausfrau ohne geschäftliche Erfahrungen plötzlich Millionen aufbringen konnte, um sich an einem Hotel und einer Villa in Griechenland zu beteiligen. Die Villa liegt am Berg Athos. Hier weilte während seines Urlaubs auch der Generalstaatsanwalt, der spirituellen Selbstfindung wegen. Die Rechercheure von Nawalnys Team vermuteten, dass die Scheidung eine reine Formsache gewesen war, zumal Olga Lopatina danach immer noch ihren Ehering trug. In Russland ist es durchaus üblich, dass hochkarätige Beamte den Besitz an Firmen, Immobilien oder Kapital ihren Ehefrauen überschreiben. Bei einer Scheidung müssen die Staatsbeamten das im Ausland deponierte Vermögen nicht angeben. Olga Lopatina sei unter anderem Besitzerin einer Zuckerfabrik und habe drei Geschäftspartnerinnen.

Zwei von ihnen sind mit berüchtigten Größen einer kriminellen Organisation verheiratet. Einer von ihnen, Sergei Tsapok, war der Kopf der Bande. Er ließ sich in das Regionalparlament von Krasnodar wählen und wurde im Jahr 2004 Vorsitzender des Haushaltsausschusses. Seit über 20 Jahren terrorisierten er und seine Bande die Bewohner der Region Krasnodar. Zu ihren Verbrechen gehören Hunderte von Überfällen, Dutzende Morde und die gewaltsame Übernahme von Firmen. »Die Zentralregierung in Moskau reagierte lange Jahre nicht, auch nicht, als einhundertsiebzig verzweifelte Bürger im Jahr 2005 in der Regierungszeitung *Rossiskaja Gaseta* um Hilfe flehten.«[184] Hilfe erhielt dagegen Sergei Tsapoks Landwirtschaftsunternehmen, und zwar umgerechnet drei Millionen Euro. Zwar versuchte die Polizei, gegen ihn und die Bande zu ermitteln, doch die Ermittlungen wurden auf Anordnung des Staatsanwalts gestoppt. Nach seinen Worten gebe es keinen Grund, gegen die Kriminellen vorzugehen.[185]

Das änderte sich erst im November 2010, nachdem im Haus eines Unternehmers zwölf Menschen ermordet worden waren, darunter ein neun Monate altes Mädchen und drei weitere Kinder. Die meisten Opfer wurden erstochen, eine Person wurde erwürgt, und eine weitere starb an einer Rauchvergiftung. Zu den Verhafteten gehörten auch die Ehemänner der beiden Frauen, die an der Zuckerfabrik beteiligt waren. Sie wurden im Jahr 2013 zu einer lebenslangen Gefängnisstrafe verurteilt. Sergei Tsapok starb ein Jahr später im Gefängnis an einem Herzinfarkt. Nicht ermittelt wurde gegen die Ehepartnerinnen der Top-Gangster. Die Zentrale der Zuckerfabrik befand sich übrigens in demselben Gebäude, in dem auch der Gangsterchef Tsapok sein Hauptquartier aufgeschlagen hatte.

Eine weitere Investorin, mit der die geschäftstüchtige Olga Lopatina zusammenarbeitet, ist die Frau von Alexei Starowerow, dem Verwaltungschef der russischen Generalstaatsanwaltschaft. Der hatte ein ihm gehörendes Gebäude an von der Polizei gesuchte Mörder der GTA-Bande vermietet. GTA wurde die Bande von den Medien nach dem Computerspiel »Grand Theft Auto« genannt. Dabei müssen die Spieler mit Mord und Totschlag Punkte sammeln. Nach Angaben der Polizei hatten die Gangster mindestens 14 Menschen in und um Moskau wahllos ermordet. Starowerow, der laut *Forbes* zu den vier reichsten Angehörigen der russischen Sicherheitskräfte gehört, musste daher im November 2014 von seinem Amt zurücktreten.[186]

Und was die Vorwürfe gegen Generalstaatsanwalt Juri Tschaika und seine beiden Söhne angeht, so wurden sie vom Generalstaatsanwalt dementiert. Stattdessen beschuldigte er Nawalny, mit ausländischen Nachrichtendiensten zusammenzuarbeiten. Tschaikas Söhne wollten den Oppositionspolitiker verklagen, aber es blieb bei der Ankündigung. Olga Lopatina bestritt hingegen, Mitbesitzerin der Zuckerfabrik zu sein. Die Daten eines ihr gehörenden Unternehmens seien gehackt und dann ohne ihr Wissen für die Registrierung der Zuckerfabrik benutzt worden. Außerdem sei die Zuckerfabrik nie geschäftlich aktiv gewesen. Dmitri Peskow, der Pressesprecher Putins, erklärte, dass die russische Regierung sich nicht für die Geschäfte von Tschaikas Söhnen interessiere und nichts mit dem Generalstaatsanwalt zu tun habe.[187] Wie schrieb doch die Zeitschrift *Forbes* im Oktober 2014: »Was auch immer Artjom macht, sein Vater unterstützt ihn.«[188]

Der Fall zeigt, dass die Vorwürfe des ehemaligen Interpol-Direktors in Moskau, Wladimir Owschinski, durchaus zutreffend sind, wonach die Staatsanwälte in Moskau Vertreter einer ganz neuen Rasse von Kriminellen seien. »Sie sind nicht nur korrupt. Diese Leute haben die Funktionen der Erpresser übernommen. Sie bedrohen, erpressen, managen die Kriminellen. Es ist noch nie vorgekommen, dass ein Staatsanwalt zum Rücktritt gezwungen oder selbst auf eine Fahndungsliste gekommen ist.«[189]

Tatsächlich scheint die Korruption innerhalb der Generalstaatsanwaltschaft Tradition und System zu haben. Daher noch kurz ein Rückblick auf die Jahre 2003 und 2004, als Wladimir Putin bereits Präsident war. Damals erhielt ein US-Unternehmen den Auftrag, die Staatsanwaltschaften der Russischen Föderation mit neuer Informationstechnologie auszustatten. Aus Gerichtsunterlagen ergab sich später, dass dazu Bestechungs- und Kick-back-Zahlungen in Höhe von mindestens 7 673 411,78 Euro geleistet wurden. Begünstigte waren Mitarbeiter der Generalstaatsanwaltschaft, des Ministeriums für wirtschaftliche Entwicklung und Handel der Russischen Föderation, des Finanzministeriums der Russischen Föderation, eines staatlichen Außenhandelsunternehmens sowie des Föderalen Sicherheitsdienstes FSB.[190] In der Russischen Föderation wurde niemand zur Rechenschaft gezogen. Hingegen jene Unternehmer in Deutschland, die bei dem Deal, unwissentlich natürlich, eine aktive Rolle spielten.

Aber wie sieht es bei den betroffenen Bürgerinnen und Bürgern aus, die in diesem Mafiasystem leben, ja Putin sogar verehren?

»Mein Herz schlägt für Putin«

Der weite Weg zu einer Antwort auf diese Frage führt zum sagenumwobenen Don, Russlands berühmtestem Fluss, auch zärtlich »Väterchen Don« genannt, und zwar nach Lipezk. Die Hauptstadt der Oblast Lipezk mit knapp 1,7 Millionen Einwohnern liegt rund 375 Kilometer südöstlich von Moskau, eingebettet in eine leicht hügelige, fruchtbare Landschaft. Eigentlich eine typisch russische Idylle. Bekannt ist die Region nicht nur für ihre landwirtschaftlichen Betriebe, sondern auch für das riesige Stahlwerk »Nowolipezker Metallurgisches Kombinat«. Besitzer ist ein Superreicher, der Oligarch Wladimir Lissin. Zu einem der vermögendsten Unternehmer Russlands wurde er in den Neunzigerjahren des vorigen Jahrhunderts durch die Trans-World Group der Brüder Lew und Michail Tschernoi. Die Trans-World Group war Anfang der Neunzigerjahre größter Stahl- und Aluminiumexporteur Russlands und behauptete sich mit kriminellen, teilweise mörderischen Methoden am Markt. Lissin gehört heute zu jenen russischen Milliardären, die wussten, wie sie ihre Schäfchen, nicht zuletzt mithilfe des Kreml, ins Trockene bringen konnten. So weit wäre das alles mehr oder weniger normal.

Doch es gibt auch einen Mann, der in Lipezk seit Jahren gegen Korruption und Machtmissbrauch kämpft. Es ist der heute 70-jährige Anatoli Salnikow. Er hat Landwirtschaft studiert, arbeitete in den Sechzigerjahren, zu Sowjetzeiten, als Brigadier in einer landwirtschaftlichen Kolchose und war danach im Ministerium für Landwirtschaft der zuständige Mann für die betriebswirtschaftlichen Kontrollen. Er konnte also ausreichende Erfahrungen mit dem alten sowjetischen System machen. Im Jahr 1974 übernahm er eine Kolchose.

Schon damals kämpfte er gegen korrupte Zustände. Und schon damals wurde versucht, ihn zu bestechen, ohne Erfolg, weshalb auf ihn geschossen wurde. Er überlebte, wurde aber gezwungen, seinen gesamten Besitz aufzugeben. »Ich bin ehrlich gekommen und will ehrlich bleiben«, sagt er, eine Einstellung, die ihm für sieben Jahre zum Verhängnis wurde, als er keine Arbeit fand.

Im Jahr 1989 schien sich dann durch die Perestroika für ihn alles zu verändern. Es herrschte Aufbruchstimmung in der Sowjetunion, und auch Anatoli Salnikow wurde von ihr erfasst. Endlich Freiheit, endlich herrschte das Recht, dachte er. Er wurde Direktor einer neuen Kolchose in Lipezk. Wenn er heute von der Ungerechtigkeit und der grassierenden Korruption spricht, dann ist er nicht zu bremsen. Aktenweise zeigt er Unterlagen, die seinen Kampf gegen die Korruption dokumentieren.

Was diesen Mann darüber hinaus paradoxerweise auszeichnet, ist sein ungebrochener Glaube an den russischen Präsidenten Wladimir Putin, was für Außenstehende etwas befremdlich wirkt, vor allem vor dem Hintergrund der eigenen Erfahrungen Salnikows. Er selbst sagt überzeugend: »Mein Herz schlägt für Putin.« Er glaubt fest daran, dass der russische Präsident nichts von dem System der Korruption weitab von Moskau weiß. Und daher ist Putin für ihn der letzte Hoffnungsanker in seinem seit Jahren geführten Kampf, insbesondere gegen eine korrupte Justiz. Laut der russischen Verfassung von 1993 ist Russland ein Rechtsstaat, in dem das Prinzip der Gewaltenteilung gilt und eine unabhängige Justiz garantiert ist. Seit die Russische Föderation im Jahr 1996 dem Europarat beigetreten ist und die Europäische Menschenrechtskonvention (EMRK) anerkannt hat, ist Russland außerdem an Art. 6 EMRK gebunden, der ein faires Gerichtsverfahren zum Bürgerrecht erhebt. Das Vertrauen der Bürger Russlands in ihre Richter und Gerichte ist seit Jahren trotzdem gering. Und Salnikow legt dieses System geradezu brutal offen.

Er berichtet, dass ihm die Verwaltung des Oblast Lipezk im Jahr 2003 das staatliche Agrarunternehmen Maxim Gorki übergab, um es vor dem vollständigen Zusammenbruch zu retten.

> »Mir wurden auch zwei zahlungsunfähige Betriebe aufgedrängt, die auf Schweinezucht spezialisiert waren. Es scheint überflüssig, zu sagen, dass diese Betriebe in der Vergangenheit keine Steuern, Löhne und Schulden bezahlt hatten. In zwei Betrieben haben die Konkursverwalter sogar die Bodenroste verkauft, um überhaupt in der Lage zu sein, die Löhne zu bezahlen.«

Die Betriebe waren total heruntergekommen, und die hungrigen Schweine mussten geschlachtet werden, damit man überhaupt die Möglichkeit hatte, ein bisschen Getreide auszusäen.

In den drei folgenden Jahren gelang es Salnikow, einen wirtschaftlich erfolgreichen Agrarbetrieb aufzubauen und die Produktion von Getreide, Fleisch und Milch um das 12- bis 15-Fache zu steigern. Die Löhne erhöhten sich auf das Zehnfache der bislang gezahlten, und sie wurden nun pünktlich ausbezahlt, was in der Vergangenheit auch nicht üblich gewesen war. Außerdem zahlten seine Betriebe mehr als 50 Millionen Rubel an Steuern. Salnikow war also extrem erfolgreich. Doch dann wurde er von der Verwaltung durch ein Gerichtsurteil gezwungen, seinen Betrieb spottbillig zu verkaufen. Die Folgen waren, dass der Boden nicht mehr gepflügt wurde, die Menschen keine Arbeit und daher keine Löhne mehr hatten. Gleichzeitig verschwanden 196 Millionen Rubel eines von der »Sberbank« aufgenommenen Kredits spurlos. Seitdem kämpfte Salnikow um sein Recht.

Über die merkwürdigen Vorgänge in dem Oblast Lipezk berichtete am 20. Mai 2009 auch die russische Tageszeitung *Nowaja Gaseta,* die einen offenen Brief von Salnikow an den damaligen russischen Präsidenten Medwedew veröffentlichte. Die Folge? Gegen den Verfasser wurde ein Strafprozess angestrengt. Nur dank seiner Moskauer Rechtsanwälte, erzählt er, sei es ihm gelungen, seine Unschuld zu beweisen. Er beschwert sich bitter:

> »Während der letzten fünf Jahre habe ich keine Möglichkeit, der Gesellschaft Nutzen zu bringen. Gegen mich wurden Dutzende ungesetzliche Gerichtsbeschlüsse gefasst. Alle Versuche, Gerechtigkeit wiederherzustellen, waren erfolglos. Unter heutigen Bedingungen kann die Macht nicht gerecht und gesetzestreu sein. Wie kann ich für solche Macht stimmen? Es gibt viele solche Menschen wie mich. Die existierende Verwaltungsvertikale kann als vollständig korrupt bezeichnet werden. Das sehen alle ein. Die Korruption stellt illegale Handlungen dar, die von Beamten zwecks persönlicher Bereicherung begangen werden.«

Mehrmals schrieb er deshalb an die russische Staatsführung, auch an Wladimir Putin, hoffte er doch, dass er so zu seinem Recht käme. Doch auf dieses Recht wartet er bis heute vergeblich. Antworten auf seine Briefe hat er nie bekommen.

Salnikows zentrale Anklage richtet sich jedoch weniger gegen Putin als gegen die russische Justiz. Nach seinen Worten ist selbst die aufsichtführende Behörde Russlands – die Staatsanwaltschaft – in das kriminelle Treiben involviert. »Dies trug zur totalen Korruption hierzulande bei, auch im Militär und in der Polizei.«

Laut Salnikow stellt sich die Situation in Russland folgendermaßen dar:

> »Die Staatsbürger Russlands sind gezwungen, von der Wiege an die Beamten zu bestechen. Um die Menschen endgültig zu versklaven, wurde der Artikel ›die Bestechung‹ in das Strafgesetzbuch eingefügt. Die Staatsbürger haben Angst davor, dass sie selbst strafrechtlich belangt werden können. Deshalb wollen sie nicht mitteilen, wer sie erpresst. Ist es nicht die Tragödie des ganzen Staates?«

Aufgeben will er in seinem Kampf gegen die Windmühlen staatlicher Macht trotzdem nicht:

> »Es ist kein Geheimnis, dass während der letzten Jahre viele Menschen, die zur Mittelschicht gehören, illegalen Handlungen seitens der Verwaltung ausgesetzt waren. Korruption ist an der Macht, aber keiner der Präsidentschaftskandidaten [Salnikow bezieht sich dabei sowohl auf den ehemaligen Präsidenten Medwedew als auch auf den heutigen Präsidenten Putin] schlägt etwas für die Lösung dieses Problems vor.«

Obwohl Salnikow nach wie vor hofft, dass Putin diesen Machenschaften ein Ende setzen wird, sagt er gleichzeitig – und das steht in gewissem Widerspruch zu seiner Hoffnung:

»Jetzt sind wir an der Schwelle neuer Erschütterungen. Zum dritten Mal während der letzten einhundert Jahre treten wir auf die gleiche Harke. Das Gefühl der Ungerechtigkeit ist riesig geworden. Die ins Elend gestürzten Menschen könnten zur ›Mistgabel‹ greifen. Dann wird die Verwaltung gezwungen sein, Gewalt anzuwenden, und es wird Blut vergossen werden. Wer braucht das? Ein armer und hungriger Mensch, der nichts mehr zu verlieren hat? Ich bin davon überzeugt, dass auch reiche Menschen ruhig und furchtlos leben wollen. Heutzutage kann man durch Gewalt die Menschen aber nicht versklaven.«

Kriminelle Autoritäten der Sowjetunion – die Spitzel des KGB

Die Entstehung der Organisierten Kriminalität im heutigen Russland und ihre Verbindungen in den Kreml haben eine lange Geschichte und sind sowohl mit der einstigen sowjetischen Gefängnis- und Lagerkultur als auch mit dem politischen System des Stalinismus und Leninismus verknüpft. Diese bilden sozusagen den sozialen und kulturellen Humus, der heute noch in Russland bestimmend ist. Aufgrund der Ende der Zwanzigerjahre des vorigen Jahrhunderts einsetzenden stalinistischen Repression stieg die Zahl der politischen Häftlinge in den Gefängnissen und Lagern. Dort wurden sie in getrennten Zonen mehr oder weniger sich selbst überlassen. Dadurch entwickelte sich eine Hierarchie, die, wenn nötig, mit radikalen und brutalen Methoden durchgesetzt wurde. An ihrer Spitze standen meist Berufsverbrecher.

Da die politischen Häftlinge als potenzielle Unruhestifter galten, begannen die Sicherheitsdienste, mit den professionellen Kriminellen zusammenzuarbeiten. Sie sollten die Ordnung und Disziplin im Lager sicherstellen und erhielten dafür freie Hand und Privilegien. Die »Autoritäten« unter den Verbrechern begannen anschließend, sich »Wory v Sakone«, »Diebe im Gesetz« zu nennen. Sie bildeten die kriminelle Elite der Sowjetunion, leisteten ihren Beitrag zur Ordnung und Konsolidierung der kriminellen Welt und entwickelten einen eigenen Verhaltenskodex, zu dessen wichtigsten Prinzipien offiziell die Nichteinmischung in Politik und Wirtschaft gehörte. Wie die italienischen Mafien hatten auch sie ihren eigenen Ehrenkodex, rituelle Zeremonien bei der Weihe zur »Autorität« oder als »Dieb im Gesetz«, und es herrschte ein absolutes Schweigegebot gegenüber staatlichen Institutionen. Hinzu kamen Tattoos, die eine große Bedeutung hatten. Sie symbolisierten die Lebensgeschichte des Kriminellen. Häufig wurden religiöse Symbole benutzt, zum Beispiel eine Kathedrale mit der Anzahl der Jahre, die man im Gefängnis saß. Und je höher der Rang in der kriminellen Hierarchie, umso mehr Tattoos. Zum Beispiel am linken Oberarm zwei mit Handschellen gefesselte geballte Fäuste und auf der linken Brustseite ein Tigerkopf. Beide Tattoos sind in der russischen kriminellen Welt bekannt: Die Handschelle bedeutet »Freiheitsstrafe wegen eines Gewaltdeliktes« und der Tigerkopf »Hass auf die Herrschenden, Dieb im Gesetz. Ich bin aggressiv gegen die Macht. Stehe allen Personen feindlich gegenüber, die mit rechtsstaatlichen Einrichtungen zu tun haben. Erteile jedem eine Abfuhr, der meine Würde infrage stellt.« Tatsache ist aber auch, dass, bei allem mythischen Brimborium analog zu den theatralischen rituellen und religiös verbrämten Aufnahmebedingungen bei der 'Ndrangheta oder

der Cosa Nostra, die »Diebe im Gesetz« gleichzeitig Spitzel des KGB waren. Ihr Auftrag lautete, die politischen Gefangenen im Gulag zu überwachen und Informationen direkt an die jeweiligen KGB-Agenten weiterzugeben. Deshalb standen sie unter dem Schutz der Regierung, und als Gegenleistung durften sie stehlen, rauben und morden.

In den Achtzigerjahren setzte eine zunehmende Korrumpierung der staatlichen Strukturen ein. Deshalb waren die kriminellen Autoritäten (und mit ihnen die kommunistischen Spitzenfunktionäre, die in der Schattenwirtschaft riesige Vermögen anhäuften) wenig begeistert, als Michail Gorbatschow die Perestroika verkündete. Sie befürchteten, ihr bislang sorgfältig kultiviertes kriminelles Netzwerk könnte zerstört werden. Gleichzeitig begannen ab dem Jahr 1988 die Privatisierungen, die für sie wiederum ein neues Geschäftsfeld darstellten. Denn nach dem Zusammenbruch der UdSSR begannen die »Diebe im Gesetz«, die bislang für den KGB tätig gewesen waren, alle für die Nachfolgeinstitution des KGB, den FSB, zu arbeiten. Laut Bernd Knabe, der 1998 eine Studie über die Kooperation von KGB und »Dieben im Gesetz« veröffentlichte, begann die KGB-Führung bereits im Jahr 1987, ausgewählten »Autoritäten« die Möglichkeit zur Kontrolle über die verschiedenen kriminellen Gruppen in den wichtigsten Gebieten der Sowjetunion zu verschaffen. [191]

Allein zwischen 1989 und 1991 stieg das geschätzte Jahreseinkommen dieser »Autoritäten« von einer Milliarde auf 130 Milliarden Rubel. Die Periode von 1991 bis 1993 war das goldene Zeitalter der Schutzgelderpressung. Für Unternehmensgründungen gab es keine Alternative, als mit den kriminellen Gruppen zusammenzuarbeiten.

»Hochrangige ›Diebe im Gesetz‹ eröffneten legale Geschäfte, fuhren in gepanzerten Maybachs, hingen mit Richtern und Politikern zusammen und hatten Polizeibeamte auf ihrer Gehaltsliste. Aber während die russischen ›Diebe im Gesetz‹ in die Legitimität gingen, geschah das Gegenteil aufseiten der russischen Behörden. Die Basisfunktionen der Organisierten Kriminalität, Schutzgelderpressung, Drogenhandel, Erpressung und Zwangsprostitution, wurden zunehmend vom russischen Staat übernommen.«[192]

Im Jahr 1994 schrieb der inzwischen verstorbene Werner Raith, einer der besten Kenner der italienischen Mafia, die kriminellen Gruppen der ehemaligen Schattenwirtschaft hätten

»nach Jahrzehnten des Schattendaseins, quasi offiziell die Bühne der Macht betreten, empfehlen sich als Ordnungsfaktor und zeigen ihre Muskeln allenthalben, von der Blockade von Gesetzen bis zu Serienmorden. Auch in puncto Protektion durch ein weitverzweigtes Netz von Beziehungen in Politik und Administration waren und sind die angestammten Gruppen nicht nur nicht schwächer, sondern sogar noch mächtiger geworden.«[193]

Die gebetsmühlenartig vorgebrachte Entschuldigung, es handele sich um die üblichen Geburtswehen des Transformationsprozesses, verfängt hier nicht. Schon allein deshalb nicht, weil aus heutiger Sicht diese historische und kulturelle Struktur der kriminellen und der politischen Welt die wesentliche Ursache dafür ist, dass sich in Russland im Gegensatz zum Mafiasystem und zu den Mafiamethoden demokratische Strukturen in Wirtschaft und Gesellschaft nur rudimentär durchsetzen konnten. Aber es wäre naiv, die Schuld daran allein der alten kommunistischen Nomenklatura zu geben. Der russische Schriftsteller Arkadi Waksberg beklagte die Doppelmoral westlicher Staaten gegenüber dem kommunistischen Regime:

> »Amerikanische Präsidenten, britische Premierminister, französische Politiker schüttelten den an die Macht gelangten gewöhnlichen Dieben, Schwindlern, korrupten Gaunern und Zuhältern die Hand. Ich betone das Wort ›gewöhnlich‹, denn sie unterschieden sich nicht sehr von anderen Gangstern, was die von ihnen unterschlagenen Summen betraf. Das einzig Ungewöhnliche an ihnen war, dass sie es geschafft hatten, sich Staats- und Parteiämter anzueignen.«[194]

Waksberg bezog sich auf die Ära des Generalsekretärs Leonid Breschnew in den Siebzigerjahren des vorigen Jahrhunderts. Anfang der Neunzigerjahre waren es europäische und amerikanische Unternehmer, Spekulanten und Banker, die einen neuen profitablen Markt sahen und nun mit diesen kriminellen Strukturen kooperierten. Dass ihnen diese Kooperation Jahrzehnte später einmal zum Verhängnis werden könnte, daran dachte damals niemand.

Die Familie des Neuen Paten

Wladimir Wladimirowitsch Putin, der heute mächtigste Mann in der Russischen Föderation, kam im Grunde genommen aus dem Elend der Sowjetunion, welches er und seine Familie hautnah erlebt hatten. Er wurde am 7. Oktober 1952 im heutigen Sankt Petersburg geboren. Sein Vater war Wachmann in einer Waggonfabrik und schulte später zum Schlosser um. Die Familie wohnte in einer 20 Quadratmeter großen Wohnung, ohne Bad, Küche und warmes Wasser. Wladimir war das dritte Kind der Putins. Der älteste Bruder kam tot zur Welt, der zweite verhungerte im Zweiten Weltkrieg während der deutschen Belagerung von Leningrad.

Im Alter von 16 Jahren lernte Putin den Straßenkampf und den Kampfsport schätzen. Sein Lehrer war Leonid Uswjazow. Der befand sich gerade in Freiheit, nachdem er eine zehnjährige Gefängnisstrafe unter anderem wegen Gruppenvergewaltigung und Hehlerei verbüßt hatte. Uswjazow trainierte jedoch nicht nur Wladimir Putin, sondern auch Arkadi Rotenberg und dessen Bruder Boris, die später zu Putins innerem Machtzirkel gehörten. Uswjazow war es auch, der im Jahr 1970 aufgrund einer Quotenregelung für Athleten dafür sorgte, dass Putin die angesehene Leningrader Universität besuchte und Jura studierte. Der Journalist Boris Reitschuster nannte ihn »Putins Lehrer fürs Leben«.

Im Jahr 1988 saß Leonid Uswjazow wieder im Gefängnis, während Wladimir Putin bereits in Dresden als KGB-Agent arbeitete. Und Arkadi Rotenberg gründete den Ringerklub PBC. Dort sollten die »jungen Gangster zu würdigen Mitgliedern der Gesellschaft erzogen werden. Ob Rotenberg dabei Erfolg hatte, ist nicht bekannt. Es war eine Trainingsbasis für Banditen.«[195] Arkadi Rotenberg wurde in den Neunzigerjahren eines der engsten Familienmitglieder von Wladimir Putin und ist heute einer der reichsten Oligarchen Russlands.

Uswjazow hingegen kam 1992 wieder aus dem Gefängnis, als Putin stellvertretender Bürgermeister in Sankt Petersburg wurde. Jetzt schloss sich Uswjazow der Tambowskaja, der einflussreichsten kriminellen Organisation in Sankt Petersburg, an.[196] Im Jahr 1994 wurde der 58-jährige Ex-Judolehrer Putins bei einer Auseinandersetzung im kriminellen Milieu erschossen und auf dem Bolscheochtinski-Friedhof beerdigt.

Die Verbindungen der Tambowskaja-Organisation

Zehn Jahre nach dieser Beerdigung, im Herbst 2004, fand auf dem Sankt Petersburger Friedhof eine pompöse Begräbnisfeier für einen bekannten kriminellen Paten statt. Anwesend waren auch hohe Beamte und Politiker. Zu Grabe getragen wurde Roman Zsepow. Offiziell war der ehemalige Offizier des Innenministeriums Generaldirektor des privaten Petersburger Sicherheitsunternehmens »Baltik-Eskort«. Neben seinem Sicherheitsunternehmen war er in der Arzneimittelindustrie, im Versicherungswesen, in der Reise- und der Filmindustrie tätig. Inoffiziell galt er als einer der mächtigsten Vertreter des organisierten Verbrechens in Sankt Petersburg. Parallel dazu überhäufte ihn die Stadtverwaltung mit staatlichen Aufträgen. Stolz war er darauf, dass er zu Putins Präsidenten-Inauguration am 7. Mai 2000 in den Kreml eingeladen wurde. Der Geschäftsmann, auf den bereits in den Neunzigerjahren Anschläge verübt worden waren, starb an einer starken Verstrahlung am Rückenmark. Die Diagnose: radioaktive Isotope, ein unbekanntes Gift oder Schwermetallsalze. Genaueres wurde nie bekannt, die Ermittlungen der Staatsanwaltschaft blieben unter Verschluss.

Zum Begräbnis reiste aus Moskau Viktor Solotow an, der Chef des Sicherheitsdienstes des russischen Präsidenten und ein ehemaliger Geschäftspartner von Zsepow. Als Putin Ministerpräsident und später russischer Präsident wurde, holte er Solotow nach Moskau und in den Staatsdienst zurück. Er wurde Chef des präsidialen Sicherheitsdienstes. Anfang April 2016 ernannte ihn Putin schließlich zum Chef der Nationalgarde.

> »Die voraussichtlich mehrere Hunderttausend Mann starke Truppe mit Solotow an der Spitze wird die verschiedenen Einheiten vereinen, die bislang für die Sicherheit im Innern Russlands zuständig waren. Laut Putin ist sie dazu da, ›Terrorismus und organisiertes Verbrechen‹ zu bekämpfen. Würde aber ›selbstverständlich‹ auch dazu eingesetzt, um unbewilligte Demonstrationen und Proteste zu unterdrücken, wie der Sprecher des Präsidenten bestätigte.«[197]

Und alles hängt auf die eine oder andere Weise mit dem klassischen kriminellen Sankt Petersburger Paten zusammen, mit Wladimir Kumarin, der sich später Wladimir Barsukow nannte.

In einer Biografie über ihn heißt es, dass er in den späten Siebzigerjahren nach Leningrad gekommen sei und Mitte der Achtzigerjahre in den neu eröffneten Bars der Stadt arbeitete. »Wir gewährten Sicherheit und lösten Konflikte. Viele interessante Leute verkehrten hier, und da trafen wir zum Beispiel zum ersten Mal auch Nowoselow, den heutigen Sprecher des St. Petersburger Parlaments.«[198]

Nachdem er wegen Rowdytums zwei Jahre in einem Erziehungslager verbracht hatte, kehrte Kumarin Ende der Achtzigerjahre gestärkt nach Leningrad zurück. Die Tambowskaja machte erstmals im Jahr 1989 auf sich aufmerksam, als sie den Markt an der Metrostation Udelnaja unter ihre Kontrolle brachte und damit begann, Tribut von lokalen Unternehmern einzutreiben. Das missfiel den Brigaden der Malyschewskaja und der Kasanskaja, die zu dieser Zeit bereits beträchtlichen Einfluss hatten. Es kam zu einer offenen Auseinandersetzung dieser Gruppen mit der Tambowskaja, bei der Letztere Siegerin blieb. Ihr Einfluss stieg nun von Jahr zu Jahr: Banken, Tankstellen und städtische Märkte begannen ihr Schutzgeld zu bezahlen. »Verschiedene Experten schätzen, dass die Tambowskaja im Jahr 1990 bereits zwischen 300 und 500 Mitglieder zählte.«[199] Anfang 1990 gehörten zu ihrer Führung ein gewisser Michail Gluschenkow (Chochol), ein ehemaliger Boxtrainer und später Abgeordneter der Duma; die Gawrilenko-Brüder, Führer einer kriminellen Brigade; Alexander Efimow, der spätere Direktor zahlreicher großer Sicherheitsunternehmen; sowie zahlreiche andere »Autoritäten«. Jeder hatte eine Anzahl von Brigaden unter seiner Kontrolle.

Am 1. Juni 1994 wurde der Mercedes von Wladimir Kumarin mit einer Kalaschnikow buchstäblich durchsiebt. Im Auto befanden sich neben ihm selbst Viktor Golman (sein Leibwächter aus dem Wachunternehmen »Kobra«) sowie der Fahrer. Fahrer und Leibwächter wurden erschossen, Kumarin selbst wurde mit schweren Verletzungen an Bauch, Kopf und Brust ins Krankenhaus eingeliefert, das augenblicklich von einhundert Kämpfern der Tambowskaja umstellt wurde, da man ein neuerliches Attentat auf Kumarin befürchtete. Im Zuge der Auflösung der Blockade wurden durch die RUOP (Regionale Verwaltung zur Bekämpfung der Organisierten Kriminalität) 60 Angehörige der Tambowskaja festgenommen. Kumarin lag einen Monat im Koma, und ihm musste ein Arm amputiert werden. Nachdem er aus dem Krankenhaus entlassen worden war, fuhr er zur ärztlichen Behandlung nach Hamburg und danach weiter in die Schweiz. Von hier aus dirigierte er sein kriminelles Netzwerk in Sankt Petersburg weiter, das Ende 1995 bereits zur wichtigsten und einflussreichsten kriminellen Organisation geworden war. Nachdem er den internen Bandenkrieg überlebt hatte, konsolidierte er seine Führung in der Tambowskaja und begann zusammen mit seinen Freunden eine neue Struktur aufzubauen, die es ihm erlaubte, die Tambowskaja in ein mehr oder weniger legales Unternehmenskombinat zu verwandeln. Qualitativ neu war die Tatsache, dass erwirtschaftete finanzielle Mittel durch Firmen und Organisationen (der »Tambower«) wieder in den Wirtschaftskreislauf eingespeist wurden (im Gegensatz zur Praxis Anfang und Mitte der Neunzigerjahre, als große Summen dieser Gelder ins Ausland »transferiert« wurden).

Um die Machtübernahme der kriminellen Organisationen, insbesondere der Tambowskaja in Sankt Petersburg, in den »wilden« Neunzigerjahren überhaupt verstehen zu können, ist eine wissenschaftliche Studie höchst aufschlussreich. Jakow Gilinski war damals Vorsitzender des Institutes für Soziologie und abweichendes Verhalten der russischen Akademie für Wissenschaften sowie Dekan der juristischen Fakultät der Sankt Petersburger internationalen Universität für Ökologie, Wirtschaft und Recht. Er führte seit 1993 eine kriminologische Studie über die Schwarzmarktwirtschaft und die Organisierte Kriminalität in Sankt Petersburg durch, also in jener Zeit, als Wladimir Putin stellvertretender Bürgermeister war. In den Interviews schilderten seine Interviewpartner (Unternehmer, Sicherheitsbehörden) ihre Situation folgendermaßen: »Man kommt ohne illegale Geschäfte nicht aus, legale und illegale Methoden sind ineinander verzahnt.« Was führende Polizeibeamte bestätigten.

> »Die mittleren Geschäftsleute sind äußerst kriminalisiert [...] man muss für alles Bestechungsgelder zahlen [...] die Schulden müssen eingetrieben werden, indem man Gewalt anwendet [...] man kann nicht Steuerprüfungen abwickeln, ohne Bestechungsgelder zu bezahlen [...] Mafiosi können unter den Vorstandsmitgliedern von Banken angetroffen werden.«

Das Fazit des Wissenschaftlers: »In Russland gibt es keine legale Wirtschaft mehr.« Und er fügte hinzu: »Wenn wir alle Verbrecher einsperren, bricht die Wirtschaft zusammen.«[200] Das war im Jahr 2001, also knapp ein Jahr nachdem Wladimir Putin Präsident der Russischen Föderation geworden war. Die »Tambower« kontrollierten im Jahr 2001 nach Angaben des damaligen Innenministers Boris Gryslow bis zu 100 Industrieunternehmen in Sankt Petersburg, auch im Energiesektor.

> »Gryslow sagte, dass Russlands vier Häfen (Sankt Petersburg, Kaliningrad, Archangelsk und Murmansk) zu 80 Prozent von der Tambowskaja und anderen Gruppen der Organisierten Kriminalität kontrolliert wurden und die Tambowskaja auch an der Leichtindustrie, der Lebensmittelindustrie, dem Holzexport sowie an der Einfuhr von Alkohol und Tabak und deren Verkauf beteiligt ist, ebenso am Ölgeschäft.«[201]

Ebenso wichtig war die Infiltration des Konzerns Surgutneftegas, des drittgrößten russischen Ölproduzenten. Die vier Tochtergesellschaften Routchy (Ölreservoirs der Stadt), Krasny Neftyank (Rohöltanks), Nefto-Kombi (Einzelhandel) und Lennefteprodukt (Tankstellen) wurden direkt von der

Tambowskaja kontrolliert. Ein Beamter der RUOP berichtete: »Die Analyse der Tätigkeit der Tambower Gruppierung, ihre Methoden, insbesondere ihre ausgeprägten personellen Verflechtungen und Positionen in Wirtschaft und Behörden, lassen den Schluss zu, dass sich die kriminelle Struktur zu einer Art Schattenregierung entwickelt hat.« Diese Erkenntnis erinnert sehr an eine Beschreibung des italienischen Anti-Mafia-Staatsanwalts Michele Prestipino in Bezug auf die italienischen Mafien. Dabei muss man nur Sizilien oder Kalabrien gegen Sankt Petersburg austauschen:

> »Wie wir schon öfter betont haben, wird das Zahlen der Schmiergelder für öffentliche oder private Aufträge und Arbeiten an die mafiosen Organisationen in Kalabrien, genauso wie in Sizilien, zu einer Art Anerkennung der Souveränität über ein Territorium. Es ist die Anerkennung jener Macht, welche die kriminelle Vereinigung über das Territorium hat, welches von ihr kontrolliert wird. Und gleichzeitig ist das Schmiergeld-Zahlen eben nicht nur eine sehr weitreichende Form gesellschaftlicher Kontrolle, sondern ist paradoxerweise auch sehr produktiv, und zwar nicht nur für die mafiose Vereinigung, sondern auch für das unternehmerische System. Denn die Zahlungen sind eine Form der ›Kontaktaufnahme‹, durch welche die mafiose Organisation Unternehmer an sich heranführt, die ursprünglich weder mafios sind, noch vorhatten, es zu werden, die aber auf die Mafia-Organisation angewiesen sind, um ›Geschäfte‹ zu machen. Und die mafiose Vereinigung wiederum ist auf das professionelle Know-how der Unternehmer angewiesen, dieses stellt für jene nämlich eine besonders wichtige Ressource dar.«[202]

Im Jahr 2007 wurde Wladimir Barsukow verhaftet und zwei Jahre später wegen Betrugs und Geldwäsche zu 15½ Jahren Gefängnis verurteilt. Während der Verhandlung beteuerte er seine Unschuld. »Das Gericht ist eine Farce, und ich bin weit davon entfernt, gebrochen zu sein. Das einzige Gericht, das ich anerkenne, ist Gott. Wenn ich auf mein Leben zurückblicke, habe ich nichts, wofür ich mich zu entschuldigen hätte.« Der Anwalt des verurteilten Top-Gangsters bezeichnete ihn als den »letzten der Mohikaner«. Die Entscheidung, ihn auszuschalten, wurde getroffen, weil er in der Stadt nicht mehr benötigt wurde.[203] In einem später von spanischen Ermittlern abgehörten Telefongespräch zwischen zwei dort lebenden Führungsmitgliedern der Tambowskaja wurde das bestätigt: »26. August 2007 (15:25:42). Petrow spricht darüber, dass Igor ihm erzählt habe, dass Kumarin [der sich jetzt Barsukow nannte] auf Wunsch des Zaren verhaftet wurde.« Mit dem Zaren war Wladimir Putin gemeint. In einer 529 Seiten dicken Anklageschrift der Sonderstaatsanwaltschaft gegen Korruption und Organisierte Kriminalität in Madrid tauchen 20 Jahre später, im Mai 2015, die wichtigsten Protagonisten auch der Politik, die in den Neunzigerjahren in Sankt Petersburg in der politisch-kriminellen Welt das Sagen hatten, wieder auf – und wie nicht anders zu erwarten, auch mit Beziehungsgeflechten in und nach Deutschland.

Der mächtige Clan von Osero

Von zentraler Bedeutung für Wladimir Putin und seine Familie war in Sankt Petersburg die Kooperative Osero (der See).

Osero ist zunächst nur eine Ansammlung von Landhäusern (Datscha) nahe Sankt Petersburg. Entdeckt hatte diesen idyllischen Landstrich Mitte der Neunzigerjahre des vorigen Jahrhunderts Viktor Subkow, der damalige Stellvertreter Putins im Ausschuss für auswärtige Angelegenheiten der Stadt Sankt Petersburg. Subkow stieg danach zum Chef des Sankt Petersburger Finanzamtes auf und wurde später stellvertretender Ministerpräsident. Putin selbst war stellvertretender Bürgermeister, ging 1996 nach Moskau, war von Juli 1998 bis August 1999 Direktor des Inlandgeheimdienstes FSB, danach russischer Ministerpräsident und wurde im Jahr 2000 russischer Staatspräsident. Für einen ehemaligen unbedeutenden KGB-Agenten und stellvertretenden Bürgermeister eine beachtliche Karriere.

Wer Mitglied der Kooperative war, brachte es später zu großem Einfluss und Reichtum. »Innerhalb weniger Jahre«, so der russische Oppositionspolitiker Boris Nemzow, »stiegen diese Freunde von durchschnittlichen Unternehmern zu Dollar-Milliardären auf.«[204] Boris Nemzow wurde am 27. Februar 2015 in Moskau erschossen. Hier trifft genau das zu, was die Soziologin Kim Lane Scheppele über die Mentalität der Mafien geschrieben hat:

> »Wie in den Familien, nach denen sie modelliert sind, werden die politischen ›Verwandten‹ in Mafien für ihre Loyalität belohnt, nicht für ihre Verdienste, und Entlassungen entstehen eher auf dem Boden von Untreue als von schlechter Leistung. Mit der Verteilung der verfügbaren Mittel innerhalb der Familie wird Solidarität belohnt und eigenmächtiges Abweichen bestraft. Basis ist eben nicht Recht und Gesetz.«[205]

Direktor der Datscha war Wladimir Smirnow, ein Unternehmer mit engen Beziehungen zur wichtigsten kriminellen Organisation in Sankt Petersburg, der Tambowskaja. In einem Dossier der Schweizer Bundespolizei in Bern wird er als »Berater von Kumarin in der Finanzverwaltung von Sankt Petersburg, der in der Immobilienverwaltung der Stadt arbeitet«, bezeichnet. Smirnow fungierte als Verbindungsmann zwischen der Behörde und der kriminellen Welt und gründete allein im Zeitraum von 1990 bis 1992 mehr als 20 Firmen, unter anderem in Steuerparadiesen und in Deutschland. Das erklärte zahlreiche Reisen nach Liechtenstein, in die Schweiz und insbesondere nach Deutschland. Hier war er an einer Immobilienfirma beteiligt, in deren Aufsichtsrat kurzfristig auch Wladimir Putin auftauchte. Der Geschäftsführer einer renommierten Wirtschaftsprüfungsgesellschaft, der im Jahr 1992 zusammen mit Smirnow ein Unternehmen mitverantwortet hatte, erinnert sich: »Das war 1992. Damals war ich mit Smirnow und Putin zusammen in Frankfurt.«[206]

Im Februar 1998 hielt sich Smirnow erneut im Hotel Ambassador in Zürich auf. Begleitet wurde er diesmal von Wladimir Kumarin, dem Chef der Tambowskaja in Sankt Petersburg. An dieser Stelle kommt ein Petersburger Unternehmen ins Spiel, das sowohl für die kriminelle Organisation Tambowskaja als auch für die Petersburger Stadtverwaltung von erheblicher Bedeutung war. Im Jahr 1994 wurde von der Sankt Petersburger Stadtregierung, in diesem Fall von Wladimir Putin, die PTK *(Peterburgskaja Tobliwnaja Kampagnija)* gegründet, die das Exklusivrecht zum Handel mit Brennstoffen in der Stadt erhielt. Aktiv an der Gründung beteiligt war auch Smirnow, der in dem Unternehmen einen führenden Posten übernahm. Den Vertrag hatte Putin unterzeichnet. Smirnow gehörten auch Gesellschafteranteile an der PTK. In der Folge war Smirnow ausschließlich in leitenden Positionen in der PTK tätig, die wenig später vollkommen von der Tambowskaja übernommen wurde. Damit befand sich das wichtigste Energieversorgungsunternehmen der Stadt in den Händen von Top-Kriminellen mit Wladimir Kumarin, dem Chef der Tambowskaja, an der Spitze.

Im Jahr 1999 verkaufte Smirnow seine Anteile an der PTK, zog sich aus dem lukrativen Unternehmen zurück und ging zu Putin nach Moskau. Der verschaffte ihm dort einen Posten in der Vermögensverwaltung des Kreml, deren Aufgabe es war, neben den Fragen des Staatseigentums (Immobilien) auch die Probleme des russischen Vermögens (Immobilien) im Ausland zu lösen. Direktor der Vermögensverwaltung, die zuvor von dem wegen massiven Korruptionsverdachts international bekannt gewordenen Pawel Borodin geleitet worden war, wurde der ebenfalls aus Sankt Petersburg stammende Wladimir Koschin.

*

Mitglied der Osero-Datscha-Kooperative war auch Wladimir Jakunin, ein Mann, der auch in Deutschland bestens bekannt ist. Nach der Bahn-Privatisierung wurde er Vorstandschef der Russischen Eisenbahngesellschaft RZD, einem der größten russischen Konzerne.

> »Die Staatsbahn, an deren Spitze er seit 2005 stand, ist für Verschwendung und Korruption bekannt. Der Gebäudekomplex seiner Datscha umfasst unter anderem ein 50-Meter-Hallenbad und ein Gebäude für 30 Bedienstete. Ein besonders drastisches Beispiel ist eine 48 Kilometer lange Bahnstrecke nahe Sotschi, die für

die Olympischen Winterspiele des vorigen Jahres für 8,7 Milliarden Dollar errichtet wurde. Die Bahn meldete für 2014 einen Verlust von eineinhalb Milliarden Dollar. Jakunin selbst weigerte sich stets beharrlich, der Pflicht nachzukommen, sein Gehalt offenzulegen.«[207]

Den Vorwurf der Korruption wies er vehement zurück. »Das sind alles Lügen. Die RZD ist allein wegen der Bauprojekte für die Olympiade in Sotschi binnen fünf Jahren zweitausendmal durchleuchtet worden.«[208]

Aus dem Mund eines Freundes von Wladimir Putin hat eine solche Aussage, gerade im Hinblick auf die Unabhängigkeit der Justiz, natürlich besonderes Gewicht. Jakunin ist inzwischen aus Altersgründen von seinem Posten zurückgetreten und nun Präsident des von ihm gegründeten ›Internationalen Forums Dialog der Zivilisationen‹ in Berlin. Von hier aus soll ein Netzwerk weiterer russischer »Denkfabriken« entstehen, deren Aufgabe es sein wird, endlich die russische Sichtweise auf die Welt verständlich zu machen. Bei der Eröffnungsfeier in Berlin war auch der ehemalige Brandenburger Ministerpräsident Matthias Platzeck anwesend. Auf einem Foto sieht man, wie er Jakunin herzlich umarmt. Die Bundestagsabgeordnete Marieluise Beck (Grüne) hingegen äußert starke Vorbehalte gegen das Forum:

> »Wer von unterschiedlichen Zivilisationen spricht, drückt damit aus, dass er die Universalität der Menschenrechte und auch die in der Europäischen Menschenrechtskonvention gemeinsam formulierten Grundlagen infrage stellt. Das passt zu den Fantasien einer Eurasischen Union, die mit westlichen Werten nichts mehr zu tun haben möchte.«[209]

Michail Fradkow gehörte ebenfalls zur Sankt Petersburger Osero-Familie. Sein Werdegang danach: russischer Botschafter in der EU, dann russischer Ministerpräsident und schließlich Chef des russischen Auslandsgeheimdienstes. Er hat zwei Söhne. Der ältere ist Vizechef bei der Wneschekonombank und leitet dort das 2017 gegründete Russian Export Center zur Entwicklung der russischen Exportwirtschaft. Der jüngere Sohn Pavel blickt auf eine Ausbildung an der Akademie des FSB zurück und wurde 2012 zum Vizechef von Rosimuschestwo, der staatlichen Agentur zur Verwaltung staatlichen Eigentums ernannt. Die Behörde verwaltet einen Milliardenbesitz von Grundstücken über Flughäfen bis zu Anteilen an Ölkonzernen.

Dann war da noch Juri Kowaltschuk, einst Datschennachbar von Wladimir Putin, dem heute Anteile im Versicherungssektor und eine weitverzweigte Medienholding gehören. Außerdem ist er der wichtigste Teilhaber der Bank Rossija, die Ende der Neunzigerjahre noch ein ziemlich unbedeutendes Finanzinstitut in Russland war. Heute steht sie auf Platz 19. Anteilseigner der Bank waren Ende der Neunzigerjahre auch zwei führende Köpfe der Tambowskaja, die später in Spanien in kriminelle Machenschaften verstrickt waren. Kowaltschuks Sohn leitet den russischen Stromkonzern Inter RAO.

Ein weiteres Mitglied der Osero-Datscha war Sergei Fursenko. Er führte zunächst das Unternehmen Lentransgaz, danach Gazprom Transgaz Sankt Petersburg und wurde schließlich Vorstandsvorsitzender der Rossija-Medienholding NMG sowie Vorsitzender des Russischen Fußballverbandes. Sein Bruder Andrei ist seit 2004 russischer Bildungsminister.

Einer der Mitbegründer der Kooperative Osero war Nikolai Schamalow, in den Neunzigerjahren Lieferant von Siemens-

Ausrüstung für Zahnarztpraxen in Sankt Petersburg. Seit 2004 ging es dann steil bergauf. Er wurde ebenfalls Teilhaber der Bank Rossija, die sich inzwischen zur zentralen Geldsammelstelle für Wladimir Putin entwickelt hatte. Bis 2008 war Schamalow außerdem Repräsentant der Siemens AG für die Nordwestregion Russlands. Diese Zusammenarbeit wurde von Siemens aufgekündigt, nachdem bekannt wurde, dass Schmiergeld in Höhe von 55 Millionen US-Dollar gezahlt worden war und Schamalow sich beharrlich weigerte, die Fragen von Siemens im Zusammenhang mit diesen Zahlungen zu beantworten. Seinen weiteren wirtschaftlichen Aufstieg behinderte die Affäre nicht – im Gegenteil. Er wurde nun Mitbesitzer der Vyborg-Werft. Sein Vermögen wird heute auf mindestens 500 Millionen US-Dollar geschätzt.

Juri, sein ältester Sohn, arbeitete von 1993 bis 1995 unter Putins Führung im Sankt Petersburger Rathaus und war zuständig für Außenwirtschaftsbeziehungen. Im Jahr 2003 wurde er Präsident von Gazfond, dem größten russischen Privatfonds. Auch ein weiterer Sohn Schamalows brachte es weit: Kirill Schamalow wurde 2002 im Alter von 20 Jahren zum Chefberater für Auslandsbeziehungen bei Gazprom ernannt. Drei Jahre später war er bereits juristischer Chefberater der Gazprom-Bank, und seit Juni 2008 ist er im Erdölkonzern Sibur einer der Vizepräsidenten. Im Jahr 2013 heiratete er Putins Tochter Katerina. Die Hochzeit fand unter großen Sicherheitsvorkehrungen in aller Heimlichkeit statt, in einem Gebiet, das der Familie von Juri Kowaltschuk gehörte. Katerina hatte Orientalistik und Japanisch studiert, bekleidete einen einflussreichen Posten an Moskaus Staatsuniversität und leitet heute einen Innovationsfonds, in dessen Kuratorium Putins Freunde aus dem KGB sitzen.

Die Hochzeit brachte Kirill Schamalow viel Glück. Er wurde

einige Monate später Inhaber eines großen Aktienpaketes des führenden russischen Petrochemie-Unternehmens Sibur. Danach war er Multimillionär und hat inzwischen ein neues Unternehmen gegründet. »Putins Schwiegersohn ist heute der zweitgrößte Aktienbesitzer in der russischen Gas- und Petrochemieindustrie.«[210]

Ein anderer KGB-Veteran aus Sankt Petersburg ist Sergei Uschakow.[211] Von 2001 bis 2002 war er stellvertretender Direktor des FSB in Sankt Petersburg, danach saß er bis 2007 im Gazprom-Vorstand und war verantwortlich für die gesamte Sicherheit der Unternehmensgruppe.[212] 2008 wurde er zum Berater von Präsident Dmitri Medwedew ernannt.[213]

*

Das alles ist eigentlich Geschichte, genauso wie die Geschichten der italienischen Cosa-Nostra-Familien – mit dem großen Unterschied, dass die Mitglieder der Letzteren entweder tot sind oder im Gefängnis sitzen. Die Tätowierten, die alten kriminellen Helden Russlands, haben teilweise versucht, sich die vielen Tätowierungen (»Bin ein Mörder«; »Habe vergewaltigt«; »Bin zum Sterben bereit«; »Dieb im Gesetz«) entfernen zu lassen. Unter Putin sitzt inzwischen jedoch eine neue Generation an den Schalthebeln der Macht, und die Tätowierten wurden nun zum Spielball unterschiedlichster politischer wie wirtschaftlicher Interessen. Putin und seine nicht tätowierten Familienangehörigen des neuen politischen Politbüros hingegen haben inzwischen große Vermögen zur Seite geschafft. Das von Putin wird auf zwei Milliarden US-Dollar geschätzt. Doch Genaues weiß man nicht. Eindeutiger sind hingegen die Besitzverhältnisse bei einigen aufwendigen Prachtbauten, die Putin zur Verfügung gestellt wurden.

Dazu gehört ein Luxuspalast bei Sotschi am Schwarzen Meer, dessen Bau eine Milliarde US-Dollar gekostet haben soll. Das für den Bau verantwortliche Unternehmen Medea Investment aus Washington wurde von dem italienischen Architekten Lanfranco Cirillo kontrolliert, der das Anwesen am Schwarzen Meer entworfen hat. Cirillo ließ über seinen Anwalt erklären, er sei für die Arbeit an der Immobilie wegen seiner Erfahrungen und professionellen Fähigkeiten ausgewählt worden. Auf das Konto seines Unternehmens in Liechtenstein wurden immerhin 48 Millionen US-Dollar überwiesen. Errichtet wurde der Palast auf staatlichem Gelände durch eine Einheit der russischen Pioniere. Der Komplex erinnert an einen typischen italienischen Palazzo und besteht unter anderem aus einem zweigeschossigen Hauptgebäude im Stil italienischer Arkadenarchitektur, mit Kolossalsäulen und freskierten Gewölben, Marmorbädern und goldverschnörkelten Spiegeln. Dazu kommen ein Gesundheitskomplex, ein Hubschrauberlandeplatz, ein »Teehaus«, ein Casino, ein Weinberg und ein Aufzug, der direkt zum Strand führt. »Zwar sieht dieses Palais außen irgendwie nach Versailles aus, im Innenhof irgendwie nach italienischem Palazzo«, schrieb Hanno Rauterberg dazu.

> »Niemals aber hätte sich ein Lorenzo di Medici oder ein Ludwig XIV. mit solchem Irgendwie zufriedengegeben. Sie zeigten der Welt nicht ihr Geld, sie suchten nach einer eigenen, unverwechselbaren Ästhetik, sie wollten groß sein in großer Kunst. Der stilistische Kladderadatsch von Sotschi hätte sie abgestoßen.«[214]

Nachdem der Vorgang durch Enthüllungen des russischen Whistleblowers Kolesnikow bekannt geworden war, wurde das Gelände samt Prachtbauten Nikolai Schamalow übertragen.

Ein Geschäftspartner des neuen Eigentümers heißt Arkadi Rotenberg, ein enger Freund Putins. »Bei einem Geschäft zwischen dem einen Freund des Ministerpräsidenten und einem anderen Freund des Ministerpräsidenten ist die Summe beliebig«, so Kolesnikow, der inzwischen in den USA lebt. Der Verkauf des Palastes ist demnach nur ein Ablenkungsmanöver, um den wahren Eigentümer zu verschleiern.[215] Seine ungebrochene Macht hat Russlands Präsident ja nicht nur über seine Familie aufgebaut. Sie beruht auch darauf, dass er wie ein Pate schützend seine Hände über eine große Familie hält, deren Mitglieder ihm (in der Regel) völlig ergeben sind. Denn sie wissen, was sie ihm zu verdanken haben, und sie wissen ebenso gut, was geschieht, wenn sie sich gegen ihn stellen: bestenfalls drohen ihnen Enteignung und Gefängnis.

> »Es gibt eine besondere Art von Geschäftsleuten in Russland, die keine Angst vor der Bürokratie haben und politische Risiken verachten. Ihr privates Eigentum ist absolut geschützt, und ihre Interessen können als Interessen des Staates betrachtet werden. Sie sind unberührbar. Die Türen der staatlich kontrollierten Unternehmen sind immer für sie geöffnet. Wir sprechen über die Freunde, ehemaligen Kollegen, guten alten Nachbarn eines Landgutes des russischen Ministerpräsidenten Wladimir Putin.«[216]

Eduard Steiner hat die Verflechtungen 2015 in einem Artikel in der *Welt* (»KGB-Kinder an die Macht«) offengelegt: Alexander Iwanow war der Sohn des früheren Verteidigungsministers und heutigen Stabschefs im Kreml, Sergei Iwanow. Letzterer hat, wie Putin, eine KGB-Geschichte und gilt nach wie vor als einer der wichtigsten politischen Berater des russischen Präsidenten. Sein Sohn Alexander war bis zu seinem Tod im Jahr 2014 Vizechef der obersten staatlichen Investitionsholding Wneschekonombank. Sein jüngerer Bruder Sergei war Vizechef der landesweit drittgrößten Bank Gazprombank, die zur Gruppe des Gaskonzerns Gazprom gehört. Heute ist er Chef von Sogaz, dem zweitgrößten russischen Versicherungskonzern, der Unternehmen wie Gazprom, den Ölkonzern Rosneft oder die Atomholding Rosatom versichert. Sein Vize wiederum ist Putins Großneffe Michail Putin.

Einer der wichtigsten Partner Putins ist Nikolai Patruschew, Ex-KGB-Mitarbeiter und lange Chef des Inlandsgeheimdienstes FSB. Man kennt sich sowohl vom KGB wie aus Sankt Petersburg. Heute ist Patruschew Präsident des Nationalen Sicherheitsrates Russlands. Einer seiner Söhne war Vizechef der zweitgrößten und zu 60,9 Prozent in staatlichem Besitz befindlichen Bank VTB (Vneschtorgbank, dt. Außenhandelsbank), ehe er die Leitung der staatlichen Rosselchozbank übernahm, Russlands sechstgrößter Bank. Der andere Bruder wiederum sitzt im Vorstand von Gazprom-Neft, Russlands drittgrößter Ölgesellschaft.

Auch der jetzige FSB-Chef Alexander Bortnikow hat seinen Sohn an prominenter Stelle positioniert, und zwar als Vorstand der VTB-Bank. Ihr Chef, Andrei Kostin, hatte seinen Sohn, der später verunglückte, als Vizechef der Deutschen Bank in Russland untergebracht. Auch über Hochzeiten, also analog der italienischen 'Ndrangheta, werden in diesem Zirkel enge Verbindungen geknüpft: Die Tochter des Gazprom-Aufsichtsratschefs Viktor Subkow ist mit dem ehemaligen Verteidigungsminister Anatoli Serdjukow verheiratet. Gleb Frank, der Sohn des ehemaligen Transportministers Sergei Frank, hat die Tochter von Gennadi Timtschenko geheiratet, einem Weggefährten Putins, der aufgrund des Ölhandels einer der reichsten Männer in Russland ist. Der Chef des größten Ölkonzerns, Rosneft, Igor Setschin, wiederum hat seine Tochter mit dem Sohn des seinerzeitigen Generalstaatsanwalts und späteren Justizministers Wladimir Ustinow verheiratet. Wie bei den Blutsbanden der kalabrischen 'Ndrangheta-Clans wird hier ein geschlossenes System des Schutzes und Machterhalts sichtbar. Doch es gibt noch andere Freunde Putins, die sich seiner Loyalität sicher sein können.

Da ist der Milliardär Arkadi Rotenberg, Freund und Judo-Partner von Putin aus Sankt Petersburg. Rotenberg ist einer der Gründer des Petersburger Judoklubs Jawara-Newa, in dem Putin Ehrenmitglied war. Rotenberg gilt als »König der Staatsaufträge« im russischen Bau- und Pipelinegeschäft. Sein Vermögen wird, ebenso wie das seines Bruders Boris, auf 1,28 Milliarden Euro geschätzt. Die Brüder haben quasi ein Monopol auf die Lieferung von Pipelines, die aus einem besonders hochwertigen Stahl produziert werden und in denen sogar Gas aus dem arktischen Eis transportiert werden kann. Inzwischen hat Arkadi einen beträchtlichen Teil seiner Firmen auf seinen Sohn überschrieben, wohl weil er selbst auf den Sanktionslisten der USA und Europas gelandet ist. Im Jahr 2010 verkauften die Brüder mehr als 1,5 Millionen Tonnen Röhren im Wert von 2,5 Milliarden US-Dollar mit einem Gewinn von 266 Millionen US-Dollar. Nein, sagte Arkadi Rotenberg einmal in einem Interview, Putin habe ihm bei seinem geschäftlichen Erfolg nicht geholfen. In die Schlagzeilen geriet er, weil er, laut US-Ermittlungsbehörden, gemeinsam mit seinem Bruder Boris über die Deutsche Bank, möglicherweise unter Verletzung der Sanktionen, Milliarden Euro ins Ausland geschafft haben soll. Der Verdacht der Geldwäsche wurde geäußert.

»Zwischen 2011 und 2015 hatten Mitarbeiter in Moskau reichen Russen geholfen, über Aktiengeschäfte etwa zehn Milliarden Dollar ins Ausland zu schleusen. In diesem Zusammenhang soll die Bank außerdem mit russischen Kunden Geschäfte gemacht haben, die 2014 nach der Krim-Annexion durch Russland mit internationalen Sanktionen belegt worden waren.«[217]

In Deutschland blieb das ungesühnt. In den USA hingegen musste die Deutsche Bank 630 Millionen US-Dollar Strafe bezahlen, um die entsprechenden Ermittlungen zu beenden.[218]

Spanien, die Operation Troika und das Netzwerk des Neuen Paten

Michail Monastyrski ist den Ermittlern in Sankt Petersburg seit den Siebzigerjahren des vorigen Jahrhunderts bekannt, als berühmter Fälscher der kostbaren Fabergé-Eier, die er teuer in den Westen verkaufte.[219] Dafür verbüßte er eine Haftstrafe von sieben Jahren. Bereits damals dürfte er mit dem KGB zusammengearbeitet haben, war er doch Kronzeuge in zahlreichen Gerichtsverfahren, bei denen es um Antiquitätenschmuggel ging. Kaum in Freiheit, avancierte er Anfang der Neunzigerjahre in Sankt Petersburg zum angesehenen Antiquitätenhändler. Das hinderte ihn nicht, gleichzeitig Führungsmitglied der Tambowskaja zu werden und von 1994 bis 1999 für die rechtsradikale Partei von Wladimir Schirinowski als Abgeordneter in der Duma zu sitzen. Nachdem ihn die russischen Behörden unter anderem wegen

Mordes zur Fahndung ausgeschrieben hatten, tauchte er in Spanien auf. Hier lebte er nicht unbescheiden, erinnert sich sein Cousin:

> »Ich habe ihn in Málaga besucht. Er lebte wirklich sehr angenehm in einem zweistöckigen Haus mit Swimmingpool. In der Garage standen zwei Porsche, ein Mercedes und ein Jaguar. Sein Übersetzer war der Sohn des Polizeichefs. Aber er vermisste Russland, hatte aber Angst zurückzukehren, denn er wusste einfach zu viel. Er nannte mir hohe Summen, die er an höchste Positionen im Kreml bezahlt hatte.«[220]

Deshalb wandte er sich schließlich an die spanische Polizei, der gegenüber er erklärte, dass er um sein Leben fürchte. Der damals ermittelnde Staatsanwalt in seinen Erinnerungen: »Fakt ist, als uns die Polizei die Bitte von Monastyrski um Polizeischutz weiterleitet, halten wir das für eine gute Gelegenheit, dass uns Herr Monastyrski erzählt, warum er diesen Schutz braucht und vor wem er Angst hat.« Für die spanischen Ermittler war es zudem eine Chance, nähere Informationen über die Tambowskaja zu erhalten. Der ermittelnde Staatsanwalt: »Also, zuerst ist es ausgesprochen wichtig, dass er uns, wie andere Personen, sagt, dass die Organisation Tambowskaja existiert. Das scheint vielleicht ein geringer Beitrag zu sein, aber wir mussten zuerst beweisen, dass die kriminelle Organisation Tambowskaja überhaupt existiert. Wir wussten, dass es sich um einen Kriminellen handelt. Von Anschuldigung und Verdacht der Pädophilie bis zum Verdacht des Betruges, Fälschungen und Mitgliedschaft in einer kriminellen Organisation.« Die Ermittlungen gegen russische Kriminelle begannen bereits im Jahr 2005, als 22 »Diebe im Gesetz« verhaftet wurden. Zwei Jahre später wurden weitere russische Kriminelle festgenommen, darunter ein hochrangiges Mitglied der katalanischen Regionalregierung. Monastyrski verschaffte den Kriminellen die notwendigen Arbeitsvisa. Ein Haftbefehl wurde auch gegen die beiden Top-Kriminellen und »Diebe im Gesetz« Tariel Oniani und Zachar Kalaschow ausgestellt Beide wurden jedoch gewarnt, dass ihnen Unheil drohe, und sie konnten rechtzeitig fliehen.

Zachar Kalaschow flog nach Dubai. Dort wurde er im Jahr 2006 verhaftet und an Spanien ausgeliefert. Die spanischen Medien bezeichneten ihn als den bestgeschützten Häftling in einem spanischen Gefängnis und den »höchstgestellten Mafiaboss«, der außerhalb Russlands verhaftet worden sei. Die Staatsanwaltschaft forderte eine Gefängnisstrafe von zwölf Jahren. Was die Ermittler ansonsten herausfanden? Kalaschow besaß Aktien des russischen Ölkonzerns Lukoil und war in den Jahren 2003 bis 2004 dessen Berater, um dafür zu sorgen, dass der Konzern in Spanien insgesamt 150 Tankstellen eröffnen konnte. Sein Vermögen schätzten die Ermittler auf 200 Millionen Euro. Im Dezember 2008 tauschte er seine Verteidiger aus. Wenige Tage später wurde sein neuer Anwalt in einer Garage in Madrid von einem unbekannten Killer erschossen. Kalaschow wurde 2011 zu einer Gefängnisstrafe von neun Jahren verurteilt.

Obwohl ein Haftbefehl der Behörden in Georgien gegen ihn vorlag, wo man ihn wegen Entführung in Abwesenheit zu 18 Jahren Gefängnis verurteilte, wurde er auf Anordnung eines spanischen Gerichts am 29. Oktober 2014 den russischen Behörden in Moskau übergeben. Dort scheint er heute unbehelligt zu leben.

Im Gegensatz zu Tariel Oniani, dem anderen hochkarätigen »Dieb im Gesetz«. Der setzte sich rechtzeitig nach Moskau ab. Dort wurde er jedoch nicht wegen des spanischen Haftbefehls verhaftet, sondern weil er an einem blutigen Bandenkrieg in Moskau und an der Entführung eines Unternehmers beteiligt war. Wegen Entführung wurde er deshalb zu einer mehrjährigen Gefängnisstrafe verurteilt und danach an Spanien ausgeliefert, wo er nun eine Strafe wegen Geldwäsche absitzen muss.

Oniani blickt auf eine interessante Vergangenheit zurück. Unter ihm arbeiteten bereits zu Sowjetzeiten etwa 50 »Autoritäten« in einer 500 Mann starken Brigade. Anfang der Neunzigerjahre wollte er Westeuropa kennenlernen, lebte 1994 kurzzeitig mit seiner Frau in Österreich und zog dann nach Frankreich. Onianis Aktivitäten zeigten zu diesem Zeitpunkt eine große Bandbreite – vom Drogenhandel, dem Öl- und Weizengeschäft bis hin zur Schutzgelderpressung und zum Auftragsmord. Geplant war zum Beispiel die Ermordung des georgischen Ex-Verteidigungsministers.

Als Oniani einen ehemaligen KGB-Offizier entführen wollte, der eine Bank in Tiflis um 15 Millionen Dollar betrogen hatte, wurde er in Südfrankreich verhaftet. Er hatte wieder einmal am Telefon zu viel geplaudert und die Ermittler so auf seine Fährte gelockt. Ein Gericht in Grasse verurteilte ihn im Oktober 1998 wegen Vorbereitung einer kriminellen Tat zu acht Jahren Gefängnis. Die Enthüllung der internationalen Kontakte seines Clans, unter anderem zu Silvio Berlusconi, war unter anderem einer Telefonüberwachung der französischen Ermittler zu verdanken.

Onianis Kontakte reichten auch nach Deutschland. Dort hatten georgische Angehörige seines Clans im Jahr 1997 eine Luftfahrtgesellschaft gegründet. Von ihrem Büro in Darmstadt aus wurde besonders häufig eine Nummer in Frankreich angerufen. Es war die Handynummer von Tariel Oniani. Über diese georgische Airline schrieb das Bundeskriminalamt in einem Ermittlungsbericht unter anderem: »Die italienische Firma Fiocchi Munizioni S.P.Sa. hatte vor, mithilfe der Airline Munition über Deutschland nach Georgien zu senden.«[221]

In Spanien hingegen wurde intensiv weiterermittelt. Wendepunkt war schließlich, dass Michail Monastyrski den Staatsanwälten erzählte, dass er sein Duma-Mandat für 300 000 US-Dollar gekauft habe und dass der Chef der Tambowskaja, Wladimir Barsukow, seit 1985 ein Informant des KGB sei.[222] Außerdem sagte er aus, dass die Tambowskaja ihren Einfluss verlöre, wenn Putin nicht mehr Präsident wäre.

Dazu erklärte Staatsanwalt José Grinda González, der ihn vernommen hatte: »Ja, er sagte etwas Derartiges. Wir haben allerdings überhaupt keine Bestätigung dafür. Was er uns aus dem Umfeld bestätigte und an Einzelheiten lieferte, war die Beziehung der Tambowskaja in Sankt Petersburg zu einer bestimmten Partei. Wenn ich mich recht erinnere, zur Liberalen Partei.«

Am 18. April 2007 wurde Michail Monastyrski bei einem Verkehrsunfall getötet. Als er aus seinem Auto ausstieg, um zu sehen, ob er in die richtige Richtung fuhr, wurde er von einem Lkw überfahren. Beerdigt wurde er in Sosnowo in der Nähe von Sankt Petersburg. Zahlreiche seiner kriminellen Mitstreiter nahmen an seinem Grab Abschied von ihm. Sie wussten zu diesem Zeitpunkt noch nicht, dass er bei der spanischen Polizei und gegenüber der spanischen Staatsanwaltschaft ausführlich ausgesagt hatte.[223]

Beiden hatte er viele Namen von Mitgliedern der Tambowskaja genannt, die in Spanien lebten oder im Kreml säßen. Durch diese Aussagen wurde deutlicher als je zuvor, dass

Wladimir Putin in der Tat einer der Neuen Paten war und immer noch ist.

Einer dieser Namen war der von Gennadi Petrow, der kurz nach den Aussagen Monastyrskis zusammen mit weiteren dubiosen russischen Unternehmern und Investoren verhaftet wurde. Außerdem wurden sofort 25 Millionen Euro eingefroren, die auf Konten in Russland, Panama, den Cayman Islands, den USA, der Schweiz und Großbritannien deponiert waren. »Gennadi Petrow, Alexander Malyschew und ihre Verbündeten, die in Spanien als Mitglieder einer kriminellen Organisation verhaftet wurden«, schrieb die Zeitschrift *Nowaja Gaseta,* »haben besondere Verbindungen in Russland, unter anderem zu Politikern, Regierungsmitgliedern, Direktoren von staatseigenen Unternehmungen, Unternehmern und Freunden von Wladimir Putin. Das ist die Situation in Russland.«[224] Die spanischen Behörden bezichtigen Petrow der engen Beziehungen zu Wladimir Kumarin alias Barsukow, dem Gründer der Tambowskaja.[225] Petrow war ein russischer Unternehmer und zugleich eine »kriminelle Autorität«, der einen Teil des kriminell erwirtschafteten Kapitals ins Gas- und Ölgeschäft von Sankt Petersburg investierte, so wie andere der in Südspanien Verhafteten. Nach Angaben der spanischen Policía Nacional und der Madrider Staatsanwälte war deren Organisation für all das verantwortlich, was man sich gemeinhin unter dem Aktionsbereich der russischen Mafia vorstellt: Waffenschmuggel, Erpressung, Bestechung, Auftragsmorde und natürlich Geldwäsche. Sie unterhielt in Málaga, Madrid, Palma de Mallorca und Alicante eine Vielzahl von Firmen, insbesondere im Immobilien- und Finanzsektor.

Die Ermittler interessierte natürlich, wie Petrow sein immenses Vermögen gemacht hatte und warum er mit anderen dubiosen russischen Unternehmern nach Spanien gekommen war. Auf jeden Fall nicht des angenehmen Klimas wegen. Petrows spanischer Anwalt, Don Juan Antonio Untoria, berichtete, Petrow habe ihm erzählt, er wolle sich in Spanien niederlassen, um Geschäfte mit Immobilien und dem Im- und Export von Lebensmitteln zwischen Russland und Spanien machen. Er besäße in Russland große Unternehmen, darunter ein Juweliergeschäft mit mehr als 350 Läden in Moskau und anderen Städten, dazu Luxusappartements in Sankt Petersburg und Moskau sowie Baufirmen. Eine seiner Firmen habe hohe Regierungsverträge für den Bau von Autobahnen und die Sanierung von Straßen erhalten, und er sei für das Management des Hafens von Sankt Petersburg zuständig. Bei mehreren Gelegenheiten habe ihm Petrow erzählt, dass er in Sankt Petersburg einen engen Jugendfreund habe, nämlich Wladimir Putin.

Auf Mallorca führte Petrow, der »Geschäftsmann« aus Sankt Petersburg, ein buntes Partyleben, war stolz auf seinen Ferrari und seinen Bentley und auf die königliche Nachbarschaft der Schwester von König Juan Carlos. Zwanzig Millionen Euro hatte er für seine Villa bezahlt.

Die Verflechtungen zwischen Putin, seinen besten Freunden und Petrow sind von einer gewissen politischen Brisanz. So waren enge Freunde Putins zum Beispiel an einer Bank in Sankt Petersburg beteiligt, an der Petrow mit einem weiteren in Spanien verhafteten Mitglied der Tambowskaja zwischen 1998 und 1999 Mehrheitsanteile gezeichnet hatte. In der Zusammenfassung der Ereignisse um die Operation Troika (Codename der Madrider Staatsanwaltschaft für ihre Ermittlungen gegen in Spanien lebende russische Kriminelle) schrieb die US-Botschaft in Madrid: »Die Anti-Mafia-Operationen in Spanien haben bewiesen, wie stark das Netzwerk des organisierten Verbrechens ist, und machen deutlich, dass Mafiabosse Beziehungen zu hohen russischen Regierungsstellen haben.« So hätten die spanischen Ermittler eine »geheime Liste« erstellt, aus der hervorgehe, dass russische Staatsanwälte, hohe Militärangehörige und Politiker, einschließlich ehemaliger und gegenwärtiger Minister in das Troika-Netzwerk involviert sind.

Zum Beispiel Wladislaw Reznik. Er wurde trotz seiner diplomatischen Immunität in Spanien verhaftet. Reznik sei, so der damalige Untersuchungsrichter Baltasar Garzón im Oktober 2008, Besitzer der Madrider Immobilienverwaltungsgesellschaft Antel.[226] Dieses Unternehmen habe er von Gennadi Petrow erworben. Wie alle Beteiligten war zu Beginn der Neunzigerjahre auch Wladislaw Reznik, dessen Frau Präsidentin der First Boston Bank in Russland und Repräsentantin der Credit Suisse war, fest in die Sankt Petersburger Gemeinschaft eingebunden. So soll er in dieser Zeit Beziehungen zu wichtigen Personen der Tambowskaja-Mafia unterhalten haben. Sowohl Reznik als auch Petrow und einige ihrer »Geschäftspartner« saßen damals auch im Vorstand der Bank Rossija.

> »Er leitet das Komitee für Finanzmärkte in der Duma, dem russischen Parlament. Ministerpräsident Putin nennt ihn bei seinem Kosenamen ›Slawa‹ (russisch für Ruhm) – der Regierungschef hat den Multimillionär in das Präsidium seiner Partei ›Einiges Russland‹ aufsteigen lassen und auch noch zum Fraktionsvize in der Staatsduma.«[227]

Auch bei Reznik lautete einer der Vorwürfe Geldwäsche und Verbindungen zu einer kriminellen Organisation. Die Vorwürfe der spanischen Behörden gegen ihn bestritt er.

Im März 2016 stellte Interpol mehrere internationale Haftbefehle aus, unter anderem auch gegen Wladislaw Reznik. Sein russischer Rechtsanwalt erklärte daraufhin, dass er den Internationalen Haftbefehl anfechten werde, denn der Fall sei »klar politisch motiviert« und beruhe auf »Manipulationen«. Außerdem gebe es keine Beweise gegen seinen Mandanten, und die geforderte Kaution in Höhe von 133 Millionen Euro sei »astronomisch hoch«. Der Anwalt behauptete auch, dass der spanische Anti-Korruptions-Staatsanwalt José Grinda González mit den US-Behörden zusammengearbeitet habe, mit dem Ziel, die russischen Behörden und einige Vertreter des Landes zu diskreditieren.[228] Der oberste spanische Gerichtshof hob im Mai 2016 den internationalen Haftbefehl auf.

Auch gegen zwei weitere hochrangige Angehörige von Putins Team im Kreml wurden internationale Haftbefehle erlassen – alles im Zusammenhang mit der Operation Troika. Es handelte sich um Wiktor Subkow, der von September 2007 bis Mai 2008 russischer Ministerpräsident war, und um den ehemaligen Verteidigungsminister Anatoli Eduardowitsch Serdjukow, der von Putin Ende 2012 wegen des Verdachts der Korruption entlassen wurde.

*

Petrow wurde am 31. Januar 2010 aus dem Gefängnis entlassen. Er musste eine Kaution von 600 000 Euro hinterlegen. Der damalige ermittelnde Staatsanwalt José Grinda González erinnert sich:

> »Im Juni 2008 wurde Herr Petrow festgenommen. Man ordnete Untersuchungshaft an, und er blieb bis Januar

2010 im Gefängnis. Im Januar 2010 wurde seine Eingabe bei der obersten Strafkammer positiv beschieden, und sie beschloss, ihn, gegen die Meinung dieser Staatsanwaltschaft, auf freien Fuß zu setzen. Ab diesem Moment musste er mehrfach vor Gericht oder der Polizeibehörde der Guardia Civil vorstellig werden. Ich glaube, er lebte damals in Calvía und musste sich dort melden. In einem bestimmten Moment kontaktierten die Anwälte von Herrn Petrow die Staatsanwaltschaft. Sie teilten uns mit, dass er bereit sei, das, was ihm die Staatsanwaltschaft vorwarf, zuzugeben. Und die Anwälte beantragten, dass Petrow nach Sankt Petersburg reisen durfte, um dort seinen Wohnsitz einzurichten. Eine der Bedingungen, die Petrow in der Anklageschrift akzeptierte, war, dass er nicht weiter in Spanien leben dürfe. Nach unserer Meinung gehört er in Spanien ins Gefängnis. Damit konfrontiert, stimmte er seiner Ausweisung zu und auch der Bedingung, dass er nie mehr nach Spanien zurückkehren dürfe.«[229]

Verbindungen russischer Krimineller nach Deutschland

Über die kriminellen Machenschaften russischer Organisationen, die bekanntlich prinzipiell unter dem Dach des KGB/FSB stattfanden, wird in Deutschland gern mit Bedacht geschwiegen. Dabei spielt Deutschland eine zentrale Rolle.

Beispiel eins: Mehrere Seiten in der Anklageschrift der Madrider Sonderstaatsanwaltschaft vom 16. Januar 2015 beziehen sich auf Verbindungen nach Deutschland. Einmal geht es um den hochkarätigen Kriminellen Vitali Izgilow. Dabei stützen sich die Informationen teilweise auf Erkenntnisse sowohl des BKA als auch des Berliner Landeskriminalamtes. »Nach vertraulichen Informationen aus dem LKA (Kriminalpolizei) Berlin 2014 fungierte Herr Izgilow in Berlin als Anführer einer kriminellen Vereinigung, wobei die Gruppe unterteilt war in der Begehung von gewalttätigen Verbrechen und den Handel mit Waffen und Drogen.«[230]

Auch Izgilow ist ein »Dieb im Gesetz«. Ende 1990 war er an einer Geldwäsche-Operation beteiligt, bei der es um sieben Milliarden US-Dollar ging. Ein Teil dieses Geldes, so das amerikanische FBI, landete auf Izgilows Konto in Alicante. In Moskau wurde er verdächtigt, im Jahr 1996 Mark Nudel, den Präsidenten des Unternehmens Russkaya Vodka, entführt und ermordet zu haben. Er wurde von der Staatsanwaltschaft in Madrid zu fünf Jahren und neun Monaten Gefängnis verurteilt sowie wegen Geldwäsche und Waffenbesitz zu einer Geldstrafe von 300 000 Euro. Auch er nahm, wie der Top-Kriminelle Gennadi Petrow, das Angebot an, Spanien zu verlassen und in den nächsten zehn Jahren nicht nach Spanien zurückzukehren.[231]

Vielleicht besucht er ja derweil seine Freunde in Berlin. Gegen keinen der dort ansässigen Angehörigen der Sankt Petersburger Organisation ist jemals ein Gerichtsverfahren eingeleitet worden, obwohl ihre kriminellen Aktivitäten seit Anfang der Neunzigerjahre bekannt sind. Stattdessen sind sie in Berlin angesehene Unternehmer, und einer von ihnen ist sogar an einem russischsprachigen Fernsehkanal beteiligt, sozusagen die Stimme Russlands in Berlin.

Beispiel zwei: Mitte der Neunzigerjahre waren Berlin und Düsseldorf die Schwerpunkte für die Geldwäsche kriminell erwirtschafteten Kapitals aus Russland. In Düsseldorf residierte an bester Adresse ein einflussreiches russisches Unternehmen. Ein ehemaliger Prokurist sagte gegenüber der Düsseldorfer Polizei aus: »Jedenfalls nehmen die Unmengen von Geld ein. Jede Woche kommen Kuriere mit einer blauen Textiltasche, einer Badetasche, aus Spielsalons. In der dritten Etage sah ich plötzliche Ikonen, Stapel von Dollarnoten. Ich habe keine Ahnung, woher diese Gelder kamen.« Der Polizei gelang es nicht, die Hintergründe aufzudecken, obwohl in einem Interpolbericht der Verdacht der Geldwäsche geäußert wurde. Das Unternehmen ist inzwischen noch einflussreicher als Mitte der Neunzigerjahre.

Beispiel drei: Nicht weniger brisant ist ein anderer Vorgang, der sich ebenfalls aus den Ermittlungsakten der spanischen Staatsanwaltschaft ergibt. Demnach kam es im Zusammenhang mit Finanzierungsfragen im Jahr 2007 in Spanien zu Verhandlungen zwischen einem Andrei Burlakow und Gennadi Petrow über den Kauf einer Werft in Rostock. »Quellen aus der spanischen Polizei haben *Nowaja Gaseta* berichtet, dass Gennadi Petrow, der Chef der in Spanien zerschlagenen Mafiagruppe, geplant habe, einen neuen russischen Schiffsbaukonzern zu gründen.«[232] Demnach war Burlakow mit seinem Partner Nail Maljutin, dem Direktor der staatlich kontrollierten Firma FLC Holding, nach Spanien gereist. Burlakow wollte von Petrow 250 Millionen Euro, um die Werften in Rostock-Warnemünde und Wismar zu kaufen, deren drohende Insolvenz Tausende Arbeitsplätze gefährdete. Irgendwie bekam Burlakow das Geld zusammen, kaufte die beiden Werften zusammen mit der ukrainischen Werft Mykolajiw für 248,9 Millionen Euro. Die Werften firmierten fortan als Wadan Yards, und Burlakow wurde im September 2008 als der große Retter von Tausenden Arbeitsplätzen in Mecklenburg-Vorpommern gefeiert. Bei der Einweihung wurde die russische Nationalhymne gesungen, und ein prächtiges Feuerwerk beendete die feierliche Zeremonie. Rüdiger Klein war damals der zuständige Sekretär der IG Metall in Rostock, und er erinnert sich an den damaligen Retter: »Für mich war er als Person eher ein Trottel, ein armes Schwein, das froh sein musste, wenn es nicht mit Beton an den Füßen im Fluss wiedergefunden wurde.«

Immerhin konnte Burlakow seinerzeit zwei prominente Aufsichtsräte für sich gewinnen, den Ex-Chefredakteur der *Bild*-Zeitung Hans-Hermann Tiedje und Klaus-Peter Schmidt-Deguelle, den ehemaligen Berater von Finanzminister Hans Eichel. Tiedje ist Vorsitzender des Vorstandes der WMP Eurocom AG, und Schmidt-Deguelle ist dort Vorstandsmitglied für Operative Aktivitäten. Die WMP Eurocom AG wirbt damit, für öffentliche Meinungsbildung zu sorgen.[233] »Bislang agierte Schmidt-Deguelle, der mit Tiedje die PR-Agentur WMP führt, als Sprecher und Berater des russischen Wadan-Anteilseigners Andrej Burlakow.«[234] Die Hoffnungen der Beschäftigten, dass ihre Arbeitsplätze nun gesichert wären, zerplatzten nach einem Jahr. Am 29. September 2011 wurde Burlakow in einem Moskauer Café während eines Interviews von einem Killer durch mehrere Schüsse getötet. Die offizielle Version lautete, dass es wahrscheinlich um ausstehende Schulden ging. Der Journalist Roman Shelow kannte Burlakow seit einigen Jahren, insbesondere im Zusammenhang mit den Recherchen über den Verkauf der Werften an Burlakow. Er hatte ihn kurz zuvor in eben jenem Café getroffen. »Er wollte über die Wadan Yards sprechen, den Deal, dass er als Strohmann eingesetzt wurde. Ein neues Treffen mit entsprechenden Dokumenten war geplant.«

Die Werft hatte inzwischen ein neuer russischer Investor übernommen. Es war der junge russische Geschäftsmann

Witali Jussofow, der eng mit dem russischen Energieriesen Gazprom verbunden ist. Dabei scheint es nur eine Randnotiz zu sein, dass vermutet wurde, so behauptete bislang unwidersprochen der *Spiegel*, dass beim Verkauf der maroden Werften in Wismar und Rostock an Jussofow im Hintergrund Altbundeskanzler Gerhard Schröder mitgewirkt haben soll.[235] Jussofow verkaufte 2016 die Werften und kassierte 230 Millionen Euro, fünfmal so viel, wie er zuvor an Burlakow gezahlt hatte.

Im Jahr 2016 hat nun ein Konzern aus Malaysia die Warnemünder und Wismarer Werften übernommen. Und wieder wurden Mega-Schiffe, Investitionen in Millionenhöhe, Milliardenaufträge und Tausende neuer Arbeitsplätze versprochen.

*

Alles, was die Geschichte der Werften in Rostock-Warnemünde und Wismar anging, schien in der breiten Öffentlichkeit vergessen. Auch die vielen Ungereimtheiten hinsichtlich der Reputation der bisherigen Investoren. Bis die russische Journalistin Anastasia Kirilenko im Jahr 2016 mit dem Madrider Staatsanwalt José Grinda González sprach.

> »Wie Grinda berichtete, habe er bereits im Januar 2011 der Schweriner Staatsanwaltschaft Informationen bezüglich der Wadan-Werften übergeben und seine deutschen Kollegen aufgefordert, in diesem Fall zu ermitteln. Doch die Staatsanwälte in Mecklenburg-Vorpommern kamen nicht weit. Mangels hinreichendem Tatverdacht wurde das Verfahren eingestellt.«[236]

Entsprechende Hinweise gab es jedoch auch von einer ganz anderen Quelle. Nail Maljutin, der einstige Co-Investor

Burlakows, informierte die Schweriner Staatsanwaltschaft am 10. August 2012 persönlich über die illegalen Finanztransaktionen, in die auch ein ehemaliger russischer Energieminister verstrickt war. Wenige Tage danach, am 22. August 2012, erhielt er die Nachricht aus Moskau, dass gegen ihn wegen Missbrauchs staatlicher Mittel und wegen Mordes Anklage erhoben worden sei. Die Mordanklage bezog sich auf die Aussage eines Mannes, der anfangs bei der Polizei und danach für eine kriminelle Organisation tätig gewesen war und später wegen Schizophrenie in eine psychiatrische Klinik eingewiesen wurde.[237] Maljutin wurde aufgrund eines internationalen Haftbefehls 2014 in Österreich festgenommen. Gegen seine drohende Auslieferung nach Russland protestierten im Dezember 2016 zahlreiche Parlamentarier der Europäischen Volkspartei, der Sozialdemokraten und der Grünen. »Wir sind zutiefst besorgt, dass Maljutin bei einer Auslieferung nach Russland nicht vor ein faires Gericht kommt«.[238] Trotzdem wurde er im Februar 2017 an Russland ausgeliefert. Seitdem gibt es keine Nachrichten von und über ihn.

*

Besonders aufschlussreich war die Aussage von Michail Monastyrski am 2. März 2007 gegenüber den spanischen Ermittlern. Die Beamten fragen ihn nach dem Vermögen von Kumarin. »Das hängt davon ab, welchen Teil des Geldes Sie meinen. Bei Kumarin sind es maximal 100 Millionen. Der andere Teil gehört anderen Leuten, Beamten.«

Frage: »Beamte, meinen Sie Personen, die für die Regierung arbeiten?«
M.: »Es sind Leute, die Kumarin schützen, und Kumarin

schützt ihr Geld und verwaltet es. Diese Leute wissen, dass Kumarin ihnen nichts stehlen wird, und sie wissen, solange Kumarin an Ort und Stelle ist, wird er ihnen das Geld zur Verfügung stellen. Ich werde Ihnen zwei Namen nennen: Igor Setschin und Alexander Karmatsky. Diese beiden sind sehr mächtige Leute.«

Frage: »Sind diese zwei Leute innerhalb der Regierung, sind es Polizeibeamte, Militärs?«

M.: »Setschin hat einen höheren Rang als Putin.«

Frage: »Und welchen Posten hat er momentan?«

M.: »Igor Setschin ist Vorstandsvorsitzender von Rosneft und Putins rechte Hand. Er ist seit 1992 mit Putin zusammen.«

Mafiamethode räuberische Erpressung

Die Aussage von Michail Monastyrski führt mitten hinein in das, was unter Putins Regentschaft eine besondere Methode wurde, die gemeinhin als eine klassische Mafiamethode beschrieben wird, in diesem Fall die räuberische Erpressung. Bis Anfang der 2000er-Jahre bezahlten Gangster in Russland, die sich sowohl kleine Unternehmen als auch mächtige Rohstoffkonzerne häufig mit blanker Gewalt einverleibten, Schutzgeld an korrupte Sicherheitsbehörden für deren logistische Unterstützung bei der räuberischen Unternehmensübernahme. Man nannte es »militseiskaja krysha«, also das Schutzdach durch die Sicherheitsbehörden. Unter Wladimir Putin änderte sich diese gängige Praxis. »Danach instrumentalisierten die Angehörigen der Sicherheitskräfte die Räuberbanden für ihre eigenen Ziele, um jetzt selbst interessante

Konzerne zu übernehmen, um dadurch Hauptbegünstigter zu werden.«[239] Die Rede ist vom *corporate raiding*, der kriminellen Übernahme von Unternehmen. Beispielhaft ist der Fall des Oligarchen Michail Chodorkowski. Er gehörte zu den bedeutsamsten politischen Gegnern Putins und warb offen für eine liberale und demokratische Strukturveränderung in Russland, war also gegenüber Putin extrem illoyal. Außerdem warf er im Jahr 2003 Putin persönlich vor, Männer aus seinem direkten Umfeld würden sich hemmungslos bereichern. Die Konsequenzen blieben nicht aus. Im Jahr 2003 wurde Chodorkowski wegen Steuerhinterziehung verhaftet, und die Behörden zwangen ihn zum Verkauf seines milliardenschweren Konzerns Jukos. Der wurde im Jahr 2005 weit unter Wert von der bislang vollkommen unbekannten Baikal-Finanzgruppe übernommen. Dahinter versteckte sich Igor Setschin, der Vorstandsvorsitzende des staatlich kontrollierten Ölgiganten Rosneft.

Ein weiterer Beweis für Setschins Skrupellosigkeit konnte im Jahr 2014 mit der Übernahme des Ölkonzerns Baschneft beobachtet werden. Besitzer war der lange Zeit kremlfreundliche Oligarch Wladimir Jewtuschenkow. »Als sich Jewtuschenkow zierte, die Baschneft-Mehrheit abzugeben, fand er sich plötzlich, mit fadenscheinigen Gründen, unter Hausarrest. Baschneft wurde verstaatlicht. Später wurde Jewtuschenkow rehabilitiert, aber Setschin hatte längst zugegriffen.«[240] Rosneft hatte zuvor erklärt, keinerlei Interesse an Baschneft zu haben.

Igor Setschin, auch der »Graue Kardinal des Kreml« genannt, ist seit Sankt Petersburger Zeiten einer der loyalsten Mitglieder der KGB-Putin-Familie. Deshalb lohnt ein Rückblick. Er führt nach Sankt Petersburg in die Neunzigerjahre, als Putin dort stellvertretender Bürgermeister war und Igor

Setschin sein Stabschef. Andrei Zykow war zur gleichen Zeit Leitender Sonderermittler der Sankt Petersburger Polizei, spezialisiert auf Korruption und die kriminellen Strukturen. Er behauptet jedenfalls: »In den Neunzigerjahren war Igor Setschin derjenige, über den man Zugang zu seinem Boss Putin erhielt.« Und weiter: »Igor Setschin stand in freundschaftlicher Verbindung zu dem Führungsmitglied der Tambowskaja, zu Gennadi Petrow, der später häufig in Putins Büro gesehen wurde, ebenso wie Wladimir Kumarin, der Boss der Tambowskaja-Mafia.«[241]

Das ist lange her. Heute sind sowohl Igor Setschin als auch der Staatskonzern Rosneft zentrale Stützen von Wladimir Putin. Der damalige Ermittler Andrei Zykow hingegen musste, nachdem Putin Präsident geworden war, seine Ermittlungen beenden und wurde in Pension geschickt. Nachfragen bei der Presseabteilung von Rosneft, ob Zykows Vorwürfe zuträfen, blieben unbeantwortet.

Zusammengefasst könnte man die These aufstellen, dass hier alle Kriterien des klassischen Mafiasystems in Bezug auf die Graue Zone zutreffen. Für die italienischen Anti-Mafia-Staatsanwälte bezeichnet »Graue Zone« jenen Personenkreis, der die Brücke zwischen Mafia, Politik und Unternehmen bildet. Es geht bei der Grauen Zone um die Verbindungen von Personen, bei denen niemand erwartet, dass sie in Kontakt mit der Mafia stehen. Ohne dieses Beziehungssystem wären die Mafien schlicht nur kriminelle Organisationen.

In diesem Zusammenhang führen die Wege wieder einmal nach Deutschland, unter anderem zu einem SPD-Altbundeskanzler, dem eine gewisse politische Skrupellosigkeit wahrscheinlich nicht fremd ist. Mitte August 2017 meldeten deutsche Medien, Gerhard Schröder gedenke einen Posten als Aufsichtsratsmitglied von Rosneft zu übernehmen. Er selbst meldete sich daraufhin in einer Schweizer Boulevard-Zeitung zu Wort. Wer nun dachte, dass er für diesen Posten – aus ethischen Gründen – nicht bereit stehe, der irrte. »Ich werde mich zur Wahl stellen, trotz aller Kritik, die ich für falsch halte«, erklärte er der Boulevardzeitung *Blick*,[242] die zum Ringier-Verlag gehört, dem Gerhard Schröder als Berater zu Diensten steht. Vielmehr beklagte er: »Man diffamiert mich, um Frau Merkel zu helfen.« Möglicherweise empfand er die Aussage eines Grünen-Abgeordneten im Europäischen Parlament als diffamierend. Reinhard Bütikofer hatte das Verhalten Gerhard Schröders als »schamlos« bezeichnet: »Er erniedrigt sich endgültig zu einem bezahlten Diener der Politik Putins.«[243] Am 30. August 2017 verteidigte Schröder bei einem Wahlkampfauftritt für die SPD im niedersächsischen Rotenburg an der Wümme noch einmal seinen Entschluss, den angebotenen Posten bei Rosneft zu übernehmen. »Ich werde das tun. Es geht um mein Leben, und darüber bestimme ich – und nicht die deutsche Presse.«[244]

Für seine neue Tätigkeit wird Schröder laut *Blick*-Interview jährlich 350 000 US-Dollar kassieren – bei jährlich vier Sitzungen in Moskau kein schlechtes Zubrot für einen Altbundeskanzler.

*

Bei Rosneft wird Gerhard Schröder einen Deutschen treffen, der in Russland noch einflussreicher sein dürfte als er selbst. Es geht um den Ex-DDR-Bürger Matthias Warnig, eine Schlüsselfigur in der russischen Wirtschaft. Warnig war von 2006 bis 2016 leitender Direktor der Nord Stream AG in der Schweiz, in der Gerhard Schröder ebenfalls einen prominenten Posten innehat. Das erklärt, warum Warnig Ende April 2014 Gast in Sankt Petersburg war, wo der Energiekonzern Gazprom zu Ehren von Schröder zu einem Empfang in das ehemals fürstliche Jussupow-Palais geladen hatte.[245] Gleichzeitig wurde Schröders Geburtstag nachgefeiert, der am 7. April 70 Jahre alt wurde. Nicht fehlen durfte Wladimir Putin, der von Gerhard Schröder herzlichst begrüßt wurde.[246]

An dieser Stelle lohnt ein Blick in die Vergangenheit von Matthias Warnig. Im Jahr 2005 wurde seine Stasi-Regierungsakte bekannt.[247] Sie dokumentiert, dass Warnig seit 1975 unter dem Decknamen »Ökonom« für die Stasi als Offizier im besonderen Einsatz arbeitete.[248] Noch einen Monat vor dem Mauerfall, am 7. Oktober 1989, wurde Warnig mit Befehl Nr. K 3158 für seine treuen Dienste in der Nationalen Volksarmee von Stasi-Chef Erich Mielke mit einer Goldmedaille ausgezeichnet. Zu DDR-Zeiten soll er bereits mit Wladimir Putin, der seit 1985 in Dresden als KGB-Referatsleiter arbeitete, in Kontakt gekommen sein, was Warnig jedoch bestreitet. Im Jahr 1991 verschlug es ihn auf jeden Fall dorthin, wohin inzwischen auch Putin nach seiner Dienstzeit in Dresden zurückgekehrt war, nach Sankt Petersburg. Warnig brachte es schließlich zum Vorstandsvorsitzenden der Dresdner Bank Gruppe AG in der Russischen Föderation. Er besorgte der Dresdner Bank in Sankt Petersburg die erste Banklizenz für Ausländer, »eine Lizenz für Millionengeschäfte. Im Rathaus zuständig dafür: Wladimir Putin.«[249]

Inzwischen sitzt das Multitalent Matthias Warnig nicht nur im Aufsichtsrat der Bank Rossija, ist Aufsichtsratsmitglied der russischen VTB-Bank (Bank der Putin-Freunde) und war bis 2016 Aufsichtsratsmitglied des in Leipzig ansässigen Verbundnetzes Gas Aktiengesellschaft. »Seit dem Jahr 2011 sitzt er zudem im Rosneft-Aufsichtsrat (board of directors) und ist dort seit 2014 stellvertretender Vorsitzender.«[250]

Das Prinzip Loyalität oder Der Lohn für bedingungslosen Gehorsam

Unterdessen gab es einige Veränderungen im Kreml. Sie führten nicht unbedingt dazu, dass der Einfluss der kriminellen Organisationen im russischen Regierungsapparat zurückgedrängt wurde. Im Gegenteil. »Die Vermutung liegt nahe, dass sie zu den neuen Verwaltern des Kremlvermögens werden sollten. Sie stehen noch nicht in den internationalen Sanktionslisten, haben aber gute Verbindungen zu den russischen Machthabern.«[251] Mit »sie« ist unter anderem Iskander Machmudow gemeint, Besitzer der Ural Mining and Metallurgical Company. Sein Vermögen wird auf drei Milliarden US-Dollar geschätzt. In der russischen Presse wird Machmudow hochgepriesen:

> »Einer der prominentesten russischen Industriellen, Iskander Machmudow, hat seit dem Jahr 2001 eine Milliarde US-Dollar für soziale, zivile und philanthropische Zwecke gespendet. Er hat dazu beigetragen, den Übergang in den freien Markt, in eine kapitalistische und Wohlstand fördernde Wirtschaft durchzusetzen.«[252]

Das ist die eine Seite. Die andere offenbart sich in der Anklageschrift der Madrider Staatsanwaltschaft gegen Petrow und andere vom 16. Oktober 2015. Auf Seite 25 heißt es da: »Petrow ist direkt verbunden mit Oligarchen und der wirtschaftlichen Macht Russlands, wie Iskander Machmudow (alias ›El Chino‹).«[253] Machmudow ist Teil der russischen kriminellen Organisation Ismailowskaja gewesen. Oleg Deripaska, ebenfalls eng verbunden mit der Organisation Ismailowskaja, investiert momentan in die Automobilindustrie, in die Luftfahrt, in Gas und Öl und kontrolliert 42 Prozent der weltweiten Aluminiumproduktion. Iskander Machmudow hingegen kontrolliert unter anderem die russische Kupferproduktion.

Mit der Organisation Ismailowskaja hatte sich im Jahr 2010 bereits ein deutsches Gericht intensiv beschäftigt, und zwar die 5. Große Strafkammer des Landgerichts Stuttgart. Hintergrund war die Anklage gegen vier Männer und eine Frau aus Baden-Württemberg. Ihnen wurde Geldwäsche für die Ismailowskaja vorgeworfen. In dem rechtskräftigen Urteil gegen sie ist einiges über diese Organisation und Machmudow zu lesen:

> »Neben ihrer Aufgabe, gewaltsame Übernahmeversuche anderer Organisationen von Michail Tschernoy und seinen Partnern mit allen, auch illegalen Mitteln, abzuhalten, wurde die im Hintergrund agierende Ismailowskaja dann tätig, wenn Versuche des Michail Tschernoy oder seiner Partner, Iskander Machmudow und Oleg Deripaska, ein Unternehmen oder Anteile davon auf legale Weise zu übernehmen, gescheitert waren. Als gewalttätiger und bewaffneter Arm des Konsortiums kam es dann zu Drohungen gegenüber Geschäftsgegnern oder deren Familienangehörigen, zu falschen Anschuldigungen bei Polizeibehörden – ein aufgrund der engen Verwebung der Ismailowskaja mit Justiz und Politik sehr beliebtes Mittel –, zu bewaffneten Besetzungen einzelner Betriebsstätten durch Ismailowskaja-Kämpfer bis hin zur Liquidierung von Gegnern.«[254]

Erinnert sei in diesem Zusammenhang an die Erkenntnisse der Wissenschaftler aus Palermo über die »Durchdringung« des legalen Systems durch die Mafia:

> »Es gibt viele Fälle von Unternehmern, die zunächst Opfer von Vorgaben der Mafiosi sind (z. B. Schutzgelderpressungen), die dann ihre Position ›verbessern‹, indem sie komplizenhafte Abmachungen treffen (instrumentalisierende, zeitlich begrenzte Beziehungen), um dann schließlich eine organische langfristige Allianz zu schließen. Oftmals stellt dieser letzte Schritt einer vollständigen Kollusion auch einen Qualitätssprung in der unternehmerischen Karriere dar.«

»Durchdringung« meint, dass sich mit den Mafiosi Beziehungen der persönlichen Treue ergeben. Aus anfänglichem Nützlichkeitsdenken wird ein Gefühl der Zugehörigkeit. Die Betroffenen werden so zu Personen, welche die Entwicklungen der kriminellen Gruppe teilen, seien sie negativ oder positiv: »Ihre Entwicklungsmöglichkeiten hängen voll und ganz von denen ihrer Mafia-Gruppierung ab. Sie können so riesige Vorteile haben, aber tragen auch das Risiko, den Aktionen der Strafverfolgungsbehörden ausgesetzt zu sein.«

Heute jedenfalls gehört Iskander Machmudow zu den wichtigsten russischen Oligarchen, der kaum einen Wunsch von Wladimir Putin ablehnen kann. Im Juli 2016 mietete er auf Island ein Luxushotel und einen Teil des vor dem Hotel fließenden Flusses Eystri-Rangá, damit Präsident Putin und seine 70-köpfige Entourage in aller Ruhe nach fetten Lachsen angeln konnten.[255]

*

An dieser Stelle lohnt es sich, auf einige der Thesen über die Neuen Paten zurückzukommen:

Die Neuen Paten verteidigen den kriminellen Raubtierkapitalismus mit allen Mitteln, um sich, ihre Familienangehörigen und loyalen Helfershelfer zu bereichern und ihre Macht zu zementieren.

Die Neuen Paten haben den Staatsapparat nicht nur übernommen, sie sind die Capo dei Capi des Staatsapparates geworden und benutzen eine rassistische, nationalistische und autoritäre Ideologie, um ihre Politik vor der Gesellschaft zu legitimieren. Beide Systeme, das der klassischen Mafien und das der Neuen Paten, regieren mit der Angst ihrer Untertanen, und sie sind zutiefst undemokratisch. Beide zeichnen sich durch ein seinem Wesen nach elitäres, antidemokratisches und dem Gleichheitsgrundsatz widersprechendes Grundmuster aus.

Die klassischen Capo dei Capi ebenso wie die Neuen Paten benötigen zwangsläufig Menschen, die sich ihrem Willen bedingungslos unterwerfen, aus Angst oder aufgrund von Abhängigkeit. Daher ist es sowohl den Mafien als auch den Neuen Paten möglich, ihnen eine Scheinrealität aus Zugeständnissen und Privilegien vorzugaukeln. Sie werden nur dem gewährt, der im Tausch dagegen etwas anzubieten hat.

Die Neuen Paten beenden die bisherige anarchistisch organisierte Korruption ebenso wie die Aktivitäten diverser krimineller Organisationen. Sie ersetzen sie durch einen zentralisierten, weitgehend legalisierten Tribut, der an die Neuen Paten entrichtet werden muss. Dadurch bereichern sie sich direkt beziehungsweise indirekt über Strohleute, wahlweise durch Korruption, Geldwäsche, Raub von Vermögen der Gegner, Waffen- und Drogenschmuggel.

Die Neuen Paten sind auf unterschiedliche Art und Weise mit kriminellen Organisationen verbunden. Sie gewähren diesen herkömmlichen kriminellen Organisationen so lange Schutz, wie diese die Herrschaft der Neuen Paten bedingungslos akzeptieren und ihnen zu Diensten sind.

Die Neuen Paten verschanzen sich hinter ihrer eigenen Wahrheit, die nicht angezweifelt werden darf. In ihrem Kosmos kämpfen sie daher mit allen Mitteln dafür, dass ihre Wahrheit von der Mehrheitsgesellschaft kritiklos als die alleinige Wahrheit übernommen wird. Wer dem widerspricht, wird gnadenlos als Feind bekämpft.

Die Neuen Paten sind das Auffangbecken für rechtsradikale und rechtspopulistische Parteien und (auch islamistische) Bewegungen, die im System der Neuen Paten ihre politische Heimat gefunden haben.

4. KAPITEL

Viktor Orbán – der Neue Pate aus Europa

Viktor Orbán war der erste Regierungschef in Europa, der sich noch während des US-Wahlkampfes für Donald Trump begeisterte.

> »Nach dessen Sieg jubelte er über die ›fantastische Nachricht‹, denn jetzt werde die illiberale Demokratie siegen, und die Staaten würden aus dem Gefängnis der Ideologien befreit. Und genau dieser Mann ist jetzt der Wortführer der siegreichen Rechten. Wo immer Bilder der autoritären Staatsführer erscheinen, Erdoğan, Putin oder jetzt auch Trump – Orbán ist dabei.«[256]

Auffällig ist zudem, dass Orbán von konservativen Parteien ebenso gehuldigt wird wie von deutschen und österreichischen Rechtspopulisten und Neonazis. Es sind die gleichen Politiker, die sowohl Wladimir Putin als auch Donald Trump lobpreisen. Da ist nicht nur der CSU-Vorsitzende Horst Seehofer, der Viktor Orbán nach Bayern einlud, um dadurch seine Verbundenheit mit ihm zu dokumentieren. Allein zwischen 2015 und 2016 kam es zu drei Treffen zwischen den beiden. In einem Dossier der CSU-nahen Hanns-Seidel-

Stiftung wurde bereits 2011 behauptet: »Orbán wandelte Fidesz von einer liberalen zu einer konservativen Volkspartei um und suchte die Aufnahme in die Europäische Volkspartei, deren Vizepräsident er seit 2002 auch ist. Er hat danach seine Partei noch weiter rechts-konservativ positioniert, Werte wie Familie, Glaube an Gott und die Nation rückten [...] mehr in den Vordergrund.«[257] Und das entspricht ja in Teilen sicher der CSU-Politik.

Da sind aber auch die rechtsnationalistische österreichische FPÖ oder die ebenso rechtsnationalistische AfD in Deutschland, die in Orbán quasi einen Bündnispartner sehen. Denn, so beschreiben es die beiden Ungarn-Experten Gregor Mayer und Bernhard Odehnal: »Tabubrüche, die den Rechtsextremismus salonfähig machten, hatten die ganze Regierungszeit Orbáns gekennzeichnet. Er und seine Partei legten eine ziemlich offene Verachtung für demokratische Institutionen und Verfahren an den Tag.«[258] Und im Gegensatz zum Dossier der CSU-Stiftung stellt die Menschenrechtsorganisation Human Rights Watch fest: »Seit seiner Rückkehr zur Regierung im Jahr 2010 hat seine regierende Fidesz-Partei ihre Mehrheit im Parlament dazu benutzt, um die in einer Demokratie notwendigen Check and Balances zu untergraben, die Medienfreiheit, die gerichtliche Unabhängigkeit und die Rechtsstaatlichkeit zu schwächen.«[259]

*

Warum gehört Viktor Orbán zu den Neuen Paten? Hinweise liefert die Kritik der unabhängigen Online-Tageszeitung für Ungarn und Osteuropa *Pester Lloyd*. Dort ist zu lesen,

»dass Orbán die junge Demokratie Ungarn längst in ein kriminelles Konstrukt umgemodelt, den Menschen ihr Schicksal aus den Händen genommen hat. Die Demokratie hat er zum Werkzeug für eine Einparteien-Kleptokratie umgearbeitet, das Land und die Menschen gespalten, den Diskurs vergiftet und das Volk in den Zustand einer postdemokratischen Duldungsstarre versetzt, die eine Rückkehr zu demokratisch-humanistischen Grundprinzipien sehr schwer und langwierig macht, das Land um Jahre, wenn nicht Jahrzehnte lähmen und zurückwerfen wird.«[260]

Trifft auch auf Orbán die These zu, dass für die Neuen Paten und die nahen wie fernen Verwandten ihrer Familie der Staats- und Regierungsapparat weniger ein Instrument ist, um ihre ideologischen Vorstellungen durchzusetzen, als ein Werkzeug, um klassisches korruptes wie kriminelles Handeln zu legitimieren? Sind sowohl Mafiamethoden oder sogar das Mafiasystem offizielle Regierungspolitik?

Im Jahr 2010 kam es sowohl in politischen als auch in kulturellen und gesellschaftlichen Bereichen Ungarns zu einer Zäsur. »Ich habe gelernt, wenn du die Chance hast, deinen Rivalen zu töten, denke nicht daran, tue es einfach«, erklärte Orbán am 26. Juni 2007 gegenüber westlichen Botschaftern.[261] Einige Jahre später war die Zeit gekommen. Jetzt erlaubte es Orbáns verfassungsmäßige Mehrheit, alle Regeln der Politik in eine aggressiv-antiliberale Richtung umzulenken. Jetzt war er endlich in der Lage, das, was bisher an Korruption von vielen Politikern mehr oder weniger anarchistisch praktiziert worden war, auf sich und seine Freunde zu konzentrieren. »Eine symbolische Bekräftigung der Veränderungen vor der Wahl 2010 war bereits dadurch zu erkennen, dass alle Kandidaten für das Parlament zu Orbáns Landgut pilgerten, um ihm einen Treueeid zu leisten. Genau wie in Coppolas Film *Der Pate*.«[262]

Seine vermeintlich rechtspopulistisch-religiöse nationalistische ideologische Einstellung, die Camouflage für das Mafiasystem, verdeutlicht seine Rede am 26. Juli 2014 an der Freien Sommeruniversität in Băile Tuşnad (Rumänien). Es war eine Art Grundsatzrede über die Notwendigkeit der illiberalen Demokratie: »Wir müssen uns von den liberalen Prinzipien und Methoden der Gesellschaftsorganisation lossagen, und überhaupt vom liberalen Verständnis der Gesellschaft.« Als Vorbilder für seine Vision eines illiberalen Staates dienen ihm China, Russland, Indien, Singapur oder die Türkei. Brüssel wiederum beschreibt er als »neues Moskau«, das Ungarn »kolonialisieren« wolle.[263] In dieses Konzept passt, dass er den Schulunterricht militarisieren will und zwar durch ein Patriotismus- und Heimatwehr-Erziehungsprogramm, das in den »Nationalen Grundlehrplan« für ungarische Schulen einfließen soll. Immerhin »erwog die ungarische Regierung die Einführung von Schießunterricht für Schüler und die Einrichtung von Schießplätzen auf Schulgeländen. Pädagogen waren entsetzt, daraufhin verschwand das Thema vorerst von der Tagesordnung.«[264] In Polens nationalkonservativer PiS-Regierung gibt es übrigens die gleichen Tendenzen.

*

Der Grund für Orbáns Machtübernahme, so seine Kritiker, sei ökonomischer Natur. Die Ideologie sei lediglich der

> »Deckmantel für die schiere Käuflichkeit der Regierungspartei. Mit ihrer ›nationalen Mittelklasse‹ (Fidesz-

> Wähler), ihrem System der nationalen Kooperation (Parteiprogramm) und ihrer ethnischen Ausrichtung (indem sie ethnische Ungarn zur treibenden Kraft in der neuen Verfassung erklärten) konnten Orbán und seine Partei sich den Anschein geben, als stünden sie für irgendetwas.«[265]

Auf der einen Seite bezeichnet sich Orbán als »rechten Proletarier«, als Anwalt der »kleinen Leute«. Gleichzeitig forciert er nicht nur eine rigide antigewerkschaftliche Politik, sondern hat auch eine Methode entwickelt, bei der Korruption im rechtlichen Sinne vermieden wird, aber die staatlichen Vermögenswerte dennoch ungehindert den loyalen Freunden zufließen: Grundstücke, Gebäude, gewinnbringende Unternehmen, Mieten und vor allem Geld aus den europäischen Fonds. Das gilt ebenso für staatliche Aufgaben, die an seine ihm loyal ergebenen Amigos vergeben werden. Private Unternehmen wurden verstaatlicht und danach wieder privatisiert. Profiteure waren in aller Regel diejenigen, die Orbán unterstützten. Ausschreibungen werden nur noch von Pro-Orbán-Unternehmen gewonnen. Die Staatsbank vergab Kredite an sie, mit denen sie wiederum bislang unabhängige Medien aufkauften. Im Zuge einer »Transformation« der Justiz wurde ihre Unabhängigkeit durch zahlreiche gesetzgeberische und exekutive Maßnahmen ausgehöhlt. Richter und Staatsanwälte sehen sich einer gesteigerten Einflussnahme, ja teilweise direkten Kontrolle durch die Regierungspartei ausgesetzt. Das Nationale Justizbüro (NJO) agiert seit 2011 als »nicht-unabhängiges«, weil parteilich besetztes Gremium zur Kontrolle der Richterschaft.

All dies wird in einer 80-seitigen Studie der renommierten Internationalen Föderation für Menschenrechte (FIDH) kritisiert. Beklagt werden die »erzwungene Pensionierung« von rund zehn Prozent der Richterschaft sowie die »Neutralisierung« des Verfassungsgerichts durch Kompetenzbeschneidung und Umbesetzungen. »Die Politisierung der Justiz, ihre Umgestaltung zu einem Instrument parteipolitischer Macht, ist ein zentrales Merkmal undemokratischer Herrschaftsstrukturen.«[266] Hinzu kommt die massive Verletzung von Menschenrechten gegenüber Einwanderern, Asylsuchenden und Flüchtlingen. In Europa wird das alles – auch von der deutschen Bundesregierung – hingenommen, von Ausnahmen abgesehen. Dazu zählt Luxemburgs Außenminister Jean Asselborn. Er warf dem ungarischen Ministerpräsidenten Viktor Orbán eine massive Verletzung von Grundwerten der EU vor: »Wer wie Ungarn Zäune gegen Kriegsflüchtlinge baut oder wer die Pressefreiheit und die Unabhängigkeit der Justiz verletzt, der sollte vorübergehend oder notfalls für immer aus der EU ausgeschlossen werden.«[267]

Für diese Aussage erntete Asselborn heftige Kritik. Der ungarische Außenminister Péter Szijjártó verunglimpfte ihn als »unernste Figur«. »Er hat sich schon längst selbst aus der Reihe der ernst zu nehmenden Politiker ausgeschlossen«, sagte Szijjártó nach Angaben der staatlichen Nachrichtenagentur MTI. Man sehe, dass Asselborn nicht weit von Brüssel entfernt zu Hause ist, denn er sei »belehrend, arrogant und frustriert«, fügte Szijjártó hinzu.[268] »Fünf große Angriffe« seien abzuwehren, um eine erfolgreiche »nationale Politik« zu betreiben. Das erklärte Orbán bei einer Art Rede zur Lage der Nation am 10. Februar 2017 in Budapest.[269] Er nutzte die Gelegenheit zugleich für einen Rundumschlag gegen seine Widersacher in Brüssel. Sie seien »unverbesserliche Kämpfer für die Menschenrechte«. Migranten setzte er pauschal mit Kriminellen gleich. Ohne Deutschland namentlich zu nennen, wandte sich Orbán gegen Pläne zur »Zerstörung Europas«. Man lasse sich von den »Rotten unverbesserlicher Kämpfer für die Menschenrechte« nicht belehren. Migranten brächten »Verbrechen und Terror« nach Europa. Sie würden »Jagd auf unsere Frauen und Mädchen machen« und »zündelnden Antisemitismus« verbreiten. »Wenn wir die Völkerwanderung stoppen wollen, müssen wir vor allem Brüssel bremsen«, so Orbán weiter. Der Kontinent werde »von einer Zig-Millionen-Masse« und von einer »finalen Gefahr« bedroht. Die »Völkerwanderung« werde als humanitär ausgegeben, tatsächlich gehe es aber »um eine Gebietsbesetzung, die Raumverlust für uns bedeutet«. Außerdem sei Europa nicht frei, weil »die Wahrheit nicht ausgesprochen werden darf«. Früher habe die Sowjetunion als Feind der Freiheit anderen ihren Willen mit Gefängnissen, Lagern und Panzern aufgezwungen. Heute genügten den Freiheitsverächtern das »Mündungsfeuer der internationalen Presse, Verleumdungen, Drohungen und Erpressung«.

*

Orbáns eigene Familie profitierte besonders vom unaufhaltsamen Aufstieg des Familienoberhauptes und fünffachen Vaters. In seiner Familie soll unterdessen seine Frau fürs Geschäft zuständig sein. In der Gegend um Orbáns Geburtsort kaufte sie, weit unter Wert, mehrere Dutzend Hektar Ackerland. Orbáns Vater und einige Geschwister gelangten ebenfalls zu beachtlichen Wohlstand, seit Orbán die Staatsgeschäfte leitet.

> »Allein in der Zeit zwischen 1998 und 2002 stieg der Wert der Dolomit Kft, die seinem Vater gehört, von 98 Millionen Forint im Jahr 1998 auf 660 Millionen Forint im

Jahr 2002. Das Unternehmen Gánt-Ko Kft., in dem sein älterer Bruder das Sagen hat, steigerte seinen Wert von 16 Millionen Forint auf 167 Millionen Forint.«[270]

Viktor Orbáns ehemaliger politischer Berater József Debreczeni, einer der angesehensten Publizisten Ungarns, zählt heute zu seinen schärfsten Kritikern. Im Jahr 2009 veröffentlichte er den Bestseller *Arcmás* (»Das andere Gesicht«). Dort behauptet er, dass Viktor Orbán beziehungsweise seine Frau im Jahr 1998 in der Stadt Pest ein Appartement im Wert von 563 000 Forint kauften. Vier Jahre später sei in einem exklusiven Budapester Stadtteil eine Villa im Wert von 75 Millionen Forint dazugekommen. Dabei ist das Gehalt eines ungarischen Ministerpräsidenten nicht besonders üppig, wenn man bedenkt, dass er noch eine Frau und fünf Kinder zu versorgen hat. Ungarn sei in den letzten Jahren zu einer Art großem Gutshof geworden, sagt die Budapester Journalistin Krisztina Ferenczi: »Orbán hat eine neofeudale Ordnung mit Herren und Leibeigenen errichtet. Seine armenfeindliche Politik verschleiert er dadurch, dass er nationalistische Stimmungen anheizt.«[271]

József Ángyán war von 2010 bis 2012 in der Fidesz-Regierung Staatssekretär im Ministerium für ländliche Entwicklung. Er trat zurück, weil er die Praktiken der Bereicherung von Orbáns Freunden nicht mehr mitmachen wollte. Inzwischen spricht der Professor davon, dass Orbán »ein neues feudales System etabliert hat, und Korruption in Ungarn bedeute nicht mehr, dass Beamte bestochen würden, sondern dass in Ministerien die Vertrauensleute von Mafiafamilien säßen«.[272]

Bei der italienischen Mafia werden die Gegner durch Erpressung und Gewalt in Schach gehalten, während die loyalen

Mitglieder mit Wohltaten belohnt werden. Auf Ungarn übertragen, kommt Bálint Magyar zu dem Schluss:

> »Mit seiner neuen Macht schnitt er alle gegnerischen Korruptionsteilnehmer von ihren verschiedenen geheimen Abkommen ab. Orbán war dadurch in der Lage, die Wohltaten der Korruption für sich selbst und seine Partei zu monopolisieren, indem er die Staatsmacht für die Auswahl seiner bevorzugten Oligarchen nutzte und so unzählige kreative Wege schuf, öffentliche Mittel in private Hände zu leiten.«[273]

Bálint Maygar ist Soziologe und war von 2002 bis 2006 ungarischer Bildungsminister. Danach arbeitete er für UNICEF und die Open Society Foundation als Berater. In einer Analyse des postkommunistischen Mafiastaats Ungarn weist er nach, dass viele der von Orbán erlassenen Gesetze speziell im Hinblick auf Einzelpersonen verfasst wurden, die zur Familie gehören. Dazu zählt er ein Gesetz zur Herabsetzung der Höchstgehälter von Beamten. Begründet wurde es damit, dass Gerechtigkeit hergestellt werden müsse. Es zielte jedoch direkt auf den Chef der Nationalbank, der mittels einer massiven Gehaltskürzung zur Kündigung gezwungen werden sollte. Oder das Gesetz zur Heraufsetzung der Anzahl der Dienstjahre, die ein Richter in Ungarn vorweisen muss, um sich für das Amt des Präsidenten des Obersten Gerichtshofs zu qualifizieren. Es wurde als Maßnahme zur Sicherstellung einer ausreichenden Erfahrung begründet. Tatsächlich zielte es auf die Entfernung des bislang unabhängigen Präsidenten des Obersten Gerichtshofs ab.

Die Justiz wurde auf diesem Wege zum verlängerten Arm des Neuen Paten. Der Präsident des Nationalen Richteramtes wurde neu gewählt. Es ist eine Frau, und sie heißt Tünde Handó, verheiratet mit einem Gründungsmitglied der Fidesz-Partei. Zudem gilt sie als gute Freundin von Orbáns Ehefrau.

»Unabhängigkeit sieht anders aus. Ein besonderer Coup war ein Gesetz, wonach die Regierung Mittel nach eigenem Ermessen verwenden kann, ohne dass diese vom Parlament, das von der Orbán-Partei Fidesz beherrscht wird, genehmigt wurden. Damit sei ein über Jahrhunderte erkämpftes Recht freiweilig aufgegeben worden, sagten Kritiker: dass die Volksvertreter die Kontrolle über die Ausgaben der Exekutive haben und damit über die Budgethoheit verfügen.«[274]

Die Erfolge des ungarischen Mafiasystems

Lőrinc Mészáros ist Bürgermeister von Felcsut, einer Gemeinde von 1812 Einwohnern, in welcher Ministerpräsident Viktor Orbán eine Residenz sein eigen nennt. Noch im Jahr 2010 war er ein einfacher Heizungsmonteur ohne viel wirtschaftliche Fortune. Doch dann kam die Wende, als Orbán, nachdem er 2002 abgewählt worden war, erneut Ministerpräsident wurde. Orbán engagierte sich plötzlich für den Fußball und gründete die Ferenc-Puskás-Fußballakademie zur Förderung des Nachwuchses. Und Mészáros, der schon früher einmal Gemeinderat gewesen war, wurde ihr Präsident. Nach der gewonnenen Wahl von 2010 ließ Orbán neben der Akademie ein 3000 Zuschauer fassendes Stadion errichten. Generalunternehmer war die Firma Mészáros und die Mészáros GmbH. »Gottes Wille, Glück und die Person von Viktor Orban hätten ihm zu Reichtum verholfen, sagt er selber.«[275]

Nach Angaben des ungarischen Enthüllungsportals atlatszo.hu stiegen die Dividenden seiner Firmen von null im Jahr 2010 auf 1,27 Milliarden Forint (409 Millionen Euro) im Jahr 2013. Ein Grund: Seine Baufirmen profitieren nahezu ausschließlich von öffentlichen Aufträgen, deren Ausschreibungen Mészáros meist auf den Leib geschnitten sind. Den Grund und Boden für seine Landwirtschaft erhielt Mészáros auf undurchsichtige Weise – oft wurden Kleinbauern und Schäfer, die das Land zuvor genutzt hatten, einfach verdrängt. Inzwischen ist Mészáros noch Besitzer einer Hotelkette und außerdem einer der reichsten Männer Ungarns. Im Frühjahr 2016 konnte die Hauptfirma Mészáros einen Drei-Milliarden-Euro-Auftrag zum Bau einer Sportakademie in Izsák ergattern.[276]

Doch die Ambitionen des Orbán-Freundes gehen weiter. Das unter dem Einfluss von Mészáros stehende Unternehmen R-Kord Építőipari Kft. erwarb auch ein Hotel in Balatonalmádi und steht in Verhandlungen über den Kauf der Hunguest-Kette mit 19 Hotels im ganzen Land sowie Objekten in Kroatien. In einem der Hotels, dem Salaris Resort, soll bereits Orbáns Tochter Rahel als Managerin angeheuert haben.

Der ungarische Oligarch Mészáros ist außerdem ein großer Medieneigentümer. In einem Interview mit der regierungsnahen Wochenzeitung *Heti Válasz* offenbarte er sein Erfolgsgeheimnis: »Da haben gewiss der liebe Gott, das Glück und die Person von Viktor Orbán eine Rolle gespielt.« Allein im Jahr 2016 erhielt er öffentliche Aufträge in Höhe von 800 Millionen Euro und ist inzwischen Besitzer der Optimus-Gruppe, welche die bislang Orbán-kritische Tageszeitung *Népszabadság* gekauft hat, nachdem diese 2016 aus politischen (offiziell: wirtschaftlichen) Gründen eingestellt worden war. Damit war eine weitere kritische Stimme gegen Orbán zum Schweigen gebracht. »Viele glauben, dass Mészáros in Wirklichkeit ein Strohmann für Orbán ist, der als Regierungschef offiziell keiner Wirtschaftstätigkeit nachgeht. Das Gerücht steht im Raum. Orbán bestreitet es – beweisen lässt es sich nicht.«[277]

László Keller war zwischen 2002 und 2004 Staatsminister für Finanzen:

> »Selbst wenn die europäische Antibetrugsbehörde OLAF ermitteln würde, die ungarische Staatsanwaltschaft würde nie reagieren. Es ging um die Aktien des ungarischen Energiekonzerns MOL, die an russische Firmen verkauft wurden. Es gab zwei Preise. Einen offiziellen und einen nicht offiziellen Preis der Aktien. Zuerst hatte eine russische Bank MOL-Aktien gekauft. Dann hat die Orbán-Regierung die Aktien zurückgekauft. Der Preis, den der ungarische Staat bezahlt hatte, war unverhältnismäßig hoch. Ein Teil dieses unrealistischen Preises ist an Orbáns Freunde gegangen. Aber das kann man nicht beweisen. Der Zurückkauf ergab jedenfalls überhaupt keinen Sinn.«[278]

Für umgerechnet rund 2,4 Milliarden Euro (735 Mrd. Forint) habe die Regierung allein im Jahr 2016 »nutzlose Luxusprojekte« finanziert, konstatierte die inzwischen von ihrem Posten zurückgetretene Fraktionsvorsitzende der grün-liberalen Partei LMP Erzsébet Schmuck. Ganz oben auf der Liste stehen die an Fidesz-Freunde geleiteten Zuschüsse für den Bau neuer Sport- und Fußballstadien und den Bau neuer Museen im Budapester Stadtpark, der zu einer Art Kulturhauptstadt Ungarns umgewidmet werden soll. Die Regierung Orbán hat allein im Dezember 2016 nochmals rund 1,5 Milliarden Euro in solche und ähnliche Projekte geschoben, damit einen – zumindest nominal – ausgeglichenen Haushalt verhindert und das Defizit auf über zwei Prozent gedrückt. Für 2017, so Schmuck, seien weitere 1 000 Milliarden Forint (3,21 Mrd. Euro) für ähnliche Vorhaben reserviert. Und das alles in einem Land, das beim BIP-Wachstum deutlich hinter den regional vergleichbaren Ökonomien der Slowakei oder Polens hinterherhinkt und katastrophale Defizite im Bildungs- und Gesundheitswesen aufweist.

Hinzu kommt die Umleitung oder, besser gesagt, Veruntreuung von EU-Fördergeldern, die Teil des ungarischen Wirtschaftssystems geworden ist. Milliarden wurden in die Hände von Günstlingsfirmen und Strohmännern gelenkt. Immer wieder kam es zur Suspendierung von Zahlungen, die aber bald wieder aufgehoben wurde.

Und immer mit dabei ist das deutsche Unternehmen Siemens, auch zu Zeiten, als Orbán noch nicht Regierungschef, Korruption also noch nicht institutionalisiert und zentralisiert war. Es geht um massive Korruption und Betrug im Zusammenhang mit dem Bau der U-Bahn-Linie 4 in Budapest. Obwohl nur 7,34 Kilometer lang, mit zehn Stationen, wurde sie zur zweitteuersten U-Bahn in Europa. Der 104-seitige Untersuchungsbericht der Europäischen Antibetrugsbehörde OLAF vom Dezember 2016 (Final Report Nr. OF/2012/0118/B4) ist das Ergebnis einer vierjährigen Ermittlung in diesem riesigen Korruptionsfall, der die Zeit zwischen 2007 bis 2013 betrifft. Es geht um einen Schaden von mindestens 600 Millionen Euro für die europäischen Steuerzahler. Auf Seite 14 dieses Abschlussberichts geht es um den »Fall Siemens« und den Verdacht der Korruption. Den Bericht erhielt sowohl die deutsche als auch die ungarische Staatsanwaltschaft. Er enthielt Beweise für Zahlungen an verschiedene Berater und Medienfirmen und entsprechende Aussagen von Zeugen.

Was dann geschah, ist bezeichnend für die weiteren Ermittlungen. Während eines Treffens zwischen OLAF und deutschen Behörden am 28./29. Januar 2009 wurde vereinbart, dass OLAF »vorübergehend keine weiteren Ermittlungsaktivitäten in Verbindung mit EU-finanierten Projekten in Ungarn« entfaltet. Die Folge war, dass die deutsche Staatsanwaltschaft, so der OLAF-Bericht auf Seite 15, »nur andere von Siemens unterschriebene Verträge weiter untersucht, jedoch nicht die Verträge mit der Budapester U-Bahnlinie Nr. 4«. Dabei, so der Bericht auf Seite 90, ging es um beträchtliche Vorwürfe: »Interessenkonflikte, mit hohen Summen, die an verschiedene politische Entscheidungsträger oder Personen bezahlt wurden, die Einfluss auf die Ausschreibungen nahmen«. Auch in Ungarn ist unter der neuen Regierung wenig unternommen worden, um diesen Korruptionsskandal nachhaltig gerichtlich zu verfolgen.

*

Abseits der großen Mauscheleien illustriert der Fidesz-Bürgermeister der 6000-Einwohner-Gemeinde Izsák, József Mondok, wie sicher man sich offenbar immer noch gegenüber den Aufsichtsbehörden im fernen Brüssel fühlt. Der seit 1998 im Amt befindliche Mondok erhielt 2013 nicht nur eine der lohnenden Tabakhandelslizenzen und damit ein Monopol für seine Gemeinde, sondern betreibt mit seiner Familie auch die einzige Tankstelle der Gegend, ist Vizepräsident des Reiterverbandes, »Meisterjäger« im örtlichen Jagdverein und betreibt eine kleine Landwirtschaft. Für die Renovierung und den Ausbau seiner älteren Jagdvilla zu einer Urlaubspension beantragte er namens der Mondok Kft. EU-Fördergelder. In der lokalen Auswahlkommission, die über solche Anträge zu entscheiden hat, sitzt – József Mondok. Sein Unternehmen erhielt den Zuschlag und 112 500 Euro EU-Fördermittel.

Als die stilgerecht kitschig eingerichtete und mit entsprechenden Jagdtrophäen bestückte Pension fertiggestellt war, erschien sie zwar auf der Website von Izsák, doch man konnte hier keine Zimmer buchen, weil József Mondok ihr einziger Bewohner ist. Nun interessierten sich Journalisten des unabhängigen Internetportals index.hu für den Vorgang. Sie fanden heraus, dass Mondok sein offenbar erfolgreiches Geschäftskonzept auch im Komitat Somogy umgesetzt hat, wo er in Karád ein weiteres Haus auf die gleiche Weise herrichten ließ, das ihm nun als Zweitresidenz dient. Hier waren es sogar 150 000 Euro an EU-Geldern. Fazit: ein durchorganisiertes, amtliches Betrugssystem mit hoher krimineller Energie. Dem steht eine überforderte Brüsseler Bürokratie mit unzureichenden Kompetenzen gegenüber.

*

Kaum für Empörung sorgte auch der Fall des saudischen Milliardärs Ghaith Pharaon, der lukrative Geschäfte im Umfeld von Orbán tätigte und inzwischen vom FBI und von Interpol gesucht wird.[279] Wegen seiner Rolle in der Bank of Credit and Commerce International (BCCI) in den Neunzigerjahren stand er mehr als 15 Jahre auf der FBI-Liste der zehn meistgesuchten Kriminellen. Die Bank befand sich überwiegend im Besitz des Scheichs von Abu Dhabi. Ob Drogengeschäfte,

Waffenkäufe oder Geld für Terroristen – der Bankholding mit Sitz in Luxemburg war kein Geschäft zu schmutzig. Deshalb wurde sie auch die Weltbank des Verbrechens genannt. Sie half außerdem Staatspräsidenten in Südamerika, Afrika oder Asien, das Volksvermögen ins sichere Ausland zu schaffen. Auch der damalige kolumbianische Drogenbaron Pablo Escobar wusch über die Bank seine Drogengelder. Als der türkische Drogenbaron Musullulu, Heroin-Hauptlieferant der sizilianischen Cosa Nostra, in Zürich lebte, verfügte er gleich über mehrere Konten bei der BCCI-Tochter Banque de Commerce et Placement. Nach einem französischen Parlamentsbericht war Ghaith Pharaon in finanzielle Netzwerke eingebunden, die von islamistischen Terroristen benutzt wurden.[280]

In Budapest konnte er ungehindert leben und Geschäfte tätigen. Im Januar 2017 starb er. Das ungarische Innenministerium hatte zu seinen Lebzeiten anscheinend nichts dagegen, dass er sich in Budapest eine teure Immobilie kaufte, vermittelt durch den Schwiegersohn von Viktor Orbán. Der Innenminister wusste nichts über seinen erlauchten Gast, der mit internationalem Haftbefehl gesucht wurde. Bei einem Innenminister, der Mitte der Neunzigerjahre als ungarischer Polizeichef angeblich von einem russischen Mafiapaten kräftig geschmiert worden war, ist das Verhalten seines Ministeriums durchaus verständlich.

*

Bereits im Jahr 2013 enthüllte ein hochrangiger Steuerinspektor, dass viele Firmen Hunderte Millionen Euro an Steuern vermeiden, weil sie politischen Schutz genießen. Daraufhin beschloss die US-Regierung im Jahr 2014, sechs enge Mitarbeiter Orbáns wegen Korruption auf eine schwarze Liste zu setzen und ihnen die Einreise in die USA zu verweigern. Darunter sind die Leiterin des Steueramtes und Mitbegründerin der Fidesz-Partei Ildikó Vida sowie ein enger Berater Orbáns und weitere hohe Beamte. Vida hatte Unternehmern Steuern in Milliardenhöhe erspart, unliebsame Konkurrenten hingegen wurden gegängelt. Die sechs von den USA mit einem Einreiseverbot Belegten sollen zudem Schmiergelder von amerikanischen Großfirmen gefordert haben. Als Gegenleistung seien diesen Firmen Steuererleichterungen versprochen worden.

Das Geld sollte nicht in die Taschen der Beamten fließen, sondern auf Konten der Stiftung Századvég, die persönlich und finanziell eng mit der Orbán-Regierung verbunden ist. Auf der Website der Stiftung war in der Fotogalerie daher auch sehr häufig Viktor Orbán zu bewundern. Die im Jahr 2010, dem Jahr der Fidesz-Machtübernahme, von András Giro-Szász, seit 2012 einer von Orbáns Regierungssprechern, gegründete Wirtschaftsabteilung der Stiftung, zu der ein Meinungsforschungsinstitut gehört, erwarb im Verbund mit einem »Firmenkonsortium« im Jahr 2013 die Mehrheit an der bislang eher unabhängigen Wirtschaftszeitung *Napi Gazdság*. Und niemand weiß genau, welche Geldströme über die Stiftung in Richtung Fidesz fließen. Auf der anderen Seite wird die Stiftung mit Millionen Euro bedacht, die von der Nationalen Entwicklungsagentur als Honorare für Beratungsaufträge überwiesen werden.

Vorstandschef der Stiftung Századvég ist Balázs Fürjes. Er ist inzwischen »Regierungskommissar für Großinvestitionen im Raum Budapest«, das heißt, er ist verantwortlich für große Investitionen in Ungarns Hauptstadt. Und hier profitieren in der Regel die »Amigos« von Orbán.

Eines der Gründungsmitglieder der Stiftung ist István

Stumpf. Er war ebenfalls Minister im ersten Orbán-Kabinett und wurde 2011 in den Rang eines Verfassungsrichters erhoben, obwohl ihm die für ein so hohes Amt notwendigen juristischen Erfahrungen fehlten.

Die unheimliche Wandlung vom Putin-Gegner zum Putin-Freund

Hintergrund einer abenteuerlichen Geschichte ist, dass Viktor Orbán als Vorsitzender der rechtspopulistischen Partei Fidesz in den Neunzigerjahren bis zum Jahr 2010 ein außerordentlich kritisches Verhältnis zum russischen Präsidenten Wladimir Putin hatte. Er war zu Beginn seiner politischen Karriere überzeugter Antikommunist und geprägt von den Jahrzehnten sowjetischer Herrschaft in Ungarn. Noch im Jahr 2010 fiel er dadurch auf, dass er massiv Stimmung gegen die eher russlandfreundliche Politik der seit 2002 regierenden ungarischen Sozialisten machte. Er verteufelte den Kreml und beschimpfte andere europäische Regierungen als »Moskaus Puppen«. Doch dann vollzog er eine abrupte Kehrtwende, nachdem er 2010 zum ungarischen Ministerpräsidenten gewählt worden war. Plötzlich war er Putin sehr gewogen und verteidigt seitdem dessen Politik, von der er auch inzwischen profitiert.

Einer von vielen Belegen für diesen radikalen Sinneswandel ist eine Vereinbarung zwischen Putin und Orbán aus dem Jahr 2014, die mit einem russischen Darlehen von zehn Milliarden Euro den Bau des insgesamt zwölf Milliarden Euro teuren Kernkraftwerks PAKS II ermöglicht. Der Auftrag für die staatliche russische Atomgesellschaft Rosatom wurde nicht öffentlich ausgeschrieben. Die EU-Kommission kümmerte das alles nicht, profitieren von dem Bau des neuen Kernkraftwerks doch auch Konzerne wie Siemens.

Orbáns plötzlicher Seitenwechsel könnte mit seinem Besuch in Sankt Petersburg zusammenhängen. Damals, im November 2009, nahm er als Vizepräsident der Europäischen Volkspartei (EVP), der auch CDU und CSU angehören, am 11. Kongress von Putins Partei »Einiges Russland« teil und traf Putin persönlich. Von diesem Zeitpunkt an hörte er auf, den russischen Präsidenten öffentlich zu kritisieren.

Heute verbreitet die Rhetorik der Orbán-Regierung, ähnlich wie Ungarns extreme Rechte, ideologische Versatzstücke und Verschwörungstheorien, die aus der russischen Propaganda stammen und das Ziel verfolgen, die westlichen kulturellen und politischen Werte zu schwächen.[281]

Ferenc Gyurcsány war von September 2004 bis April 2009 sozialistischer Ministerpräsident von Ungarn. Seit 2011 ist er Vorsitzender der Demokratischen Koalition (Demokratikus Koalíció). Die sozialliberale und proeuropäische Partei ist mit vier Sitzen im ungarischen Parlament vertreten. Gyurcsány erklärte öffentlich, dass Wladimir Putin belastendes Material über Viktor Orbán besitze, was Orbán veranlasst haben soll, seinen vormals russlandfeindlichen Kurs abrupt zu ändern. Gegenüber Journalisten der eher regierungsnahen Tageszeitung *Magyar Nemzet* erklärte er am 8. April 2017, dass dieser Wandel nur erklärbar sei, »wenn man annimmt, dass ihn die Russen erpressen«.[282] In einem Interview mit einem ungarischen Fernsehsender ging er noch weiter: »Ich weiß Folgendes: Die Russen haben den Ministerpräsidenten mit bestimmten Tatsachen und Dokumenten konfrontiert, die so peinlich sind, dass er sich fünfmal überlegen würde, Putins Forderungen abzulehnen.« Auf die Frage des Reporters, ob er diese Dokumente gesehen habe, antwortete Gyurcsány: »Ich habe einiges gesehen, ja.« Und ergänzte: »Der Ministerpräsident sollte mich verklagen, wenn er denkt, dass das, was ich sage, unwahr ist. In diesem Fall werde ich meine Behauptung beweisen.«[283]

Mitte Mai 2017 wurde Orbán von einem Journalisten gefragt, ob er juristische Schritte gegen Ex-Premier Gyurcsány unternehmen werde. Orbán lachte nur und antwortete: »Gegen wen?«[284] Und als wenig später der Vorsitzende der ungarischen Sozialdemokraten Zsolt Molnár vor dem parlamentarischen Nationalen Sicherheitsrat sowohl Orbán als auch Gyurcsány aufforderte, zu den Vorwürfen Stellung zu nehmen, wies Orbán die Aufforderung zurück, und seine Partei Fidesz erklärte, dass sich Gyurcsány durch das Gesundheitskomitee des Parlaments untersuchen lassen solle.[285]

Bei den Vorwürfen geht es unter anderem um einen bekannten Mafiapaten, der in Moskau unter dem Schutz Putins lebt und millionenschwere Investitionen in Ungarn besitzt. Er wird in einem internen strategischen Analysebericht des Schweizer Bundesamtes für Polizeiwesen folgendermaßen beschrieben:

> »Schon lange wird vermutet, dass viele Vertreter der Organisierten Kriminalität von den Staatsorganen, darunter auch dem FSB, gedeckt werden. So lebt etwa Semjon Mogilewitsch, eine der mächtigsten Figuren der russischen OK, der seit 2003 vom FBI wegen Betrug und Geldwäscherei gesucht wird, unbehelligt in Moskau. Es wird behauptet, er sei sogar bei den russisch-ukrainischen Gasverhandlungen zum Teil persönlich anwesend gewesen.«

Das FBI hat ihn sogar auf die Liste der zehn meistgesuchten Verbrecher gesetzt.[286] Im Zusammenhang mit Mogilewitsch wird in Polizeikreisen gerne eine besondere Geschichte erzählt. Demnach fand im Mai 1997 in Budapest eine dreitägige Konferenz statt. In einer alten Kaserne, dem neuen Ausbildungszentrum des FBI für ungarische Polizeibeamte, trafen sich FBI-Beamte mit hochkarätigen Kriminalisten aus verschiedenen europäischen Polizeidienststellen. Gegenstand der Tagung war Semjon Mogilewitsch. Die Konferenz hatte kaum begonnen, als Mogilewitschs Sekretärin einem der höchsten Polizeibeamten Ungarns einen Aktenordner übergab. »Darin«, erinnert sich Lajos Liktor vom ungarischen Landespolizeihauptkommissariat, »lagen hochbrisante Unterlagen über Mogilewitsch«. Sie stammten aus Moskau, von der Zentrale für Organisiertes Verbrechen. »Wenn schon über mich gesprochen wird«, habe Mogilewitsch ausrichten lassen, »dann müssen die Konferenzteilnehmer richtig über mich informiert sein.«

Und dieser Mogilewitsch soll Orbán Mitte der Neunzigerjahre über einen engen Vertrauten eine Million Mark übergeben haben. Das behauptete jedenfalls Dietmar Clodo, ein damals wie heute enger Vertrauter Mogilewitschs. Er erklärte unter anderem in einer mir vorliegenden eidesstattlichen Versicherung: »Der Hauptgrund, warum gerade ich diese Gelder übergeben sollte, war, dass ich nichts mit den Russen zu tun hatte und als Vorsitzender der internationalen Sektion der unabhängigen ungarischen Industrie- und Handelskammer recht seriös war.«[287] Meine Nachfragen bei Viktor Orbán, ob diese Vorwürfe zuträfen, blieben unbeantwortet. Der Anwalt des Moskauer Mafiapaten hat übrigens, nachdem bereits Anfang Februar 2017 ein ähnlicher Vorwurf in russischen oppositionellen Internetforen erhoben worden war,[288] dem Kofferträger des Mannes aus Moskau zu dessen Aussagen gratuliert. Orbán dementierte hingegen, jemals Geld von Mogilewitsch erhalten zu haben, und nannte den Geldüberbringer einen Lügner. Gerichtlich ist er jedoch nicht gegen ihn vorgegangen, ebenso wenig wie gegen die noch wenigen unabhängigen ungarischen Internetportale, die über diesen Vorgang ausführlich berichtet hatten.[289]

Davon einmal abgesehen, ist davon auszugehen, dass weder der Vorwurf von Clodo noch der von Gyurcsány jemals untersucht werden dürften. Zu groß sind die außenpolitischen Übereinstimmungen zwischen Putin und Orbán. Semjon Mogilewitsch tauchte übrigens auch im Zusammenhang mit Donald Trumps undurchsichtigen Geschäftsbeziehungen zu russischen kriminellen Investoren auf.

Eine mutige Stimme meldet sich zu Wort

Er ist einer der wenigen Oppositionspolitiker, die auch juristisch auf Strafverfolgung bei Korruption insistieren. Péter Juhász ist Co-Vorsitzender der kleinen Oppositionspartei Együtt (Gemeinsam). Er gewann einen Prozess gegen einen von Orbáns wichtigsten Helfern, »Propagandaminister« Antál Rogán. Der war zuvor Fidesz-Fraktionschef und Bürgermeister des V. Budapester Stadtbezirks. Während seiner Amtszeit in Budapest privatisierte Rogán insgesamt 277 kommunale Immobilien – sie gingen fast immer unter dem Verkehrswert an Günstlinge, die sich ebenso hinter Off-Shore-Firmen verbargen wie die Kick-back-Zahlungen, die das Geschäft erst »gegenseitig« machen. Das System hatte man von den sozialliberalen Vorgängern übernommen. Doch im Unterschied zu den Vorgängern lebt man es heute, verfeinert und vervielfacht, ohne gerichtliche Konsequenzen aus.

Bei den Auflistungen, die der oppositionelle Juhász anstrengte, fiel ihm ein Deal auf, der nicht nur in die Kreise der üblichen Verdächtigen führte, sondern Kontakte Rogáns zum damals meistgesuchten Kriminellen des Landes, Tamás Portik, offenbarte. Portik stand wegen Mordes vor Gericht und gilt als Kopf der Mineralöl-Mafia der Neunzigerjahre. Juhász äußerte aufgrund seiner Recherchen mehrfach öffentlich, dass »Rogán Kontakte zu Kriminellen hatte« und selbst ein »Krimineller« sei. Es gab Demos, Pressekonferenzen, Petitionen, Anzeigen – allein die Staatsanwaltschaft stellte sämtliche Ermittlungen ein und versetzte Staatsanwälte in die Puszta.

Als Rogán eine Gegenklage anstrengte und das Gericht die Polizei aufforderte, eine Liste mit den verkauften Immobilien zu erstellen, stellte sich heraus, dass die entsprechenden Daten auf der CD vernichtet worden waren. Die Polizei selbst schickte ihre Ermittlungsakten an Rogáns Anwalt. Und die Budapester Staatsanwaltschaft fand keinen Ermittlungsansatz, denn der Zeuge sei schließlich nicht glaubwürdig.[290] In erster Instanz schmetterte ein Budapester Gericht die Verleumdungsklage des Ministers ab. Péter Juhász durfte den Intimus von Viktor Orbán zu Recht als »Kriminellen« bezeichnen, der »Geschäfte mit Kriminellen« machte. Juhász musste dem Gericht »Beweise vorlegen, die seine Anschuldigungen belegen«, was er, so der Richter, »in ausreichendem Umfang tat«. Es sei klar ersichtlich, so das Gericht, dass »Rogán tatsächlich Geschäfte mit Kreisen, die mit Tamás Portik verbunden sind, gemacht hat«. Daher fußten die Äußerungen von Juhász »auf Fakten«. Der Richter ergänzte, dass »die Opposition nicht nur das Recht, sondern auch die Pflicht« habe, die Politik der Regierenden kritisch zu hinterfragen.

Die »öffentliche Debatte muss so offen wie nur möglich geführt werden«. In diesem Sinne seien die Äußerungen von Juhász »nicht aus eigenem Interesse und nicht kritisch gegen Rogán persönlich, sondern aus öffentlichem Interesse« getätigt worden, um das Augenmerk auf die offenen Fragen bei den Immobilienverkäufen unter Rogáns Verantwortung zu lenken. Dass bislang kein Prozess gegen Rogán angestrengt wurde, zeugt von der mangelnden Unparteilichkeit der Generalstaatsanwaltschaft.

Rogáns Geschäfte sind inzwischen international und bewegen sich nur noch im dreistelligen Millionenbereich. In der Riege der Orbán-Günstlinge nimmt er neben Kanzleramtsminister Janos Lázár einen der schillerndsten Plätze ein.

> »Sie sind für Orbán die zwei wichtigsten Exekutoren seiner Macht, sie sorgen sowohl für Ordnung und Gefolgschaft in den eigenen Reihen, organisieren aber auch die Außendarstellung der Fidesz-Politik. Ihr Hauptjob besteht jedoch in der Verflechtung eines haltbaren Netzes für die Umleitung öffentlicher Gelder in die ›richtigen‹ Taschen. [...] bilden sie eine untrennbare Symbiose zwischen mafiaähnlicher Wirtschaftsmacht und Politik. Orbán nutzt die Verflechtungen nach dem altbewährten Prinzip ›Teile und herrsche‹.«[291]

Für Viktor Orbán sind die Beschuldigungen im Zusammenhang mit Korruption oder ehemaligen Verbindungen zu kriminellen Strukturen durchweg Verleumdungen. Sie seien ein »Überbleibsel der kommunistischen Zeit«, als Denunziationen zum System gehörten. »Wir müssen doch froh sein, den Erfolg des jeweils anderen zu sehen, denn diese Erfolge tragen zur Entwicklung des ganzen Landes bei.«[292] Ungarn werde in den kommenden Jahren immer erfolgreicher werden, sagt er. Sich auf sich selbst zu besinnen und seinen Weg zu finden, das sei ja auch die Botschaft des Sieges von Trump in den USA gewesen, welche sich die Ungarn zu eigen machen sollten, und Orbán theatralisch: »Let's make Hungary great again!«[293]

Nicht von ungefähr belegte Viktor Orbán im Jahr 2015 im Korruptionsranking der NGO Organised Crime and Corruption Reporting Project (OCCRP) Platz zwei. Den Spitzenplatz hatte Wladimir Putin. Ungarn steht im jährlich publizierten Korruptionsindex von Transparency International auf dem 57. Platz, gleichauf mit Rumänien und Jordanien. Die gemeinnützige NGO will mit diesem Index »eine machtvolle Botschaft an die Regierungen senden, die diese nicht ignorieren können und auf die sie reagieren und sich vor ihren Bürgern rechtfertigen müssen«. Was das Ranking nicht könne, sei, die tägliche Realität, die Frustration hinter den Zahlen abzubilden, die Umstände der Menschen, die unter diesen Bedingungen in den Ländern lebten und litten, sagte ihr Brüsseler Chef. Transparency International stellte zudem einen direkten Zusammenhang zwischen Regierungsform und -stil einerseits und Anfälligkeit für strukturelle Korruption andererseits fest. Es sei kein Zufall, dass in Staaten, in denen Nepotismus und Autokratie herrsche und populistische Politiker das Ruder übernehmen, binnen Kurzem die Korruptionsfälle nach oben schnellten. In ihrer Analyse von Korruption und Ungleichheit kommt die Organisation zu dem Ergebnis, dass Politiker wie Orbán oder Trump zwar den Kampf gegen das Establishment versprechen, letztlich aber auf eigene Rechnung wirtschaften.[294] Für Ungarn erwähnte Transparency International die vielen neu geschaffenen oder Orbán-angepassten Gesetze, die dazu dienten, amtliche Korruption zu verschleiern und Günstlingen Vorteile zu verschaffen. Als ein Beispiel unter vielen nannte sie die Umleitung von Millionen an öffentlichen Mitteln mithilfe von Stiftungen durch die Nationalbank. Vor diesem Hintergrund verwundert es nicht, dass Orbán und seine Regierungspartei Fidesz unter dem Vorwand, die Beeinflussung aus dem Ausland unterbinden zu wollen, die Säuberung des Landes von Nichtregierungsorganisationen forderten.

Das mafiose System der Spaltung der Gesellschaft

Auf der einen Seite wird durch die Orbán'sche Steuerpolitik derjenige gefördert, der bereits ein hohes Einkommen bezieht. Neunzig Prozent der Steuerersparnisse kommen durch die Flat Tax (16 % auf alle Einkommen) dem oberen Einkommensdrittel zugute, das wiederum – so es unternehmerisch tätig ist – auch noch von der – zumindest in einigen Segmenten – verbesserten Körperschaftssteuer profitiert und daher auch die schweigend genießende Machtstütze Orbáns bleibt.[295]

Auf der anderen Seite wächst die Armut. Laut Statistik leben knapp vier Millionen Menschen unterhalb des Existenzminimums – das ist fast die Hälfte der ungarischen Bevölkerung. Dessen ungeachtet hat die Regierung eine soziale Umverteilung zugunsten der Aktiven und Reichen der Gesellschaft in die Wege geleitet. Ganz bewusst werden die Schwächsten benachteiligt, denn sie sind keine Wähler.

> »Die einzige Wählerschicht, die wirtschaftlich bessergestellt wird und inaktiv ist, sind die Rentner. Die Ärmsten, die Minderheiten, die Arbeitsuchenden sind am

schlimmsten dran. Ganze Landstriche sind von Orbáns Leuten fallen gelassen worden. Orbán versucht, diese ›Trickle-down‹-Ideologie der amerikanischen Republikaner umzusetzen und verteilt das Vermögen um in Richtung der Reichen. In der Wirtschaft versucht er, die Besitzverhältnisse umzukrempeln, von ausländischen Besitzern in Richtung ungarischer Oligarchen.«[296]

Bis zu acht Stunden standen Bedürftige an Weihnachten 2016 in Budapest Schlange, um ein warmes Essen in Empfang nehmen zu können. 1600 Menschen wurden an nur einem Tag verköstigt. Trotz der Kälte harrten bereits um acht Uhr morgens Hunderte Menschen aus, um ab elf Uhr die milden Gaben zu erhalten, die von den Krishnas ausgegeben wurden, die von lokalen Produzenten, Händlern und Zivilorganisationen unterstützt wurden. Am 26. Dezember dann das gleiche Bild. Vom Staat oder von der Stadt Budapest kam hingegen nicht viel. Die amtlichen Hilfsgelder gingen ausschließlich an christliche Hilfsorganisationen oder an NGOs, in denen »Bekannte« von Amtsträgern das Sagen hatten. Der Krishna-»Sekte« hatte man mehrfach die Standorte für ihre Hilfsstände streitig gemacht, obwohl – oder wohl gerade weil – sie so viel Zulauf hatten.

Dagegen brüstet Orbán sich damit, dass die Kinderarmut durch Einführung eines schulischen Essensprogramms, bei dem die Kinder zwischen Schulspeisung und Sozialhilfe für ihre Eltern wählen müssen, »praktisch abgeschafft« sei. Die Zahlen von UNICEF sagen etwas anderes. Angesichts der Tatsache, dass Ungarn zurzeit (2017) die höchste Wachstumsrate in Europa hat, ist das Folgende nur schwer erträglich. So erhielten Familien mit einem Monatseinkommen von weniger als 25650 Forint (82 Euro) bisher eine Hilfszahlung von monatlich maximal 45568 Forint (146 Euro), sodass sie am Ende – bei abzugsfreier Auszahlung – mit 330 Euro ungefähr auf den gesetzlichen Bruttomindestlohn eines Arbeitnehmers kamen. Ab 1. März 2017 ist jedoch eine Reihe von Änderungen bei der Sozial- und Familienbeihilfe für sozial Schwache in Kraft getreten. Rund 50 000 gänzlich von Sozialhilfe abhängige Familien müssen nun einen Neuantrag stellen, wobei ein Familienmitglied nachweisen muss, mindestens 30 Tage im Jahr eine Arbeitsstelle gehabt oder an einem kommunalen Beschäftigungsprogramm teilgenommen zu haben. Bereits seit 2012 gilt die Ablehung einer angebotenen »Közmunka« als Streichungsgrund für Sozialhilfe. Ab März 2017 ist der maximal beziehbare Sozialhilfebetrag auf 22800 Forint (73 Euro) pro Monat und pro arbeitsfähigem Erwachsenen begrenzt, vorausgesetzt, er erfüllt die sonstigen Kriterien. Hinzu kommt die Möglichkeit, über einen ministeriellen Antragsweg – also nicht über die Kommune – jährlich einen »Kindererziehungszuschuss« in Höhe von umgerechnet rund 850 Euro zu beziehen, unabhängig von der Zahl der Kinder. Die maximal beziehbare Leistung für eine fünfköpfige Familie (2 Erwachsene, 3 Kinder) beträgt damit rund 53 000 Forint im Monat (170 Euro). Das sind ungefähr 34 000 Forint bzw. 110 Euro weniger als das von der Regierung definierte »Existenzminimum« und rund 50 Prozent weniger als zuvor.

Dies ist jedoch nur einer von vielen anderen Indikatoren, die dokumentieren, dass die Neuen Paten keinerlei Interesse am Gemeinwohl haben, sondern lediglich ihre eigene Vermögensvermehrung im Blick haben. Was die Gesundheitsversorgung angeht, liegt nach einem aktuellen Euro-Gesundheits-Patienen-Index Ungarn auf Rang 30 von 35 in Europa untersuchten Staaten.[297] Besonders auffällig ist die im Vergleich zu anderen europäischen Ländern niedrige Überlebensrate bei Krebs von nur fünf Jahren.

> »Immerhin hat die ungarische Regierung seit 2012 die Gelder für Krebstherapien massiv gekürzt, vor allem für ›hoffnungslose‹ Fälle. Diese amtliche Euthanasie, gepaart mit der hohen Krebsrate, ungesunder Lebensweise und mangelnder Frühuntersuchung muss sich zwangsläufig in solchen ›Überlebensraten‹ niederschlagen.«[298]

Dafür gibt es – und hier steht Ungarn ganz vorne – das sogenannte Handgeld, das heißt Bestechungsgeld für Ärzte und Pflegepersonal für eine bessere Betreuung. »Hier besteht eine besondere Leistung der Fidesz-Regierung darin, diese besonders perfide, mitunter tödliche Art der Korruption legalisiert zu haben.«[299]

Die Feinde der Familie werden ausgeschaltet

Ohne freie Presse keine Freiheit, keine Demokratie. In keinem europäischen Land hat sich die Medienlandschaft in den letzten Jahren derart radikal verändert wie in Ungarn. Als Orbán im Jahr 2010 die Parlamentswahl gewann, war eine seiner ersten Entscheidungen der Beschluss eines repressiven Mediengesetzes. Es erlaubte fortan den Behörden, sämtliche ungarischen Sender, Zeitungen und Internetportale zu kontrollieren und gegebenenfalls zu bestrafen. Staatliche Unternehmen schalteten keine Anzeigen mehr in den kritischen Medien. Im Gleichschritt mit dem Abbau der demokratischen Institutionen und Mechanismen fand die Gleichschaltung der Medien zugunsten von Orbáns Familie statt, die sich sowohl der Legislative als auch dubioser Finanzierungen und teilweise mafioser Methoden bediente, um unabhängige Stimmen zum Schweigen zu bringen.

> »Während Orbán in den Medien substanziellen Rückhalt hatte, bevor er 2010 an die Macht kam, übernahm er durch einen Putsch gegen die am meisten geachteten Journalisten schnell die Kontrolle über die öffentlichen Rundfunkmedien. Dann brachte er die privaten Druck-, Digital- und Rundfunkmedien zur Räson, indem er einen abhängigen Medienrat einsetzte, der berechtigt ist, ruinöse Strafen gegen Medien zu verhängen, die gegen vage formulierte inhaltliche Standards verstoßen haben.«[300]

Schon seit Längerem steht die demokratische Zivilgesellschaft in Ungarn massiv unter Druck. Als einer der Neuen Paten duldet auch Viktor Orbán keinen Widerspruch. So fanden im Jahr 2014 auf persönliche Initiative Orbáns Hausdurchsuchungen bei unliebsamen Nichtregierungsorganisationen statt. Vorgeworfen wurde ihnen Missbrauch bei der Vergabe ausländischer Gelder. Den Vorwurf musste die Regierung später wieder fallen lassen. Seit Beginn der Flüchtlingskrise wirft Orbán Menschenrechtsorganisationen wie Amnesty International, Human Rights Watch oder dem ungarischen Helsinki-Komitee vor, zusammen mit George Soros, dem »internationalen Kapital«, »liberalen Weltmedien« und Menschenschmugglern eine Allianz zur Zerstörung der europäischen Nationalstaaten gebildet zu haben und massenweise islamistische Terroristen nach Europa zu schleusen.

*

Die undemokratische Politik eines Viktor Orbán ändert nichts daran, dass einer seiner wichtigsten Minister sogar zum EU-Kommissar gekürt wurde. Tibor Navracsics war von 2010 bis 2014 Minister für Verwaltung und Justiz und ist seitdem EU-Kommissar für Bildung, Kultur, Jugend und Sport. Das heißt, der Mann, der das System des Neuen Paten politisch mitgetragen hat, ist nun europäischer Spitzenbeamter. Die Venedig-Kommission hatte im Jahr 2012 heftige Kritik an ihm geübt, als er die neue Justizreform verkündete. Die Reform gefährde die Unabhängigkeit der Gerichte.

> »Das in der ungarischen Rechtsordnung verankerte Recht auf ein faires Verfahren entspräche nicht dem Mindeststandard des Art. 6 EMRK, an dem die Gesetzesänderungen gemessen werden. Die Unabhängigkeit des gesamten Gerichtswesens und besonders die Unabhängigkeit der einzelnen Richter seien gefährdet, so das Urteil des Ausschusses.«[301]

Bei der Anhörung im Europäischen Parlament wurde Navracsics von Abgeordneten der Sozialisten gefragt, wie er denn kulturelle Vielfalt sicherstellen wolle, wo seine Regierung doch gezeigt habe, dass sie die liberalen Werte Europas nicht teilt? Seine Antwort schien die Skeptiker zufriedenzustellen. »Wenn Sie mich als Kommissar bestätigen, werde ich einer der Wächter der Verträge sein. Ich werde alle Prinzipien beschützen in der Kultur, aber auch Minderheiten sind wichtig.« Kommentiert wurde das von dem kritischen ungarischen Online-Medium *PesterLloyd* wie folgt:

> »Die Anhörung des umstrittenen ungarischen Kandidaten als EU-Kommissar für Bildung, Kultur, Jugend und

Citizenship war zwar unterhaltsam, aber eine Enttäuschung. Ein aalglatter, Kreide speiender Kandidat, der gebetsmühlenartig europäische Bekenntnisse absonderte und ansonsten auswich – sowie schlecht vorbereitete bis hirnrissige Fragesteller. Der Punkt ging in dieser Runde an den Orbán-Mann, denn der packte die EU an ihrer schwachen Stelle – der mangelnden Hoheit über die Grundwerte der Gemeinschaft«.[302]

5. KAPITEL

Der islamistische Neue Pate – Recep Tayyip Erdoğan

Rechtsstaats- und Demokratieverachtung, totalitärer Herrschaftsanspruch, verbunden mit skrupelloser Bereicherung des eigenen Clans und dessen Amigos in der Wirtschaft, zeichnet nicht nur den US-Präsidenten Donald Trump, den russischen Präsidenten Wladimir Putin oder Ungarns Viktor Orbán aus, sondern auch den türkischen Präsidenten Recep Tayyip Erdoğan. In seiner Verteidigungsrede vor dem Istanbuler Gericht klagte der angesehene liberale Journalist und Publizist Ahmet Sik, dem, wie anderen unabhängigen Journalisten, vorgeworfen wird, eine Terrororganisation zu unterstützen, am 27. Juli 2017: »Ich klage an. Diese Operation, die sich gegen uns richtet, ist nichts anderes als die Jagd auf die Gedanken-, Meinungs- und Pressefreiheit. Und einige Mitglieder der Justiz haben die Aufgabe übernommen, der Lynchmob dieser Jagd zu sein.«[303] Mit Stand August 2017 befinden sich weit über 200 000 Menschen in der Türkei in Haft, die meisten aus politischen Gründen. Es ist in der 90-jährigen Geschichte der türkischen Republik ein neuer Rekord.

Und von wem bekommt Erdoğan Unterstützung? Vom ungarischen Regierungschef Viktor Orbán. Denn »Ungarn steht an der Seite seiner Freunde, an der Seite der Türkei, ›auch wenn das unbequem ist‹«.[304]

*

Finanzielle Beteiligungen am Drogenhandel, die Kontrolle über das Glücksspiel und das Ausschalten unliebsamer Konkurrenz auch in anderen Wirtschaftszweigen durch bezahlte Killer bildeten bis Ende der Neunzigerjahre des vorigen Jahrhunderts das zentrale Machtgerüst der türkischen Politik. Das heißt, es gab in der Türkei schon immer eine symbiotische Beziehung zwischen Politik und Mafia. Doch all das ist nichts im Vergleich zu dem mafiaartigen System, das der heutige türkische Präsident Erdoğan in den letzten Jahren entwickelt hat – ein staatstragendes System. So hat Erdoğan durchgesetzt, dass Geldwäsche quasi ganz legal ist, denn Firmen oder Privatpersonen können Geld in beliebig hohen Summen in die Türkei einführen. Die Behörden dürfen weder Fragen stellen noch mögliche Gesetzesverstöße verfolgen. Davon profitierte, abgesehen von kriminellen Organisationen in der Türkei oder in Europa, auch Erdoğans Schwiegersohn Berat Albarak.

*

Widerstände im klassischen Mafiasystem wurden in der Vergangenheit durch blutige Auseinandersetzungen zwischen einzelnen kriminellen Clans ausgetragen. Tatsache ist, dass die klassische türkische Organisierte Kriminalität bereits in den Siebziger- und Achtzigerjahren des vorigen Jahrhunderts außerordentlich stark war und über engste Verbindungen in den türkischen Staatsapparat verfügte. Nicht zufällig kam der Vorsitzende der 17. Strafkammer des Landgerichtes Frankfurt, Rolf Schwalbe, am 21. Januar 1997, im Prozess gegen drei türkische Drogendealer zu der Einschätzung, dass es enge Verbindungen von Heroinhändlern zur türkischen Regierung gegeben habe. In seiner Urteilsbegründung stand:

> »Der Drogenhandel von der Türkei nach Deutschland und in andere europäische Länder wird von den Familien Senoglu und Baybasin organisiert, und diese Familien werden, nach den Aussagen der Zeugen, von der türkischen Regierung geschützt, und das macht es schwierig, den ganzen Umfang dieses Verkehrs öffentlich zu machen. Man behauptet, dass diese zwei Händlerfamilien extrem enge Beziehungen mit einem weiblichen türkischen Minister haben. Dies habe sich während des Prozesses herausgestellt.«[305]

Die türkische Regierung in Ankara protestierte vehement gegen diese Aussage. Denn bei dem weiblichen türkischen Minister handelte es sich um die damalige türkische Außenministerin und spätere Ministerpräsidentin Tansu Ciller. Ein Sprecher des türkischen Außenministeriums bezeichnete die Aussagen des Richters als »Beschädigung des nationalen Stolzes der Türkei«. Wie immer, wenn es um den NATO-Partner Türkei geht, wollte sich die Bundesregierung vornehm zurückhalten. Das Bundeskriminalamt machte, gemäß Order aus dem Innenministerium, einen Rückzieher: »Es gibt keine konkreten Anhaltspunkte für die Beteiligung, Verwicklung oder Duldung des Drogenhandels durch die türkische Regierung.« Wenige Tage nach dem Frankfurter Urteilsspruch erklärte der britische Innenminister Tom Sackville gegenüber der *Sunday Times,* er sei »beunruhigt über die

Berichte, die belegen, dass selbst Mitglieder der Polizei und der türkischen Regierung in den Drogenhandel verwickelt sind«.[306]

*

Heute geht es in der Türkei unter Staatspräsident Erdoğan um viel mehr – um die Zerschlagung der Demokratie durch militärische Gewalt und private Söldner sowie scheindemokratische Volksabstimmungen. Am 16. April 2017 entschied sich eine knappe Mehrheit der Türken in einem von Erdoğan angesetzten Referendum für eine weitreichende Verfassungsänderung, die dem Präsidenten eine diktatorische Stellung sichert und voraussichtlich mit der Wahl im November 2019 in Kraft treten soll. Das Referendum fand während des Ausnahmezustands statt, der nach dem angeblichen Militärputsch am 15. Juli 2016 ausgerufen wurde. Laut Aussagen der Opposition wurden bei den Auszählungen an den Wahlurnen, auch an den Wahlurnen aus dem Ausland, über 2,5 Millionen irreguläre Stimmzettel gefunden, das heißt, es fehlte das notwendige Siegel. Die Stimmzettel wurden trotzdem für gültig und alle Beschwerden dagegen für unbegründet erklärt.

Die Gegner des Verfassungsreferendums hatten kaum Möglichkeiten, ihre Argumente in den öffentlichen Medien darzustellen. Im Südosten der Türkei, wo fast ausschließlich Kurden leben, wurden massive Wahlmanipulationen festgestellt, Dutzende Bürgermeister und Abgeordnete der HDP verhaftet. Wenn die Verfassungsänderung im Jahr 2019 in Kraft tritt, kann der Neue Pate alle demokratischen Institutionen endgültig ausschalten – angefangen hat er damit schon längst. Die Türkei kennt bereits jetzt keine unabhängige Justiz mehr, Presse- und Meinungsfreiheit existieren nicht mehr, oppositionelle Politiker sitzen entweder im Gefängnis oder schweigen, von Ausnahmen abgesehen, aus Angst vor Verhaftung, Folter oder Schlimmerem.

All das unterscheidet Recep Tayyip Erdoğan von seinem Amtskollegen Donald Trump. Das Referendum war eine Farce, so die übereinstimmende Reaktion der internationalen demokratischen Öffentlichkeit. Neben der früheren türkischen Ministerpräsidentin Tansu Ciller, die einst mit Erdoğans Vorgänger, dem Islamisten Erbakan, eine Koalitionsregierung bildete, gratulierten ihm nur wenige internationale Regierungschefs. Trump war einer von ihnen. Liegt es an dem gemeinsamen Faible für autoritäre Politik, oder stecken noch andere Motive dahinter? Tatsache ist, dass Trumps Familie direkte Verbindungen zu Erdoğan hat. Im April 2012 beispielsweise traf Erdoğan bei der Einweihung des Trump Towers in Istanbul auf die Trump-Familie.[307] Und ein korrupter Banker, der die Familie Erdoğan und einige seiner Minister mit hohen Geldbeträgen geschmiert haben soll, wird von Rudolph Giuliani anwaltlich vertreten, einem engen Verbündeten Trumps, der kurzzeitig sogar als US-Justizminister im Gespräch war.

Der unaufhaltsame Aufstieg des Neuen Paten

Recep Tayyip Erdoğan, am 26. Februar 1954 im Istanbuler Stadtteil Kasimpasa geboren, ist der Sohn eines Hafenarbeiters. Er hat drei Brüder und eine Schwester. Als Kind schon lernte er körperliche Gewalt kennen. Die Autorin Cigdem Akyol schreibt über eine Bestrafung des damals Fünf- oder Sechsjährigen, der gegenüber einer Nachbarin geflucht hatte:

»Mein Vater kam herein, möge er in Frieden ruhen. [...] Er packte mich und hängte mich unter die Decke. Ob er mich dafür an den Händen oder unter den Achseln gefesselt hat, weiß ich nicht mehr. Ich blieb fünfzehn oder zwanzig Minuten hängen, bis mein Onkel kam und mich rettete.«[308]

Solche Maßnahmen seien sinnvoll gewesen, sagte er später dazu. Heute lebt Erdoğan in seinem illegal gebauten Ak Saray, dem Präsidentenpalast mit mehr als 1100 Zimmern. Illegal deshalb, weil der Protzbau laut Gerichtsurteilen in einem Naturschutzgebiet errichtet wurde. Aber Gerichtsurteile gegen den Neuen Paten sind bedeutungslos. Der 200 000 Quadratmeter große Palast in Ankara ist sechsmal so groß wie das Weiße Haus und kostete den türkischen Steuerzahler eine halbe Milliarde Euro. Erdoğans Begründung für den Bau des Palastes? In seinem damaligen Ministerpräsidenten-Büro habe es Kakerlaken im Badezimmer gegeben, erklärte er gegenüber Journalisten des Fernsehsenders A-Haber.[309] In einer architekturkritischen Betrachtung schrieb Dieter Bartetzko: »Das Riesenensemble erinnert wechselnd an Ceauşescus Marmorkoloss ›Casa Poporului‹ oder an ›Al Salam‹ in Bagdad, jenen altorientalisch verbrämten Bunker, den sich Saddam Hussein errichten und wie zum Hohn Friedenspalast nennen ließ.«[310] Für den Größenwahn des Mannes in diesem Palast spricht eine Rede, die der Neue Pate der Türkei im Oktober 2015 auf einer Kundgebung anlässlich des 562. Jahrestags der Eroberung Konstantinopels (das heutige Istanbul) hielt: »Eroberung heißt Mekka. Eroberung heißt Sultan Saladin, heißt, in Jerusalem wieder die Fahne des Islam wehen zu lassen.«[311] Auch in ihren maßlosen territorialen Herrschaftsansprüchen ähneln sich die Neuen Paten.

Die engen Familienbande

In der klassischen Mafia ist die Familie die dominante gesellschaftliche Organisationsform. Der Kern des Familienclans besteht aus der engen Verwandtschaft. Durch strategische Eheschließungen, Patenschaften und Gefolgschaften entstehen weitere Verflechtungen, die dem Machterhalt dienen. Neben der biologisch verwandten Familie spielen die Verflechtungen mit politisch einflussreichen Personen eine große Rolle. Die Mitglieder der jeweiligen Mafiafamilie sind ihrem Capo dei Capi zu unbedingtem Gehorsam verpflichtet. Im Gegenzug garantiert er Schutz und Hilfe. Verstöße gegen die Regeln werden bestraft. Charismatisches Auftreten und große Gewaltbereitschaft sind Grundvoraussetzungen, um an die Macht zu kommen. Eine starke Persönlichkeit und eine autoritäre Ausstrahlung sorgen für Respekt und hohes Ansehen unter der Bevölkerung. Mit großzügigen Gesten und »kostenlosen« kleineren Gefälligkeiten erhöht er seine Reputation.

Nimmt man diese Schablone und überträgt sie auf den Neuen Paten Erdoğan, so ergibt sich eine Vielzahl von Übereinstimmungen. »Es ist die Rolle des durchsetzungsstarken Vaters, die Erdoğans Anhänger an ihm lieben und die er ihnen gerne darbietet«, schreibt Daniel Steinvorth in der *Neuen Zürcher Zeitung*. »Er, der seine Familie versorgt und sie vor Feinden schützt. Er, der seine aufmüpfigen Kinder maßregelt und sie bestraft, ihnen gelegentlich auch mit Nachsicht begegnet.«[312]

Erdoğans Söhne besuchten Universitäten in den USA, angeblich finanziert von einem Textilunternehmer. Die Studiengebühren sollen bis zu 100 000 Euro pro Jahr betragen haben. »Über Gegenleistungen wurde nur hinter vorgehaltener Hand spekuliert.«[313]

Schutz und Nachsicht gewährte Erdoğan unter anderem seinem ältesten Sohn Ahmet Burak. Er ist heute im Seefrachtgeschäft tätig, und ihm gehören mittlerweile 99 Prozent Anteile an dem Unternehmen MB Denizcilik. Am 11. Mai 1998 überfuhr er im Istanbuler Stadtviertel Şişli, auf der Abide-i Hürriyet Straße, mit seinem Opel auf einem Zebrastreifen Sevim Tanürek, die bekannte Sängerin traditioneller türkischer Musik. Sie erlag fünf Tage später im Deutschen Krankenhaus ihren schweren Verletzungen. Der Kolumnist der Zeitung *Hürriyet,* Emin Çölaşan, schrieb am 18. Oktober 1998: »Bei Verkehrsunfällen mit Todesfolge wird der Fahrer meist festgenommen. Der Sohn Tayyips wurde nicht festgenommen.« Im Gegenteil. Das Gericht befand die Musikerin für schuldig. Ahmet Burak Erdoğan wurde freigesprochen.

Der Journalist Mustafa Hoş hat sich intensiv mit den Merkwürdigkeiten des Gerichtsprozesses beschäftigt. Zu diesen Merkwürdigkeiten gehört, dass zum Beispiel keine Zeugen des Unfalls gehört wurden. Dass Ahmet Burak Erdoğan seinen Führerschein erst nach dem Unfall bekam, also ohne Führerschein unterwegs war, wurde überhaupt nicht thematisiert. Ob Erdoğans Sohn Fahrerflucht begangen hatte, wurde ebenfalls nicht untersucht. Der Beschuldigte selbst nahm nie an dem Gerichtsprozess teil. Offiziell hielt er sich während des Verfahrens in einer Sprachschule in London auf. Der Verkehrsgutachter änderte später seine Meinung zum Unfallhergang und stellte fest, die Sängerin sei selbst schuld an ihrem Tod. Dafür wurde er von Erdoğan mit dem Posten des Vizechefs der staatlichen Schifffahrtsgesellschaft betraut.

Sevim Tanüreks Ehemann sagte damals: »Er hat meine Frau getötet. Ich werde trotz Druck und Drohungen nicht aufgeben.« Aber er hat aufgegeben. Warum? Mustafa Hoş schrieb dazu:

»Erschütterndes Detail im Prozess ist, dass der Ehemann und der Sohn der gestorbenen Künstlerin sich von diesem Prozess zurückziehen. Bekamen sie Blutgeld? Wie haben sie es verhandelt? Was bedeuten die Worte des Ehemanns Ahmet Ürek ›Es wurde viel Druck ausgeübt‹, ›Wir sind bedroht worden‹, ›Es waren viele, die darum gebeten haben‹?«

Die Verwandten Ahmet Üreks sicherten zu, auf keinen Fall Blutgeld zu fordern oder darüber zu verhandeln. Aber Sevim Tanürek hatte sich kurz vor dem Unfall auf eine USA-Tournee vorbereitet. Für ihre Konzerte erhielt sie 50 Milliarden Lira (nach damaliger Währung etwa 180 000 US-Dollar) Vorschuss. Sie verteilte dieses Geld unter den Musikern, damit sie zum Konzert in die USA reisen konnten. Mit dem Rest bezahlte sie ihre Schulden. Nach ihrem Tod forderte der Organisator der Tournee dieses Geld zurück. Ihr Mann versuchte die Summe zu beschaffen, doch es gelang ihm nicht.

*

Erdoğans zweitältester Sohn Bilal wurde in verschiedenen Medien immer wieder mit dubiosen Ölgeschäften und dem IS in Verbindung gebracht. Im August 2015 wurde der Vorwurf laut, der Reichtum des IS beruhe zum Teil auf dem »Familien-Business« der Erdoğans. Öfter fiel im Zusammenhang mit Bilal Erdoğan der Begriff »Ölminister der IS-Milizen«. »Schon im Mai 2014 fragte die türkische Tageszeitung *Cumhuriyet* in der Überschrift eines Artikels: »Was machen Bilals Schiffe an der syrischen Küste?« Doch stichhaltige Belege für die Verbindungen fehlten, auch wenn die Protokolle abgehörter Telefonate den Vorwurf bestätigten. Außerdem soll

Bilal Erdoğan in einen Korruptionsskandal involviert gewesen sein. Darin geht es um drei Millionen Dollar Schmiergeld, die er gezahlt haben soll, um öffentlichen Grundbesitz in Istanbul, dessen Marktwert sich auf eine Milliarde US-Dollar belief, für weniger als 500 Millionen US-Dollar zu erhalten. Auch gegen Bilals TÜRGEV-Stiftung, hinter der sich ein Netz an Privatschulen verbirgt, ermittelte die Staatsanwaltschaft. Die Stiftung soll unentgeltlich Grundstücke erhalten haben – durch Vermittlung aus den Reihen der AKP. Eine Vernehmung Bilal Erdoğans wurde von seinem Vater dadurch verhindert, dass er den Staatsanwalt von seinen Aufgaben entbinden ließ.

Bei TÜRGEV handelt es sich um eine Stiftung, die 1996 unter der Führung von Recep Tayyip Erdoğan gegründet wurde. Die Abkürzung steht für *Türkiye Gençlik ve Eğitime Hizmet Vakfı*, zu Deutsch: »Türkische Stiftung für Dienstleistung an die Jugend und Erziehung«. Im Stiftungsrat sitzen Erdoğans Sohn Bilal und seine Tochter Esra Albayrak, die Ehefrau des türkischen Energieministers. Wie reich diese Stiftung tatsächlich ist, weiß niemand. Und ihre Praktiken sind bestenfalls dubios. So wurde eine Liegenschaft im Istanbuler Stadtteil Fatih, die der Bewegung des Predigers Gülen gehörte und als Studentenwohnheim genutzt wurde, klammheimlich der TÜRGEV übereignet.[314]

Im September 2015 reiste Bilal Erdoğan mit seiner Ehefrau, den Kindern und einer Handvoll Leibwächter nach Italien. Angeblich, um eine Dissertation in Politikwissenschaft abzuschließen, die er 2007 in den USA begonnen hatte. Mit seiner Familie bezog er eine Wohnung in Bologna. Im März 2016 verließ er Italien dann fluchtartig und kehrte in die Türkei zurück. Der Grund war, dass die italienische Staatsanwaltschaft auf die Anzeige eines türkischen Unternehmers hin gegen ihn wegen Geldwäsche ermittelte. Der Unternehmer warf Bilal vor, sich mit dem Familienvermögen der Erdoğans nach Italien abgesetzt zu haben, um das aus Korruptionsaffären stammende Geld zu waschen. Als Recep Tayyip Erdoğan von den Ermittlungen der italienischen Staatsanwälte gegen seinen Sohn Bilal in Italien erfuhr, tönte er: »Wäre mein Sohn nach Italien eingereist, wäre er vermutlich verhaftet worden. Was soll das? Mein Sohn, ein gescheiter Mann, wird der Geldwäsche bezichtigt. Statt meinen Sohn zu schikanieren, sollte Italien sich lieber um die eigene Mafia kümmern.« Die Reaktion des italienischen Ministerpräsidenten Matteo Renzi ließ an Klarheit nichts zu wünschen übrig: »In diesem Land folgen die Richter dem Gesetz und der italienischen Verfassung, nicht dem türkischen Präsidenten. Das nennt man Rechtsstaatlichkeit.«[315] Letztlich wurde das Verfahren aber mangels Beweisen eingestellt.

Sümeyye Erdoğan, die 34-jährige, jüngste Tochter von Recep Tayyip Erdoğan, heiratete im Mai 2016 in Istanbul Selçuk Bayraktar – 6000 Gäste kamen zu der streng abgeschirmten Hochzeitsfeier. Der Präsident höchstpersönlich soll diese Ehe arrangiert haben. Sümeyye hatte in der Zeit, als ihr Vater Ministerpräsident war, als außenpolitische Beraterin der AKP gearbeitet. Der Familie des Bräutigams gehört der Baykar-Konzern, der im Verteidigungssektor aktiv ist und unter anderem Drohnen produziert. Sümeyye sitzt, wie ihr Bruder Bilal, im Vorstand der TÜRGEV-Stiftung. Daneben soll sie Spezialabteilungen in türkischen Krankenhäusern für verletzte IS-Kämpfer unterhalten haben.

Erdoğans älteste Tochter Esra heiratete 2004 den Unternehmer Berat Albayrak. Er hat in den USA ein Studium der Finanzwissenschaft absolviert, das von einem türkischen Unternehmer bezahlt wurde. Im Jahr 2002 wurde er Finanzchef für das Amerika-Geschäft der Calik-Holding, eines großen türkischen Familienunternehmens, dem unter anderem die Mediengruppe Turkuvaz gehört und damit die einflussreiche Tageszeitung *Sabah* und der Nachrichtensender A Haber. Drei Jahre später war Albayrak dort bereits Geschäftsführer. Im Jahr 2015 wurde er für die Regierungspartei AKP ins Parlament gewählt und zum Minister für Energie befördert.

Recep Tayyip Erdoğans Einkommen ist bis heute unbekannt. Nach seiner Amtszeit als Oberbürgermeister von Istanbul (1994–1998) gewährte er, auf öffentlichen Druck hin, einmal Einblicke in seine damaligen Vermögensverhältnisse. Demnach hatte er 850 000 Euro auf seinem Konto deponiert und war Besitzer zweier Grundstücke. Im Jahr 2010 wurden WikiLeaks-Berichte des damaligen US-Botschafters Eric Edelman in Ankara vom Dezember 2004 bekannt. Darin wurde behauptet, dass Erdoğan acht Konten in der Schweiz besitze und sich bei der Privatisierung einer staatlichen Ölraffinerie bereichert habe. Der US-Botschafter wies außerdem darauf hin, dass es in Erdoğans Zeit als Oberbürgermeister Kick-backs bei der Auftragsvergabe durch die Stadtverwaltung gegeben habe, diese Vorwürfe aber nie überprüft worden seien.[316] Erdoğan, inzwischen schon Ministerpräsident, bestritt die Vorwürfe. Das ist länger als zehn Jahre her. Experten schätzen sein derzeitiges Vermögen auf mehr als 150 Millionen Euro. Der »Sultan vom Bosporus« selbst beteuert immer wieder, dass er nichts zu verbergen habe. Dennoch behält er Zahlen und Fakten meistens für sich.[317] Das ist auch nicht anders zu erwarten. Denn was bei der Mafia die Omertà, die Schweigepflicht, ist, das ist bei den islamistischen Paten das Takiyye. Der türkische Journalist Tarkan S. (Name geändert) beschrieb es mir folgendermaßen:

»Persische Schiiten haben den Begriff ›Takiyye‹ geprägt. Das bedeutet, dass sich ein gläubiger Moslem unter Druck und bei Gefahr, vernichtet zu werden, verstellen darf. Er darf Wein trinken, Schweinefleisch essen und sich so benehmen wie seine Unterdrücker – bis er wieder stark genug ist, um zu seinem Ursprung zurückzukehren.«

Die inzwischen neu entstandene islamische Elite sieht sich in der direkten Nachfolge des Osmanischen Reiches. Die von Mustafa Kemal Atatürk 1923 begründete laizistische türkische Republik betrachtet sie als Ausnahmefall und gibt sich nach der Machtübernahme Erdoğans abermals osmanischen Machtfantasien hin.

Diese neue Elite hat – inspiriert vom Takiyye – eine weitere aggressive Verstellungstaktik gewählt, die nach dem soeben skizzierten »Dschihad-Verständnis« alles erlaubt, was der eigenen Stärkung dient und das säkulare System schwächt. Denn, so der kundige türkische Journalist Tarkan S. in einer ausführlichen Analyse: »Dschihad gegen das System und seine Gottlosen. Die Islamisten unternahmen im Namen von Allahs Ordnung alles, um an die Macht zu kommen und ihre Macht so weit wie möglich auszubauen.«[318] Das heißt, Korruption, Geldwäsche, Waffenhandel oder Drogenschmuggel konnten stets mit dem »Dschihad« legitimiert werden.

Erdoğans Vorgänger war der inzwischen verstorbene ehemalige türkische Ministerpräsident Necmettin Erbakan. Er verfügte über das gesamte Vermögen der islamistischen Fazilt Partisi. Seine Begründung war, dass die islamischen Parteien in der Türkei häufig verboten würden. Damit ihr Vermögen nicht vom Staat beschlagnahmt werden könne, müsse er persönlich darüber verfügen können. Islamische Holdings entstanden, die in Deutschland und Österreich Tausende Türken um ihre Ersparnisse brachten. Hier kommt die islamistische Organisation Milli Görüs (Nationale Weltsicht) ins Spiel, aus deren Reihen heute einige AKP-Abgeordnete kommen. Weil es rechtgläubigen Muslimen verboten ist, ihr Geld auf einem Sparkonto anzulegen und damit Zinsen zu erzielen, legen sie Bares vorzugsweise bei bestimmten Holdings an. Allein Kombassan, die bekannteste Holding, soll Ende der Neunzigerjahre mehr als drei Milliarden Mark von etwa 65000 Anlegern gesammelt haben. Die Kombassan-Holding gehörte laut einem Bericht des bayerischen Verfassungsschutzes zu einem Netzwerk von Unternehmen, die Milli Görüs sponserten. Sowohl das Bundeskriminalamt als auch Wirtschaftskriminalisten der Würzburger Kripo beschäftigten sich intensiv mit Kombassan und den undurchsichtigen Finanzströmen, zumal vermutet wurde, dass auch islamistische Terroristen in den Genuss der Gelder kamen. Die Steuerfahndung Würzburg beispielsweise stellte fest, dass »Kombassan im Wesentlichen aus einem Schneeballsystem mit einem Anlagevolumen von mehr als zwei Milliarden DM finanziert worden ist«. Auch hier gab es Verbindungen zu Milli Görüs. »Einer der zahlreichen Geldeinsammler der Kombassan ist E.K., der nach Feststellungen des hessischen Landeskriminalamtes von Milli Görüs in Aschaffenburg ist.« Und in einem Schreiben der Steuerfahndungsstelle Würzburg an das Bundeskriminalamt Meckenheim vom 26. Februar 2002 wird zusammenfassend festgestellt, dass »neben den Steuerhinterziehungen auch Verdachtsmomente für Wirtschaftskriminalität und eventuelle Organisierte Kriminalität gegeben sein dürften«. Im September 2017 begann der Prozess wegen Betrugs und Steuerhinterziehung.

Diese Holdings trugen zur finanziellen Kraft der türkischen Islamisten bei. Erdoğan gründete am 14. August 2011 seine eigene Partei, die AKP. Diejenigen, die in den Neunzigerjahren eng an Necmettin Erbakan gebunden waren, führen heute also die AKP, und Erdoğan setzt fort, was er bisher gelernt hat. Offenbar will er nun durch eine Unterwanderung der Wirtschaft eine islamische Gesellschaft »von unten« aufbauen. Genügend Finanzmittel stehen ihm zur Verfügung. Und es kommen noch weitere Finanzmittel hinzu, etwa aus der flächendeckenden Korruption. So mussten Unternehmer, die mit der Istanbuler Stadtverwaltung (oder später durch die AKP) Geschäfte machen wollten, einen prozentualen Anteil des Umsatzes an eine Kasse entrichten. Diese Kasse wurde »havuz« (Becken) genannt. Bei den russischen kriminellen Organisationen nennt man das übrigens »obschak« – die Diebeskasse, über welche die »Diebe im Gesetz« verfügen.

Mafiamethode systematischer Raubzug

Am 7. März 2014 erklärte Kemal Kılıçdaroğlu, der Vorsitzende der Republikanischen Volkspartei (CHP):

> »Wir wurden zum ersten Mal in der Weltgeschichte Zeuge, wie eine Regierung den eigenen Staat ausraubte. Was diese Minister raubten, möchte ich euch in Zahlen nennen: Wirtschaftsminister Zafer Çağlayan kennt sich mit der Wirtschaft sehr gut aus. In 28 Fällen hat er insgesamt 52 Millionen Schmiergeld bekommen. Unser Innenminister stahl in zehn Fällen zehn Millionen Dollar.«

Nichts geschah nach dieser Anklage. Sein Parteikollege, der Abgeordnete Aykut Erdoğdu, untermauerte am 9. Dezember 2016 die umfassende Korruption mit konkreten Fällen:

> »Das Geschäft mit der Kohle ist beispielhaft für den Raub staatlicher Unternehmen durch die AKP. Der Kohlebergbau ist privatisiert und im Prinzip ein AKP-Monopol. Die Kohle wird für 30–40 türkische Lira (7 bis 10 Euro) ausgegraben und für 200–250 türkische Lira (50–63 Euro) an den Staat verkauft. Wem gehört die Kohle? Dem Staat. Wie haben sie die Betriebsgenehmigung bekommen? Durch Korruption. Ohne Wettbewerb bei den Ausschreibungen, haben sie die Kohlewerke den AKP-nahen Firmen übertragen.«

Die AKP verteilte vor Wahlen kostenlos Kohle unter den Armen gegen Wählerstimmen. Das geschah folgendermaßen: Die örtlichen Stadtverwaltungen kauften von den AKP-nahen Kohlefirmen die zu verschenkende Kohle zu einem sehr hohen Preis. Im Gegenzug zahlten diese Kohlefirmen einen gewissen Prozentsatz an einen »Havuz«, einen Pool, der von der AKP kontrolliert wurde. Wohin dann die Einnahmen des Pools gingen, lag für viele Beobachter auf der Hand. Die Kohle wiederum wurde in Bergwerken gefördert, die sich in der Regel durch katastrophale Sicherheitsmaßnahmen auszeichneten. Denn es ging den Firmenbesitzern nur darum, in kurzer Zeit sehr viel Geld zu verdienen.

Wegen mangelnder Vorsichtsmaßnahmen und katastrophaler Arbeitsbedingungen starben am 13. Mai 2014 in einem der beiden Braunkohlebergwerke von Soma insgesamt 301 Bergarbeiter. Die Region Soma ist stark vom Bergbau geprägt, der für viele Bewohner häufig die einzige Einkommensquelle darstellt. Für umgerechnet 450 Euro monatlich verrichten sie eine lebensgefährliche Knochenarbeit. Die Grube gehörte bis zum Jahr 2006 dem Staat und wird seitdem aufgrund von Erdoğans Privatisierungspolitik von privaten Unternehmen betrieben. Die staatliche Kohlebehörde TKI (Türkiye Kömür İşletmeleri Kurumu) entzog vielen Firmen wegen »schlechter Kohleproduktion« die Lizenz, und danach wurden die Betriebe an Erdoğans Günstlinge verteilt. Aus anfänglich eher unbedeutenden Unternehmen wurden nach der Lizenzerteilung innerhalb von zehn Jahren große Holdings mit Milliardenumsätzen.

Die Soma Holding wurde 1984 gegründet und fristete bis 2004 ein eher kümmerliches Dasein. Im Jahr 2005 erhielt sie eine Lizenz zur Kohleförderung und übernahm sechs Jahre später die Grube in Soma. Mehrere Prüfer wiesen in den Jahren vor dem Unglück auf gravierende Sicherheitsmängel hin – es änderte sich nichts. Vorstandschef der Betreibergesellschaft der Zeche ist Alp Gürkan.[319] »Er hat die AKP-Wahlkampftaktik – kostenlose Kohle gegen Stimmabgabe – für die AKP praktiziert und ist das Symbol der korrupten Beziehungen zwischen Unternehmen und AKP-Regierung.«[320] Noch im Jahre 2012, zwei Jahre vor der Katastrophe, rühmte er sich in einem Interview, er habe die Produktionskosten einer Tonne Kohle von etwa 140 US-Dollar auf 23,30 US-Dollar gesenkt. Das ging nur mit radikalen Sparmaßnahmen bei den Sicherheitseinrichtungen in der Grube selbst und durch Einstellung unerfahrener Bergleute.

Nach dem Grubenunglück reiste der damalige Ministerpräsident Erdoğan nach Soma in der Provinz Mardin. »Auf kritische Fragen von Journalisten ratterte der 60-Jährige hohe Opferzahlen bei Grubenunglücken in anderen Ländern herunter, um die Katastrophe von Soma zu relativieren. Unter anderem verwies er auf Unglücke im England des 19. Jahrhunderts. »Es gibt kein Bergwerk ohne Unfall. So etwas kommt vor.«[321]

Als Erdoğan den Unglücksort Soma verließ, wurde sein Fahrzeugkonvoi von einer wütenden Menge mit Tritten traktiert. »Ministerpräsident, tritt zurück!«, skandierten die Menschen. Wenig später wurde das Demonstrationsrecht in der Stadt außer Kraft gesetzt. Anwälte, die den Bergleuten kostenlos juristischen Beistand leisten wollten, wurden von der Polizei festgenommen, geschlagen und stundenlang eingesperrt. Den Bergleuten erteilte die Soma Holding ein absolutes Sprechverbot. Immerhin ließ die von der AKP gegründete »islamische« Gewerkschaft in den Betrieben Gebetsstätten einrichten und versammelte ihre Mitglieder zum gemeinsamen Freitagsgebet. Gegen die fehlenden Sicherheitsmaßnahmen hatte sie in der Vergangenheit nichts unternommen. Diese Gewerkschaft rekrutiert ihre Mitglieder, indem die der AKP nahestehenden leitenden Angestellten massiven Druck auf die Arbeiter ausüben.

Die staatliche Wohnungsbaubehörde TOKI (Toplu Konut Idaresi) ist gleichfalls eine Goldgrube für die AKP-Elite. Der CHP-Abgeordnete Aykut Erdoğdu nennt sie die »Festung der Korruption«. Heftige Kritik äußerten CHP-Abgeordnete auch hier an den Privatisierungen. Sie geschähen, so Abgeordnete, in »typisch mafioser, räuberischer Art und Weise«. Der CHP-Vorsitzende Kılıçdaroğlu äußerte sich dazu am 7. März 2014 in Hopa, im Nordosten der Türkei: »Nach jeder Privatisierung muss ein ›Bewertungsbericht‹ geschrieben werden, um zu zeigen, wie nützlich die Privatisierung gewesen ist. Verehrte Minister, wurde je so ein Bericht bekannt gegeben? Wurde so ein Bericht über Tekel bekannt?« »Tekel« war das staatliche Monopol für den Vertrieb und die Produktion alkoholischer Getränke – hauptsächlich Raki und Bier. »Sie (AKP) verkauften die Fabrik, die alkoholische Getränke produzierte, für 285 Millionen Dollar an einen AKP-nahen Geschäftsmann. Der verkaufte sie für eine Milliarde Dollar weiter. Der zweite Käufer verkaufte die Fabrik wiederum nach anderthalb Jahren für 2,5 Milliarden Dollar.«

*

Wer dem Neuen Paten als Unternehmer im Wege steht, der wird verfolgt und ausgeschaltet. Dazu gehörte die größte Unternehmensgruppe der Türkei, die Koc-Gruppe. Die säkular eingestellte Familie hegte keine besonders große Sympathie für Erdoğan. Sie hatte über eine Ausschreibung den Auftrag erhalten, vier von insgesamt sechs neuen Fregatten zu bauen. Während der Gezipark-Proteste im Mai 2013 hatte ein Koc-Hotel, das »Divan«, Verletzten und Sanitätern Zuflucht geboten. »Dafür hatte Vizepremier Bülent Arinc unverhüllt Rache angedroht. Die ließ nicht auf sich warten: Koc wurde der Auftrag für die vier Schiffe entzogen, den das Unternehmen bereits bekommen hatte.«[322]

Der unheilvolle 17. Dezember 2013

Der 17. Dezember 2013 war in der Türkei ein besonderer Tag. Polizei und Staatsanwaltschaft gingen am frühen Morgen gegen hochrangige Politiker und Unternehmer vor. Abgehörte Telefongespräche gewähren einen tiefen Einblick in das mafiose System innerhalb der türkischen Regierung. Um 6.00 Uhr stürmte die Polizei die Wohnung von Baris Güler, dem Sohn des Innenministers. Die Polizisten zeigten ihm den Durchsuchungsbefehl und sagten ihm, dass er verhaftet sei. Er entgegnete den Beamten: »Wartet. Ich werde euren Diener anrufen.« Allerdings konnte er seinen Vater nicht erreichen. Während der Durchsuchung fanden die Beamten erhebliche Summen an Bargeld. Dann schaffte er es doch, seinen Vater zu erreichen. Vater und Sohn telefonierten etwa drei Minuten. »Dad, ich habe nur wenig Geld hier. Nur etwas mehr als 600 000 US-Dollar. Das ist alles.« Innenminister Muarrem Güler gab daraufhin seinem Sohn wertvolle Tipps, was er bei seiner Vernehmung bei der Polizei zu sagen habe. Im Haus des Präsidenten der Halkbank fand die Polizei einen Schuhkarton, ebenfalls gefüllt mit Bargeld. Wenig später schickte die Halkbank ein internes Memo an alle Mitarbeiter, gegenüber den Medien keine Kommentare zu den Vorgängen abzugeben. Gegen elf Uhr vormittags rief Berat Albayrak, der Schwiegersohn von Recep Tayyip Erdoğan, seine rechte Hand Medet Nadi Yanik an. Albayrak forderte ihn auf, sofort einen Schredder zu kaufen.

Es gab auch Mitschnitte von Gesprächen zwischen Recep Tayyip Erdoğan und seinem Sohn Bilal – Erdoğan bestreitet ihre Echtheit, die Oppositionspartei CHP hält sie für echt. Hier der Wortlaut: Um 8.02 Uhr ruft Papa Erdoğan seinen Sohn an, der am Telefon noch etwas schläfrig klingt.

Recep Tayyip Erdoğan: »Sind sie bei dir im Haus?«
Bilal: »Ja, Papa.«
Recep Tayyip Erdoğan: »Heute Morgen gab es einen Polizeieinsatz. Sie durchsuchten die Häuser von Rezza Zarrab, Ali Agaoglu und der Söhne der Minister Bayraktar, Caglayan und Güler.«

Bilal Erdoğan hatte noch nichts davon erfahren. Jetzt gibt Erdoğan seinem Sohn einen Rat.

> Recep Tayyip Erdoğan: »Okay? Jetzt denke ich, dass du besser alles loswirst von dem, was auch immer du zu Hause hast. Okay?«
> Bilal: »Es ist dein Geld in dem Safe.«
> Recep Tayyip Erdoğan: »Das ist ja, worüber ich rede. Ich schicke deine Schwester [Sümeyye].«

In einem späteren angeblichen Telefongespräch zwischen Bilal Erdoğan und seinem Vater ist folgender Dialog zu hören:

> Bilal: »Vater, ich rufe an, um zu sagen [....] wir haben fast die ganze Arbeit gemacht.«
> Recep Tayyip Erdoğan: »Wenn du sagst ›fast‹, ist das ganze Geld verschwunden? Null?«
> Bilal: »Wir konnten es noch nicht auf null machen. Es ist noch eine Menge von rund 30 Millionen Euro übrig. Wir konnten diesen Betrag noch nicht verschwinden lassen. Aber Berat [ein befreundeter Geschäftsmann] hat eine Idee. Ahmet Calik hat noch eine 25-Millionen-US-Dollar-Forderung. Also alles in allem können wir 25 Millionen US-Dollar an Herrn Calik geben und Häuser von dem übrigen Geld kaufen.«
> Recep Tayyip Erdoğan: »Wie auch immer, es ist in Ordnung.«

Später fanden die Ermittler heraus, dass der Unternehmer Ahmet Calik am gleichen Tag sechs Villen gekauft hatte. Er zahlte 14 Millionen türkische Lira (rund 8 Mio. US-Dollar) über die Aktifbank. Der Verkaufsbeleg über sechs Häuser wurde von Erdoğans Anwalt unterzeichnet. Die Reaktion Erdoğans auf die Aktion der Staatsanwaltschaft: »Er schleudert seine Pfeile in viele Richtungen, er wettert gegen eine ›Zinslobby‹, eine ›Medienlobby‹, eine internationale Lobby und die Anarchie auf den Straßen. Immer wieder wird seine Rede von Sprechchören aus dem vollen Saal unterbrochen: ›Die Nation ist stolz auf dich‹.«[323]

Dann geht es Schlag auf Schlag. Nach den Durchsuchungen und Verhaftungen zerbricht das bisherige Bündnis zwischen Erdoğan in Ankara und Fethullah Gülen, der in den USA lebt. Im Mai 2016 meldet sich aus dem Palast Erdoğans ein Mann, der intimste Informationen auf Twitter veröffentlicht. Er dürfte nach den bisherigen Erkenntnissen der Gülen-Bewegung angehören und lebt inzwischen in den USA. Er schrieb über Erdoğans Beziehungen zur Mafia und twitterte im Mai 2016:

> »1. Erdoğan versucht die Mafia an seinen Palast zu binden, (zu Befehlsempfängern) zu machen und für seine illegale Machenschaften zu benutzen. 2. Für die Fälle, die er nicht unter Deckmantel der Gesetze erledigen kann, wird die Palastmafia beauftragt. So wird man versuchen, die Probleme auf kürzesten Weg zu lösen, um von Geschäftsleuten Komissionen (Geld) zu bekommen, um Oppositionelle einzuschüchtern. Um solche schmutzige Geschäfte wird sich jetzt die Palastmafia kümmern. Er ließ seine Leute die Mafia kontaktieren und verlangte Gehorsam. Sein Vorschlag ist: Arbeitet für mich. […] Die einflussreichsten Teile der Mafia-Banden im Gefängnis sind überzeugt worden, mitzuarbeiten. […] Sie konnten die Gülen-Gemeinde nicht terrorisieren, so werden sie versuchen, die Gemeinde

als Terrororganisation zu diffamieren und bereiten deshalb eine schmutzige Konspiration vor.«

Das war am 12. Mai 2016.

Der ultimative Mafiakrieg

Es liegt lange zurück. Anfang der Achtzigerjahre des vorigen Jahrhunderts tobte in Sizilien ein Machtkampf zwischen dem Corleone-Clan und den palermitanischen Familien. Es war ein Blutrausch, bei dem ganze Familien ausgerottet wurden. Zwischen 1981 und 1983 starben etwa 1000 Menschen. Als Sieger aus diesem Krieg gingen die Corleonesi hervor. Denn, so sagten sie: »Wir sind schneller, härter und machen keine Kompromisse mit niemanden.« Eine Art Mafiakrieg fand im Sommer 2016 auch in der Türkei statt.

Am 15. Juli 2016 putschen Einheiten des türkischen Militärs gegen Erdoğan, bombardierten das Parlament in Ankara, und wenige Stunden danach war der Putsch auch schon wieder beendet. Der Journalist Kamil Taylan, der sich intensiv mit den Vorgängen dieses Tages beschäftigt hat und dem beste Beziehungen zu Teilen des Machtapparates nachgesagt werden, äußerte sich folgendermaßen:

> »Erdoğan und seine Sekte haben von diesem Putsch schon weit im Vorfeld gewusst, ich würde nicht so weit gehen und behaupten, sie hätten den Putsch selber organisiert. Vielleicht doch, aber sie haben diesen Putsch kontrolliert laufen lassen, um dann fünf Tage später den eigenen Putsch durchzuführen.«

Für Erdoğan war sofort erwiesen, dass es ein Putsch der Gülen-Bewegung gewesen war, die jetzt zur terroristischen Vereinigung erklärt wurde. Gleichzeitig wurde der Ausnahmezustand verkündet. Es fand zwar eine parlamentarische Untersuchung statt, um zu klären, wie der Putsch abgelaufen war, wer darüber informiert und wer verantwortlich war. Aber Erdoğan untersagte der Regierung und allen Geheimdienstmitarbeitern Aussagen vor dieser Untersuchungskommission. In der europäischen Öffentlichkeit hingegen ist inzwischen klar, dass der Putschversuch, wenn man ihn denn so nennen will, keineswegs der Gülen-Bewegung zuzuschreiben ist. In einem Dokument des deutschen Auswärtigen Amtes heißt es dazu:

> »Beweise für ihre Hypothese, dass Fethullah Gülen selbst den Befehl zum Putschversuch gegeben habe, hat die türkische Regierung bislang nicht vorgelegt. Die Regierung hat seit dem Putschversuch eine fast alles beherrschende nationalistische Atmosphäre geschaffen, die gleichermaßen auf Furcht, Euphorie, Propaganda und nationale Einheit setzt.«

Bruno Kahl, der Chef des Bundesnachrichtendienstes (BND), stellte am 18. März 2017 fest, dass die türkische Regierung den BND nicht davon überzeugen konnte, dass Gülen hinter dem gescheiterten Putschversuch am 15. Juli steht.[324] Zu dem gleichen Ergebnis kam der Ausschuss für auswärtige Angelegenheiten des britischen Parlaments am 25. März 2017.[325] Und am 19. März 2017 erklärte Devin Nunes, der Vorsitzende des United States House Permanent Select Committee on Intelligence, dass er keine Beweise für Gülens Beteiligung an dem gescheiterten Putschversuch in der Türkei gesehen habe.[326] Für den renommierten Türkei-Kenner Rainer Hermann steht inzwischen fest: »Nach der Auswertung öffentlich zugänglicher Quellen zur Putschnacht spricht sehr vieles für die These des ›kontrollierten Putschversuchs‹.«[327] Demnach wusste Erdoğan sehr früh über den Putschversuch Bescheid und ließ die Putschisten gewähren. 249 Menschen mussten dafür sterben, die jetzt von Erdoğan als Märtyrer gefeiert werden.

*

Im Zusammenhang mit dem vermeintlichen Putsch der Gülen-Bewegung tauchte der Name des Sicherheitsunternehmens SADAT[328] auf, einer privaten militärischen Organisation. Augenzeugen berichteten, dass SADAT-Söldner damals in die Menge feuerten. Chef von SADAT ist Adnan Tanrıverdi, ein 1996 aus dem Militär entlassener General. Generalleutnant İsmail Hakkı Pekin, der ehemalige Chef der militärischen Nachrichtenabteilung, erklärte, dass Tanrıverdi die Religion missbraucht habe und ein Feind Atatürks sei. Dies habe auch zu seiner Versetzung in den Ruhestand geführt.[329] Tanrıverdis geheime private Militärorganisation wurde zum Auffangbecken für Islamisten und gilt als geheime Kampftruppe für verdeckte Operationen, ohne dass eine Verbindung zur türkischen Regierung nachgewiesen werden kann. Der HDP-Abgeordnete Sebahat Tuncel erklärte beispielsweise, dass 34 bereits festgenommene Kurden in Diyarbakır, im Südosten der Türkei, durch eine Organisation, die sich SADAT nannte, verbrannt werden sollten. Das türkische Militär konnte das Verbrechen in letzter Minute verhindern.[330] Ali Riza Ozturk, Abgeordneter der republikanischen Volkspartei CHP, fragte zusammen mit Kollegen die Regierung nach den Aktivitäten von SADAT. Sie wollten wissen, ob

SADAT in das Training und die Ausrüstung extremistischer und terroristischer Gruppen verstrickt sei. Und er fragte, warum es Abgeordneten verboten sei, das Trainingslager von SADAT in Hatay an der syrischen Grenze zu besuchen. Die Antwort der Regierung war ausweichend, und sie löschte die Anfrage von der offiziellen Parlamentswebsite.[331]

> »Die Sicherheitsfirma SADAT hat sich offenbar zum Ziel gesetzt, die Entwicklung einer islamischen Supermacht mit Rat und Tat zu unterstützen. Als westliche Geheimdienste davon erfuhren, dass das Unternehmen IS-Mitglieder ausbildet, stoppte SADAT das ›Programm mit dem IS‹. Jetzt bildet das Unternehmen Jugendliche aus der Jugendorganisation der AKP und des Vereins Osmanlı Ocakları aus.«[332]

In einer kleinen parlamentarischen Anfrage von Abgeordneten der Partei Die Linke wurde die Bundesregierung gefragt: »Inwieweit hat die Bundesregierung Kenntnisse (auch nachrichtendienstliche), ob deutsche Sicherheitsfirmen in Verbindung mit dem Sicherheitsunternehmen SADAT A.S. stehen, und wenn ja, welche, und worin bestehen diese Verbindungen?« Die Antwort der Bundesregierung: »Es liegen keine Erkenntnisse vor.«[333]

*

Nach dem Geschenk Allahs, wie Recep Tayyip Erdoğan den Putsch nannte, begann die bis heute anhaltende Treibjagd auf seine politischen Gegner. Ein Fünftel aller Richter und Staatsanwälte wurde entlassen und teilweise verhaftet, unter ihnen zwei Verfassungsrichter. Sie dürfen nie wieder in ihre Berufe zurückkehren oder als Juristen arbeiten. Einspruch oder Beschwerde gegen die Entscheidung ist nicht möglich. Bereits vor dem Putsch hatte Erdoğan 3700 Richter und Staatsanwälte ausgewechselt. Mindestens 200 Journalisten wurden verhaftet, über 2500 entlassen, weil 28 Fernsehsender, drei Nachrichtenagenturen, 47 Tageszeitungen, 16 Zeitschriften, 35 Radiosender und 26 Verlage verboten wurden. Rechtliche Möglichkeiten, dagegen vorzugehen, gibt es nicht. Gleichzeitig ging deren gesamtes Vermögen in den Besitz des türkischen Staates über – Rechtsweg ausgeschlossen. Den mehr als 110 000 Beamten, die aus dem Staatsdienst entlassen wurden, sind die Pensionsansprüche gestrichen worden.

Am 25. August 2017 veröffentlichte Erdoğan zwei neue Dekrete im Amtsblatt, die sofort rechtskräftig wurden. Zunächst entließ er fristlos erneut 928 Beamte und Beamtinnen aus verschiedensten Ressorts – wegen Aktivitäten gegen die nationale Sicherheit des Staates. Sie wurden, wie die Hunderttausende Entlassener zuvor, nicht persönlich benachrichtigt, dass sie keine Arbeit mehr hatten. Sie werden nie mehr im öffentlichen Dienst arbeiten dürfen, nie wieder, auch in der Privatwirtschaft nicht, als Berater tätig werden, und sie verloren alle ihre Pensions- und Rentenansprüche. Ihre bisherigen beruflichen Qualifikationen gelten fortan nicht mehr. Zum Beispiel verloren die Juristen und Mediziner ihre durch das Studium erworbenen Qualifikationen. Erdoğan beschloss gleichzeitig, 4000 neue Richter und Staatsanwälte, 3000 Soldaten für »Spezialeinsätze« und 29 000 Polizisten in den Staatsdienst aufzunehmen. Das bedeutet, dass insgesamt 36 000 AKP-Mitglieder neue Stellen im Staatsdienst erhalten werden.

*

Ebenso bedeutend für die Familie des Neuen Paten war der offensichtliche Raubzug gegen Industriebetriebe oder Banken, die in Verdacht standen, der Gülen-Bewegung anzugehören oder in der Vergangenheit mit ihr Geschäfte gemacht zu haben. Das hier beschlagnahmte Gesamtvermögen soll, so der türkisches Journalist Kamil Taylan, etwa 200 Milliarden US-Dollar betragen. Dieses Vermögen wird jetzt unter der Familie und ihren Unterstützern verteilt. Die Erdoğan-Familie hat unterdessen bereits bedeutende geraubte Unternehmen in einen Vermögensfonds überführt, über den wiederum nur die Familie und ihre Unterstützer verfügen dürfen. Zu diesen Unternehmen gehören unter anderem die Fluggesellschaft Turkish Airlines und die Halkbank, deren Wert allein auf 15 Milliarden US-Dollar geschätzt wird.

Mafiapaten sind aber auch auf die Unterstützung durch die Gefolgsleute und die sozialen Gemeinschaften, in denen sie wirken, angewiesen. Der Chefberater des türkischen Staatspräsidenten heißt Yiğit Bulut. Der Journalist hat sich mit einem umstrittenen TV-Auftritt beim öffentlich-rechtlichen Sender TRT in die internationalen Schlagzeilen gebracht, als er erklärte, Erdoğan höchstpersönlich mit seinem Leben verteidigen zu wollen. Anlass war ein Bericht der türkischen Zeitung *Hürriyet* über das Todesurteil gegen den einstigen ägyptischen Präsidenten Muhammad Mursi. »Niemand kann dem gewählten Staatspräsidenten etwas antun, bevor ich sterbe«, so Bulut in der Sendung am 19. Mai. »Ich habe über die Jahre dank meiner Rechte zwei lizenzierte Waffen und Hunderte Patronen gesammelt.« Bevor er nicht sterbe, erschossen oder gehängt werde, könne niemand den gewählten Präsidenten des Landes auch nur berühren.[334] Bulut glaubt sich mit dieser Haltung nicht allein. Ihm zufolge gebe es in der Türkei Millionen, die so dächten wie er.

Ähnlich martialisch gibt sich der klassische türkische Mafiapate Sedat Peker, seit den Neunzigerjahren des vorigen Jahrhunderts ein glühender Anhänger der faschistischen MHP. Geboren in Istanbul und aufgewachsen in München, lebt und agiert er heute in Rize am Schwarzen Meer. Gerne präsentiert er Fotos, auf denen er mit Recep Tayyip Erdoğan zu sehen ist, dem er seine Loyalität bezeugt – die klassische Unterwerfung eines Mafiapaten. Grundsätzlich existieren alle Mafiosi oder auch die islamischen Hassprediger nur dadurch, dass sie dem Neuen Paten ihre »biat« (Ergebenheit) beweisen. Ohne »biat« kann kein Mafioso überleben.

> »Alles wird ihm zugetraut, dem führenden Paten der türkischen Unterwelt und dem Oberhaupt der Organisierten Kriminalität. Auf seiner Internetseite und im wirklichen Leben lässt sich Sedat Peker von seiner Gefolgschaft mit ›Reis‹ anreden, was wörtlich ›der Kopf‹ heißt, aber der ›Führer‹ bedeutet.«[335]

Und Peker wiederum ist ein glühender Verehrer des türkischen Präsidenten. Am 19. März 2016 schrieb er auf seiner Website unter anderem:

> »Ich bin mir sicher, dass der sehr verehrte Staatspräsident Recep Tayyip Erdoğan und seine Mitstreiter nie die aufs Ziel stürmende Herde der Vollblüter stoppen, und das Feuer, das sie entfacht haben, löschen werden. Diejenigen Kreaturen werden aber getötet werden, die sich dem Kampf unserer großen Nation in den Weg stellen, die unseren sehr verehrten Staatspräsidenten töten oder ihn von seinem Amt entfernen wollen, damit er seine Zielsetzung aufgibt.«[336]

Angeberei, könnte man einwenden. Tatsächlich hat Peker eine zu dieser Aussage passende Vergangenheit. Anfang der Neunzigerjahre liquidierte er, im Auftrag einer berüchtigten Jandarma-Einheit und rechter Politiker, gezielt kurdische Oppositionelle. Allein von 1991 bis 1996 kam es zu 4500 unaufgeklärten politischen Morden durch geheime Militärkommandos und die Grauen Wölfe, besonders betroffen waren kurdische Aktivisten. So wurden beispielsweise vom 14. Januar 1994 an fast hundert vermutete PKK-Anhänger

> »nacheinander von uniformierten Kommandos in Polizeifahrzeugen entführt. Irgendwo auf der Strecke zwischen Ankara und Istanbul, im ›teuflischen Dreieck‹ von Kacaeli, der Hochburg der rechtsradikalen Mafia und Drehscheibe des Drogenhandels in Richtung Europa, wurden sie liquidiert.«[337]

In diesem Zusammenhang spielt Sedat Peker als Erfüllungsgehilfe der Todeskommandos eine nicht unbedeutende Rolle.[338] 1989 wurde er in Istanbul verhaftet und wegen seiner kriminellen Aktivitäten zu einer mehrjährigen Gefängnisstrafe verurteilt. Seltsamerweise kam er nach einem Jahr wieder frei – aufgrund seiner blendenden politischen Beziehungen. Am 22. Mai 2002 organisierte er einen Empfang zur Vorstellung seiner Website. »Der Einladung folgten hochrangige Generäle, Parlamentarier, ehemalige Minister, Mafiabosse, Sänger und ein TV-Star. Peker hatte zudem enge Beziehungen zu Arif Dogan, dem Gründer einer berüchtigten Jandarma-Einheit.«[339] An diesem Beziehungssystem hat sich bis heute wenig geändert.

> »Stärker als die ehrenwerte Gesellschaft in Italien verfolgt die türkische Mafia mit Mord, Korruption und den Erlösen aus ihren schmutzigen Geschäften, vor allem dem Drogenhandel und illegalen Bau- und Grundstücksprojekten, nicht nur kriminelle Ziele; sie ist auch politisch motiviert. Viele Anführer gehörten zu den faschistischen ›Grauen Wölfen‹, die nach dem Militärputsch 1980 in den Untergrund abtauchten. Auch der Kampf gegen die kurdische Guerilla im Südosten hat die Karrieren vieler Krimineller gefördert, die sich in der Pose des Patriotismus tarnen.«[340]

Diese Grauen Wölfe sind übrigens bis heute in Deutschland flächendeckend aktiv. Und eine sogenannte Rockergruppe, die »Osmanen Germania«, die bis zu 2000 Mitglieder zählt, ist nicht nur mit Sedat Peker und den türkischen Rechtsradikalen verbunden. Sie verfügt, so ein Ermittlungsbericht des Hessischen Landeskriminalamtes, auch über »enge Verbindungen zum türkischen Nachrichtendienst MIT«.

Besondere Unterstützung findet die Familie Erdoğan bei dem Unternehmer Ethem Sancak. In den vergangenen drei Jahren gelangte er in den Besitz von drei Zeitungen und drei Fernsehsendern. Am 4. März 2017 titelte die ihm gehörende Zeitung *Aksam:* »Hier sind die Machenschaften von Deniz.« In der Unterzeile hieß es: »Der Zeitung *Aksam* liegen alle terroristischen Verbindungen von Deniz Yücel vor, dessen Freilassung Merkel wiederholt gefordert hat.« Der für die *Welt* schreibende Journalist Deniz Yücel wurde wegen seiner kritischen Türkei-Artikel unter dem Vorwand, eine terroristische Vereinigung unterstützt zu haben, verhaftet und sitzt seitdem in der Türkei im Gefängnis. Der Geisteszustand des millionenschweren Unternehmers Sancak lässt sich aus folgender Aussage ableiten:

> »Als ich Erdoğan sah, verliebte ich mich. So eine göttliche Liebe kann nur zwischen zwei Männern sein. Erdoğan ist einer der Führer, den Allah uns alle 300 Jahre gegeben hat, und wenn die Türken ihm folgen, erreichen sie große Wunder.«

Sancak besitzt unter anderem die Firma BMC, die Lastwagen und Militärfahrzeuge herstellt. Partner des Unternehmens ist der deutsche Rüstungskonzern Rheinmetall. Ende 2016 gründete Rheinmetall in Ankara das Gemeinschaftsunternehmen Rheinmetall BMC Savunma Sanayi, kurz RBSS. Bereits Ende November 2015 hatte sich Erdoğan mit den Rüstungsmanagern im prächtigen Yildiz-Palast in Istanbul zu einem Abendessen getroffen, um den Kauf von 1 000 Kampfpanzern im Wert von sieben Milliarden Euro einzufädeln – Kampfpanzer, die gegen die eigene Bevölkerung eingesetzt werden können.[341] So viel zur Kooperation zwischen einem deutschen Rüstungskonzern und einem orientalischen Despoten. Das ist jedoch nicht die einzige Kollusion zwischen einem Neuen Paten und einem deutschen Konzern. Anfang August 2017 erhielt ein Konsortium unter Führung von Siemens einen Großauftrag für ein Windkraftprojekt in der Türkei. Die Gruppe, zu der auch die türkische Firma Kalyon gehört, setzte sich gegen die Konkurrenz von acht anderen Bietern durch.

Vorstandsvorsitzender der Kalyon-Gruppe ist Orhan Cemal Kalyoncu, der eng mit Recep Tayyip Erdoğan verbunden ist.[342] »Nachdem Erdoğan im Jahr 2002 an die Macht gekommen war, gewann die Kalyon-Gruppe auf einmal nahezu alle großen staatlichen Ausschreibungen: Das erste Atomkraftwerk der Türkei, Stromversorgungsprojekte in Großstädten, der neue Istanbuler Riesenflughafen sind allesamt Kalyon-Bauprojekte.«[343] Die Kalyon-Gruppe besitzt zudem zahlreiche Tageszeitungen, Fernseh- und Radiostationen und Internetportale, genau wie Ethem Sancak.

Letzterer war am 21. Juni 2014 Ehrengast des Vereins Müsiad (Verein unabhängiger Industrieller und Unternehmen e. V.) in Berlin. 250 Gäste lauschten seinem Vortrag zu dem Thema: »Das 21. Jahrhundert und die Türkei«. Bemerkenswert ist, dass auch der Berliner Bürgermeister Michael Müller (SPD) im Februar 2016 auf dem Jahresempfang von Müsiad zu Gast war. Dieser Verein steht der islamistischen Milli-Görüs-Bewegung sehr nahe, die vom deutschen Verfassungsschutz beobachtet wird. In der Türkei übernahm Müsiad die AKP-Propaganda und nannte den blutig niedergeschlagenen Bürgerprotest im Gezi-Park 2013 eine Verschwörung gegen die Türkei und somit gegen die AKP. Der ehemalige Müsiad-Vorsitzende Ömer Bolat sprach von drei Lobbys, die den wirtschaftlichen Aufstieg der Türkei durch das Schüren der Gezi-Proteste behindern wollten: die Zinslobby (ein in islamischen Ländern weitverbreitetes antisemitisches Klischee), die Alkohollobby und die Werbelobby. Auch der gegenwärtige Müsiad-Vorsitzende Nail Opak bemühte antisemitische Vorurteile und warnte davor, dass »die Zinslobby« sich an chaotischen Zuständen in der Türkei bereichern wolle. Müsiad steht der islamistischen Organisation Milli Görüs nahe, die in Deutschland seit Jahrzehnten außerordentlich stark ist und politisch der AKP nahesteht. Vor ihr warnte bereits im Jahr 2003 der Bund Deutscher Kriminalbeamter Bayern:

»In der ganzen Bundesrepublik, besonders aber auch in Bayern, haben der Milli Görüs zuzurechnende Holdings ein Wirtschaftsimperium aufgebaut, das bald unbeschreibliche Ausmaße annimmt. Zahlreiche Verbindungen und Geldtransfers sind der Wirtschaftskriminalität zuzurechnen. Doch trotz massiver Warnungen hat es noch keine Staatsanwaltschaft für notwendig befunden, hier konzentriert vorzugehen.«[344]

Gemeint war vor allem die Holding Kombassan. Der Würzburger Wirtschaftskriminalist Uwe Dolata beschäftigte sich von 2003 bis 2007 ausführlich mit den Geschäftsbeziehungen von Milli Görüs und dem Unternehmen Kombassan und führte entsprechende Ermittlungen. Er erzählte mir: »Es ging um Kapitalanlagebetrug und ein Schneeballsystem, bei dem Millionen in die Türkei transferiert wurden.« Unter dem Vorwand einer sauberen Veranlagung sammelten sie von ihren Opfern allein in Deutschland geschätzte fünf Milliarden Euro ein. Kombassan, eine der aktivsten Holdings, soll einen Schaden von 1,5 Milliarden Euro verursacht und 65 000 Personen im Namen Allahs betrogen haben.[345]

Der Fall des Goldhändlers und Freundes der Familie Rezza Zarrab

Ende März 2017 wurde am New Yorker Flughafen Mehmet Hakan Atilla verhaftet. Er ist der stellvertretende Chef der staatlichen türkischen Halkbank, zuständig für internationale Geschäfte, und er gilt als zentraler Partner des iranischen Goldhändlers Rezza Zarrab, der eng mit der Erdoğan-

Familie verbunden ist. Zarrab wurde am 19. März 2016 aufgrund eines Haftbefehls der Staatsanwaltschaft des südlichen Distrikts von New York in Miami verhaftet. Ihm wird unter anderem Geldwäsche in den Jahren 2010 bis 2015 vorgeworfen.[346] Bei einem Schuldspruch drohen ihm bis zu 50 Jahre Gefängnis. Zu Zarrabs Vermögenswerten, die während der bereits erwähnten Razzia im Dezember 2013 von den türkischen Ermittlern zunächst beschlagnahmt und dann wieder freigegeben wurden, zählten ein Privatjet und ein Rennpferd. Zarrab wurde am 17. Dezember 2013 verhaftet, bald darauf aber wieder freigelassen, die Ermittlungen wurden gestoppt, die zuständigen Staatsanwälte und Ermittler entlassen oder strafversetzt. Erdoğan stellte die Ermittlungen als amerikanisches Komplott gegen ihn dar – und als Umsturzversuch des in den USA lebenden Predigers Fethullah Gülen. Die zuständigen Staatsanwälte galten als dessen Anhänger. Der für Korruptionsfälle zuständige Polizeikommissar von Ankara, Håkan Yuksekdağ, wurde tot aufgefunden, und seine Kollegen schlossen etwas voreilig auf Selbstmord.

Zarrab soll eine ganze Reihe hoher türkischer Politiker bestochen haben. Unter anderem soll er der gemeinnützigen Stiftung von Erdoğans Ehefrau Emine Millionenbeträge überwiesen haben. Er beschäftigte mehrere Kuriere, die drei türkischen Ministern Bargeld überbrachten, meist versteckt in normalen Geschenkpackungen. Der CHP-Abgeordnete Fikri Sağlar richtete deshalb eine parlamentarische Anfrage an die Regierung.[347] Er warf dem damaligen Wirtschaftsminister Zafer Çağlayan vor, in die Goldschmuggel-Affäre nach Ghana (1,5 Tonnen Gold) verstrickt zu sein und die Ermittlungen über die Verluste der türkischen Staatsbank Halkbank behindert zu haben. Dafür habe er 45 Millionen Dollar Schmiergeld bekommen. Nach den Vorwürfen trat er von seinem Ministeramt zurück.

Die amerikanischen Vorwürfe gegen die beiden in den USA Verhafteten lauten allerdings nicht auf Korruption in der Türkei. Es geht vielmehr um den Verdacht, dass Atilla und Zarrab in enger Zusammenarbeit riesige Summen in den Iran schleusten und damit die amerikanischen Sanktionen gegen das Land umgingen und dass sie Geldwäsche im größten Stil betrieben. Die New Yorker Staatsanwaltschaft wirft Atilla deshalb vor, dass er seine Position in der Halkbank dazu benutzt habe, die US-Sanktionen gegen den Iran zu unterlaufen, indem er Zarrab ermöglichte, durch verbotene finanzielle Transaktionen Millionen US-Dollar über amerikanische Finanzinstitutionen in den Iran zu schleusen.[348] Im Gegenzug hätten sie auf dem internationalen Markt iranisches Öl abgesetzt und dafür 2,8 Milliarden US-Dollar an Provisionen abgezweigt, die sie sich mit hohen iranischen Beamten und türkischen AKP-Führungsleuten geteilt hätten.

Die USA hatten in der Vergangenheit sowohl die türkische Regierung als auch die Halkbank aufgefordert, den verdächtigen Goldhandel zu stoppen oder zu reduzieren. Ohne Erfolg. Vor etwa dreieinhalb Jahren soll daraufhin der damalige US-Botschafter in Ankara, Francis Ricciardone, bei einem Abendessen mit westlichen Diplomaten prophezeit haben: »Nun werdet ihr den Zusammenbruch eines Imperiums erleben.«[349] Die Drohung suggerierte, dass er von den türkischen Ermittlungen gegen Zarrab gewusst hatte, bevor diese bekannt wurden. Ricciardone hat das dementiert.

Was die Beweise gegen Zarrab und Atilla betrifft, so existieren laut US-Staatsanwaltschaft Telefonmitschnitte. Sie sollen belegen, dass beide Männer darüber sprachen, wie man den Anschein erwecken könne, es seien Lebensmittellieferungen aus Dubai in den Iran erfolgt und per Banküberweisung vom Iran bezahlt worden. Jedenfalls gingen anscheinend auch die amerikanischen Staatsanwälte davon aus, dass Zarrab drei türkische Minister und dem Chef der Halkbank Millionen US-Dollar an Bestechungsgeldern bezahlte, damit er, unbehelligt von Konkurrenz, seinen Geschäften nachgehen konnte. Sie glauben außerdem, dass er 4,5 Millionen US-Dollar einer Wohltätigkeitsorganisation spendete, die Erdoğans Ehefrau gehört.[350] Das wurde übrigens von Recep Tayyip Erdoğan nie bestritten.

Um ihren Mandanten aus dem Gefängnis zu bekommen, boten Zarrabs Anwälte eine Kaution von 50 Millionen US-Dollar an, von denen zehn Millionen in bar hinterlegt werden sollten. Vergeblich. Und jetzt geschieht unter der neuen Regierung in Washington Seltsames.

Die Helfershelfer des Neuen Paten aus den USA

Am 11. März 2017 wurde Bundesanwalt Preet Bharara, der bislang für das Verfahren verantwortlich gewesen war, von US-Präsident Donald Trump gefeuert. Bharara galt als streitbarer Ankläger, der sich sowohl mit den Republikanern als auch mit den Demokraten angelegt hatte. Zum Nachfolger wurde sein bisheriger Stellvertreter Joon H. Kim ernannt. Bhararas Entlassung ereignete sich zu einem Zeitpunkt, als Trumps Schwiegersohn Jared Kushner und der Schwiegersohn von Recep Tayyip Erdoğan, Berat Albayrak, seines Zeichens türkischer Energieminister, Kontakte geknüpft hatten.[351] Und Zarrab selbst fand mächtige Fürsprecher: Rudolph Giuliani, ehemaliger Bürgermeister von New

York, und Michael B. Mukasey, Bundesrichter und Generalstaatsanwalt unter George W. Bush.

> »Die beiden stramm konservativen Herren vertreten Zarrab allerdings nicht vor Gericht; sie bemühen sich um eine diplomatische Lösung ›auf einer höheren Ebene‹, erklärte die Verteidigung Zarrabs. Um die Möglichkeiten für einen Deal zu sondieren, haben sie Gespräche mit der Trump-Administration geführt und sind auch schon in die Türkei gereist, um Erdoğan zu treffen: Lobbying auf höchster Ebene, wie es in der *NZZ* passend hieß.«[352]

Auch der ehemalige Nationale Sicherheitsberater Michael Flynn arbeitete im Herbst 2016 für Erdoğan. Er sollte in Washington Lobbyarbeit für den türkischen Präsidenten leisten. Im Zeitraum von August 2016 bis November 2017 kassierte er dafür 530 000 US-Dollar.[353] Sein Hauptaugenmerk galt dem in den USA lebenden Prediger Fethullah Gülen, dem Todfeind Erdoğans. Flynn verhandelte laut *Wall Street Journal* mit führenden türkischen Politikern über eine inoffizielle Auslieferung Gülens in einer Nacht-und-Nebel-Aktion. Die Verhandlungen fanden während des Präsidentschaftswahlkampfs statt, als Flynn als unbezahlter Berater Donald Trumps aktiv war. Teilnehmer an der Verhandlungsrunde am 19. September 2016 war auch der ehemalige CIA-Direktor James Woolsey. Wie er gegenüber dem *Wall Street Journal* sagte, waren die von beiden Seiten besprochenen Handlungen »gesetzwidrig« und das Thema selbst »erstaunlich«. An dem Treffen hätten auch der Schwiegersohn Erdoğans und der türkische Außenminister Mevlüt Cavusoglu teilgenommen, so James Woolsey.[354] Ein Sprecher von Flynn erklärte hingegen, dass bei diesem Gespräch nie über eine »inoffizielle Auslieferung« Gülens an die Türkei gesprochen worden sei. Im Februar 2017 musste Flynn sein Amt wegen seiner dubiosen Kontakte zu Wladimir Putin trotz Widerstandes seitens Trump aufgeben. Offenbar hatte er, was diese Kontakte betraf, etwas geflunkert. Sicher ist hingegen, dass Erdoğan sich an die US-Regierung wandte, um die Freilassung Zarrabs zu erreichen, und zwar im Austausch gegen einen in der Türkei verhafteten US-Pfarrer, dem vorgeworfen wird, die Gülen-Bewegung unterstützt zu haben.[355]

6. KAPITEL

Ein notwendiger Rückblick nach Italien, um die Gegenwart und die drohende Zukunft zu verstehen

Bereits in den Sechzigerjahren des vorigen Jahrhunderts beschrieb Leonardo Sciascia, der 1921 in Sizilien geborene Schriftsteller und Abgeordnete im Stadtrat von Palermo, in seinem Roman *Il giorno della civetta* (dt. *Der Tag der Eule*) einen Polizeikommissar, der im Kampf gegen die Mafia gescheitert ist.

> »Vielleicht verwandelt sich ganz Italien allmählich in Sizilien ... die Wissenschaftler behaupten, die Palmgrenze, das heißt das für die Vegetation der Palme günstige Klima, rücke nach Norden vor. Soweit ich mich erinnere, jährlich fünfhundert Meter. [...] Sie klettert herauf wie die Quecksilbersäule eines Thermometers, diese Palmgrenze, diese Grenze des schwarzen Kaffees und der Skandale. Immer weiter herauf durch ganz Italien. Schon ist sie über Rom hinaus.«[356]

In seinem späteren Roman *Il contesto* (dt. *Tote Richter reden nicht*) schrieb er:

> »Sizilianisch und italienisch mögen das Licht, die Farbe sein, aber die Substanz (wenn sie da ist) will etwas über

die Macht aussagen. Über die Macht, die immer undurchsichtigere Formen der Verflechtungen annimmt, wie sie in gewisser Weise für die Mafia eigentümlich sind.«[357]

Leonardo Sciascia ist 1989 verstorben.

Er hätte sich in seinen kühnsten Fantasien nicht vorstellen können, dass genau das eintreten würde, was er in den Sechziger- und Siebzigerjahren in Romanform beschrieb. Die Mafia hat nicht nur Rom überschritten, sondern auch, sowohl was die Methode als auch, was das strukturelle System angeht, inzwischen sogar Regierungen weltweit erobert.

Zweifellos hat sich das Bild der Mafia in den letzten 40 Jahren radikal verändert. Noch in den Achtzigerjahren bestritten Experten, dass es eine organisatorische Einheit innerhalb der Cosa Nostra gebe. Sie bezeichneten die sizilianische Mafia als ein Agglomerat unabhängiger, nur locker und von Fall zu Fall miteinander kooperierender Familien. Man ging davon aus, dass eine Organisation namens Mafia gar nicht existierte, sondern nur Ausdruck der sizilianischen Mentalität, eine Subkultur sei.

Und die Mafia selbst benutzte dieses Wort ebenfalls nie.

»Mafia – von diesem Wort findet sich in Provenzanos pizzini nicht die geringste Spur. Keine Spur auch in den pizzini, die er empfangen hat. Das ist – mit Verlaub gesagt – so ähnlich, als würden der FIAT-Vorstand und die FIAT-Vertragshändler in ihren Geschäftsbriefen niemals das Wort FIAT erwähnen.«[358]

Pizzini waren von Provenzano mit Schreibmaschine auf ein Blatt Papier geschriebene Befehle, die mehrfach gefaltet, versiegelt und von Hand zu Hand weitergereicht wurden.

Ab dem Jahr 2000 und dem großen Prozess in Palermo herrschte die Auffassung vor, die Cosa Nostra sei so sehr geschwächt, dass sie quasi nur noch in Rudimenten existiere. Ihre »Blütezeit« sei vorbei, die Verhältnisse seien andere als in den Siebziger-, Achtziger- und Neunzigerjahren des vorigen Jahrhunderts, als sie sehr mächtig und in der Öffentlichkeit zunehmend präsent gewesen war. Zweifelsohne wurde sie durch eine im Wesentlichen von couragierten Staatsanwälten und Richtern initiierte Verhaftungs- und Verurteilungswelle geschwächt. Sie verschwand zumindest als Bedrohung teilweise aus dem öffentlichen Bewusstsein, war aber keineswegs tot. Sie hatte sich mit der ihr eigenen Flexibilität an die herrschenden Bedingungen angepasst und lediglich ihre Strategie der Bekämpfung des Staates geändert. Fortan galt es, ihn zu infiltrieren. »Die Aktivitäten sind sehr unterschiedlich. Im Jahr 1992 beziehungsweise zwei, drei Jahre zuvor wurde in der Lombardei das Korruptionsnetzwerk Tangetpoliti enthüllt. Hier wurde deutlich, wie sehr die politische Elite durch Unternehmen korrumpiert wurde. Es war eine bilaterale Beziehung. Zur gleichen Zeit gab es in Sizilien die gleiche Situation. Aber es kam eine dritte Kraft hinzu. Das war die Cosa Nostra. Im sogenannten Riina-Pakt zahlten die Unternehmer, um Aufträge zu erhalten, zwei bis drei Prozent an die Politiker und 0,8 Prozent an die Cosa Nostra.[359] Tatsächlich könnte die Mafia ohne die mit ihr kooperierenden Unternehmen und Politiker nicht existieren. Denn die damals herrschenden Mafiabosse, ob Salvatore »Totò« Riina oder Bernardo Provenzano, die Capi dei capi, waren intellektuell ziemlich unterbelichtet. Sämtliche Aktivitäten, die ihnen zugeschrieben wurden, seien es die kriminellen oder legalen Geschäfte, seien es Mord oder Millionen-Investitionen, wären ohne die Unterstützung der Bürgerinnen und Bürger in ihrem Territorium, der Unternehmer und einflussreicher Politiker, allenfalls in der Planung möglich gewesen.

*

Es sollte viele Jahre dauern, bis durch entsprechende Ermittlungsergebnisse die neue Entwicklung der Mafien bekannt wurde. Die Operazione Crimine, die ab dem Jahr 2010 unter strikter Geheimhaltung von den Justizbehörden in Reggio Calabria und Mailand geleitet wurde, führte nicht nur zur Festnahme von 304 Personen, sondern war der zentrale Wendepunkt in der Bekämpfung der Mafien. Bis dahin hatte es keinen Präzedenzfall in Italien gegeben, der zweifelsfrei nachgewiesen hätte, dass die 'Ndrangheta tatsächlich als straff geführte Organisation existierte, mit einer Struktur und einem Koordinierungsorgan. Sie wurde vielmehr als eine lose Ansammlung krimineller Banden gesehen, die zuweilen Bündnisse schließen.

> »Crimine hat offengelegt, wie das politische Leben der 'Ndranghetisti ganz Italien umfasst. Mit einer oder zwei Ausnahmen ist jede norditalienische Locale der Klon eines Mutter-Locale in Kalabrien. Ein Überläufer lieferte ein lebhaftes Bild für dieses Verhältnis: ›Eine Frau gebärt ein Kind, doch die Nabelschnur wird nie durchschnitten.‹ Diese Nabelschnur steht für die engen Blutbande zwischen Mitgliedern desselben Clans.«[360]

Das klare Fazit lautet:

> »Wir haben es nicht etwa mit Familien zu tun, die nur auf sich selbst bezogen und in einer archaischen Primi-

tivität gefangen sind, die sich in Ritualen, Formeln und unterirdischen Bunkern zeigt, ohne dass sie die Fähigkeit besäßen, in einer modernen und fortgeschrittenen Gesellschaft zu leben und zu handeln. Wir haben es vielmehr zu tun mit nicht nur jungen Leuten, die sich des Internets und anderer Instrumente modernen Lebens voll und ganz zu bedienen wissen (fast alle Untergetauchten hatten ihren Computer mit Internet-Anschluss). Wir haben es zu tun mit neuen Generationen alter Dynastien, die ihre Universitätsabschlüsse haben, voll gesellschaftsfähig und in der Lage sind – sei es durch Geld, Prestige oder Einschüchterung –, sich ›Zusammenarbeit‹ (wenn wir sie so nennen wollen) von den Vertretern aller gesellschaftlicher Kategorien, selbst der höchsten zu kaufen.«[361]

Der Soziologe Francesco Forgione beschreibt es folgendermaßen:

»Alle Locali der Provinz Reggio Calabria mit sämtlichen Verästelungen in Italien und der ganzen Welt, im Jargon der 'Ndranghetisti Provincia genannt, werden vom Crimine koordiniert, der eine Leitbildfunktion innehat, Kontroversen schlichtet und die wichtigen Operationen und Großgeschäfte koordiniert, in welche mehrere Territorien und Familien involviert sind.«[362]

Dank der Operazione Crimine wurde unter anderem die direkte oder indirekte Kontrolle der 'Ndrangheta über bedeutende wirtschaftliche Aktivitäten sowohl in Kalabrien als auch im Rest Italiens und Europas nachgewiesen. Was die Geschäfte angeht, unter anderem in der Immobilien- und

Baumaschinenbranche, der Gastronomie sowie bei der Erteilung öffentlicher und privater Aufträge. Bewiesen wurde außerdem, dass enge Verbindungen in Politik und öffentliche Verwaltung bestehen. Hinzu kam, dass die 'Ndrangheta selbst die Ermittlungs- und Sicherheitsbehörden infiltriert hatte, und zwar auf hoher Ebene. Vermutet hatte man das schon immer. Aber jetzt stellte sich durch die zahlreichen Ermittlungsverfahren heraus, dass diese Infiltration ein wesentlicher Stützpfeiler der Mafia war und ist.

Der Fall Giovanni Zumba – die Mafia und die Nachrichtendienste

Besonders aufschlussreich in diesem Zusammenhang waren die Ermittlungen gegen den Wirtschaftsprüfer Giovanni Zumbo. Seine gesamte Familie (Schwester, Ehefrau, Schwiegersohn) diente dem 'Ndrangheta-Clan von Giuseppe Pelle. »Sie bildeten ein Team von Wirtschaftsprüfern und Anwälten, die in der Lage waren, für alle Probleme die entsprechenden Lösungen zu finden.«[363] Seit Jahren war Zumbo als Zwangsverwalter im Namen der Gerichte tätig, auch als Verwalter eingezogener Vermögenswerte von Mafia-Gruppen. Die gesetzliche Grundlage dafür war ein Gesetz zur Wiederverwertung von eingezogenem Mafia-Besitz, das auf Druck der gegen die Mafia kämpfenden Zivilgesellschaft durchgesetzt worden war.

Und wie verfuhr nun der Treuhänder des Staates, der für die Wiederverwertung dieses Mafia-Besitzes eingesetzt wurde? Er begünstigte in allen Fällen die ehemaligen Eigentümer, also die 'Ndrangheta-Clans. Am 21. Januar 2010 besuchte

Staatspräsident Giorgo Napolitano Reggio Calabria. Nur ein paar Hundert Meter vom Flughafen entfernt fanden die Carabinieri ein mit Waffen und Sprengstoff beladenes Fahrzeug. Der Tipp kam von Giovanni Zumbo. Doch das Ganze war ein Trick, den sich der Boss Giovanni Ficara ausgedacht hatte. Der lag im Streit mit seinem Vetter Pino und wollte ihn damit diskreditieren. Und Zumbo machte das Spiel mit.

Der clevere und in Reggio Calabria hoch angesehene Zumbo war es auch, der im Haus des Clanchefs Pelle und in Gegenwart eines weiteren 'Ndrangheta-Angehörigen Details der staatsanwaltlichen Ermittlungen im Rahmen der Operazione Crimine ausplauderte, und das Monate, bevor diese Ermittlungen am 13. Juli 2010 zu zahlreichen Festnahmen führten. Dabei wurde auch Zumbo selbst verhaftet, trotz heftigen Protests, schließlich sei er doch eine wichtige und ehrenhafte Persönlichkeit.

*

In den Jahren 2004 und 2006 hatte Zumbo sogar mit dem italienischen Geheimdienst zusammengearbeitet. »Meine Aufgabe war es, einen Pakt sicherzustellen. Ich war die Schnittstelle zwischen der Coche und dem Staat.« Als er das sagte, am 20. Oktober 2011, befand er sich bereits im Gefängnis und sprach mit seiner Frau, nicht wissend, dass ihre Unterhaltung abgehört wurde.[364] In einem anderen Telefongespräch, diesmal im Haus des Mafioso Pelle, notierten die mithörenden Ermittler:

> »Ich war Teil von [...] und ich bin immer noch Teil eines Systems, das viel, viel größer ist als das, was [...], aber ich sage Ihnen eins, und ich sage es Ihnen ganz ehrlich:

Das sind die schlimmsten Schweine der Welt, und ich sehe mich als eine ehrliche Person, ich weiß, dass ich ehrlich bin [...] oft höre ich mich sagen [...] machen zu müssen [...] nicht machen zu müssen, weil sie mich zwingen könnten, sondern weil ich von Schweinereien höre, dass es mich schaudert!«[365]

Anfang Januar 2016 wurde Zumbo in letzter Instanz zu einer elfjährigen Gefängnisstrafe verurteilt. Damit wurde die Anklage des Anti-Mafia-Staatsanwalts Giovanni Musarò vollständig bestätigt.

Der Clan, dem Zumbo so verbunden war, ist auch in Deutschland zu finden, behaupten zumindest das Bundeskriminalamt und die Anti-Mafia-Staatsanwälte in Rom. Auch die Standorte und die Beteiligungen des Clans an Restaurants und die anderen Unternehmen sind bekannt. Sie konkret zu benennen ist schwierig, weil deutsche Richter entschieden haben, dass sie hier ja nicht strafrechtlich verfolgt werden können und ihr Persönlichkeitsrecht – das heißt ihre Ehre – zu wahren sei. Die Schriftstellerin Petra Reski fasst das Problem so zusammen: »Das deutsche Recht macht es der Mafia leicht, Journalisten zu verklagen – und diese Prozesse auch zu gewinnen. Mit Gerichtskosten, Anwaltskosten, Schadensersatzklagen wird eine Drohkulisse aufgebaut, die auf Journalisten, Autoren, Filmemacher, Verlage und Sender wirken soll.«[366]

Die Spuren von Crimine nach Deutschland

Die Ermittlungen im Zusammenhang mit einer weiteren Operation, Crimine 2, führten nicht nur zur Festnahme von 41 Personen, die in Verbindung mit dem organisierten Verbrechen in mehreren europäischen Städten standen, sondern auch nach Deutschland und in die Schweiz. Hier wurden die »Locale«[367] in Singen und Frankfurt am Main von Bruno Nesci und Domenico Oppedisano geleitet. Nesci und Oppedisano wurden im Jahr 2010 in Italien verhaftet. Die illegalen Einnahmen aus dem Drogenhandel, der Eintreibung von Schutzgeldern und aus Wucherzinsen investierten sie weltweit. Bruno Nesci beispielsweise leitete verschiedene Immobilien- und Landwirtschaftsunternehmen, unter anderem eine GmbH in Mannheim und die Heating and Air Conditioning Ltd in Toronto.

Ein Geschäftsführer für Nesci und Oppedisano, vor allem in den Bereichen Gastronomie und Landwirtschaft, war A.M. aus Rheinland-Pfalz. Er importierte und exportierte typisch kalabresische Produkte und belieferte die Restaurants in den Gebieten, die von der Locale von Frankfurt »beherrscht« werden. Dazu ist in einem Ermittlungsbericht der Anti-Mafia-Dienststelle der Carabinieri in Genua zu lesen:

> »Es wäre unmöglich, diese Unternehmungen durchzuführen, wenn nicht eine solide, unterstützende Struktur vorhanden wäre, die aus Personen besteht, die diese kriminellen Aktivitäten kennen, die sich bereit erklären, mit M. und im Namen seiner Mandanten Schwarzgeld zu investieren. Diese Personen kennen außerdem die deutsche Gesetzeslage sehr gut, sie sind bestens mit dem Handel und der Lokalpolitik vertraut und in diese

integriert bzw. involviert, und sie verdienen genug, um mit den Investitionen des M. Schritt halten zu können. Die Erträge der illegalen Operationen werden auf diverse ausländische Konten verschoben: in die Karibik, nach Panama, auf die Britischen Jungferninseln, in die Dominikanische Republik und nach Puerto Rico. Vermittler hierfür seien vor allem die Frankfurter Filiale der X-Bank, mit der allem Anschein nach alle Mitglieder der kriminellen Gruppe ein stabiles (Handels-)Verhältnis haben.«[368]

Außerdem schreibt die Anti-Mafia-Einheit der Carabinieri *(Direzione Distrettuale Criminalità Organizzata)* in Genua, dass in Deutschland bekannte Versicherungskonzerne und Finanzinstitute an großen Betrugsgeschäften in Hessen beteiligt gewesen seien. Bislang gab es noch keine Ermittlungen gegen die den italienischen und deutschen Ermittlungsbehörden bekannten Personen, Banken und Unternehmen in der Finanzmetropole Frankfurt am Main. In dem internen Ermittlungsbericht der Carabinieri heißt es weiter:

»Erschwerend kommt hinzu, dass die Organisation über Waffen verfügt und diese auch einsetzt, um Straftaten nach Mafia-Manier durchzuführen, und dass die wirtschaftlichen Tätigkeiten, die die Organisation kontrollieren möchte oder schon kontrolliert, vollständig oder zum Großteil mit Geldern finanziert werden, die aus diesen kriminellen Machenschaften stammen.«[369]

Der Gordische Knoten oder die Graue Zone

Die Mutation der Mafia ist zumindest in Deutschland bislang wenig bis gar nicht beachtet worden. Das hat wahrscheinlich seine guten Gründe. Denn es geht um das, was die italienischen Anti-Mafia-Staatsanwälte die »Graue Zone« nennen. Damit ist ein gesellschaftlich-politisch-wirtschaftlicher Komplex gemeint, bei dem eine Komplizenschaft mit der Mafia schwer nachzuweisen ist, obwohl diese unabdingbar ist für den Erfolg der Mafien. Der ehemalige Staatsanwalt Luigi de Magistris erkannte diese Probleme, die Verbindungen zwischen Mafia, Politik und Wirtschaft, bereits im Jahr 2005, als er noch Staatsanwalt in Salerno war: »Wer die Mafia besiegen will, muss den Knoten, das Geflecht aus korrupten Politikern, Beamten, Geschäftsleuten und Mafiosi durchschlagen. Doch das ist kaum möglich.«[370] Inzwischen ist er Bürgermeister von Neapel und versucht es zumindest. Um diese Graue Zone juristisch ahnden zu können, gibt es in Italien inzwischen den Straftatbestand der Beihilfe/Unterstützung krimineller Vereinigungen nach Art der Mafien *(concorso esterno)*. In Deutschland undenkbar. Gäbe es diesen Straftatbestand – die Staatsanwälte wären total überfordert.

In Italien hingegen ist dieser Straftatbestand eines der wichtigsten strafrechtlichen Instrumente, um die Komplizenschaft zwischen Mafien und der Grauen Zone aufzubrechen und deren Protagonisten vor Gericht zu bringen.

Der heutige Oberstaatsanwalt in Rom, Pignatone, zitiert in einem Aufsatz über »Die Graue Zone« den im Jahr 2002 verhafteten Antonino Giuffrè, eine Führungsfigur der Cosa Nostra, als Paradebeispiel für die Graue Zone. Giuffrè war der Überläufer, der einzelne Forza-Italia-Politiker, also Mitglieder

der Partei Berlusconis, beschuldigte, enge Kontakte zur Cosa Nostra zu pflegen.

»Der heute 72-jährige Antonino Giuffrè, ein Pentito, also Kronzeuge der Staatsanwaltschaft, hat ausgesagt, alle Wege hätten zu Silvio Berlusconi geführt, ›einer Person, die durchaus in der Lage ist, die Geschicke Italiens, sagen wir, ein wenig voranzubringen‹. Ein andermal berichtet er, wie es zu einer ›Übereinkunft‹ zwischen der im Entstehen begriffenen Forza Italia und den Corleonesi kam. Dass es ein solches Abkommen gab, wusste man bereits – es erscheint in den ›Papieren‹ des Prozesses gegen Dell'Utri –, doch man glaubte, es wäre durch Mittelsmänner geschlossen worden. Zur Überraschung aller sagte Giuffrè jedoch aus, es habe eine direkte Verbindung zwischen der Mafia und Berlusconi gegeben. Ich habe Carlo Greco gefragt, ob man sich auf diese Leute, die die ›Kontakte‹ hätten, verlassen könne; also ob sie zuverlässig seien. Carlo Greco antwortete, dass es da keine Probleme gebe, weil diese Leute das machten, was wir wollten.« [371]

Giuffrè sprach auch über Politiker, ihre Feigheit und Verlogenheit:

»Zwar würden sie vor jedem Wahlkampf heftig um Mafia-Stimmen buhlen und als Gegenleistung teilweise das Blaue vom Himmel versprechen, aber wenn es dann zu gerichtlichen Auseinandersetzungen käme, würden sie die abenteuerlichsten Klimmzüge machen, um nur ja nicht den Anschein zu erwecken, in irgendwelche Machenschaften verwickelt zu sein.« [372]

Nach den Erfahrungen mit dem Kronzeugen Giuffrè beschäftigte Pignatone sich intensiv mit den Beziehungssystemen des Staates, in denen die Mafia eine zentrale Rolle spielte. Seine Ermittlungen und die seines Kollegen Prestipino führten zu dem Komplex der Grauen Zone. »Es gibt zahlreiche Machtzentren in der Welt: unternehmerische, wirtschaftliche und politische. Um wirklich funktionieren zu können, müssen alle miteinander verbunden sein. Sonst funktioniert es nicht. Es ist die Einheit, die so gefährlich ist.« Und Pignatone fügt hinzu: »Es sind genau diese Verbindungen, die es den Mafien in den letzten 150 Jahren ermöglichten zu überleben. Wenn es nur ein militärisches Problem wäre, hätte der Staat sie schon längst ausgeschaltet.« Youssef M. Ibrahim, Direktor der Strategic Investment Group, stellte bereits im Jahr 2004 fest:

> »Diese Lenker gigantischer Konzerne sind Mitglieder eines winzigen Klubs, welcher die gewöhnlichen Investoren am ausgestreckten Arm verhungern lässt. Schlimmer noch, die großen Banken und Investmentfirmen helfen jenen Bossen dabei, die Spuren zu verwischen. Sie sind Freunde, die zusammen tafeln, während sie von Aufsichtsratssitzung zu Aufsichtsratssitzung ziehen. […] Die Praktiken der Konzerneliten bedrohen die globale Ökonomie.«[373]

Das alles ist seit Jahrzehnten bekannt – doch bis heute rüttelt niemand an diesen Machtstrukturen. Ich erinnere mich in diesem Zusammenhang an ein Gespräch mit Antonio Maria Costa im Sommer 2009 in Wien. Er war damals stellvertretender Generaldirektor der Vereinten Nationen und Direktor des United Nations Office on Drugs and Crime (UNODC):

»Die politische und wirtschaftliche Elite ist inzwischen kompromittiert, die Parlamente haben Angst, und das weltweite finanzielle System ist von kriminellen Strukturen durchdrungen.« Und zwar deshalb, weil

> »Investmentbanker, Fondsmanager, Rohstoffhändler und Makler zusammen mit Wirtschaftsprüfern, Steuerberatern und Rechtsanwälten kriminelle Syndikate unterstützt haben, um deren Geld zu waschen. Sie waren es, die der weltweiten kriminellen Wirtschaft doch überhaupt erst ermöglicht hatten, Teil der globalen Wirtschaft zu werden, und so wurden die kriminellen Syndikate zu legalen Geschäftspartnern.«[374]

Bekannt ist ebenfalls, dass es politisch einflussreiche Familiendynastien wie in den USA oder in Frankreich schon seit Langem gibt – sie aber *noch* durch demokratische Kontrollsysteme eingedämmt werden könnten. Das ist hingegen bei den Golfstaaten, insbesondere Saudi-Arabien, natürlich überhaupt nicht der Fall.

Müll und seine giftigen Verbindungen – ein Fallbeispiel für die Graue Zone

Es ist jetzt bereits eine ökologische Katastrophe und für künftige Generationen eine tickende Zeitbombe. Dazu zwei Meldungen. Erstens:

> »Das italienische Gesundheitsinstitut schlägt wegen der besorgniserregenden Höhe der Tumorrate in der

Camorra-Hochburg zwischen Neapel und Caserta Alarm. Wegen illegaler Müllentsorgung sei in den vergangenen Jahren die Zahl der Krebserkrankungen besonders stark gestiegen. Betroffen seien vor allem Kinder, berichtete Loredana Musmeci, Expertin des Gesundheitsinstituts.«[375]

Zweitens: Ein paar Kilometer weiter südlich, in dem Dorf Frattamaggiore, betreibt der Hausarzt Luigi Costanzo seine Praxis. Der 47-Jährige betreut dort seit drei Jahren etwa 1600 Patienten. »Mir ist sehr bald aufgefallen, dass sich bestimmte Erkrankungen häufen. Nicht nur Tumore – in fast jeder Familie hier hat jemand Krebs –, auch Asthma und Schilddrüsenprobleme nehmen zu«, erzählt er. »Außerdem haben wir eine extrem hohe Rate von unfruchtbaren Paaren und Missbildungen.«[376]

Was dieser Skandal offenbarte, war die Komplizenschaft zwischen Mafia, Politikern und Unternehmern und die Bedeutung der Grauen Zone. Im konkreten Fall gingen staatliche Betriebe und europäische Konzerne eine langfristige Beziehung mit der Camorra und der 'Ndrangheta ein, weil sich alle Beteiligten einen wirtschaftlichen Vorteil davon erhofften. Und es waren noch weitere Personen involviert: Politiker, Anwälte und Angehörige von Sicherheitsbehörden – eben die Graue Zone. Das führte schließlich zur Marktdominanz eines Camorra-Clans, der einen wichtigen Wirtschaftsbereich vor Ort kontrollieren durfte.

Gianfranco Donadio arbeitete, bevor er nach Rom kam, in Neapel als Anti-Mafia-Staatsanwalt.

»Einige Jahre arbeitete ich in dem Komplex der Giftmüllentsorgung. Ich weiß aus meinen Ermittlungen, dass

> bis 1992 Regionen im Süden Italiens mit toxischem Müll verseucht wurden – Müll aus ganz Europa, nicht nur aus Italien. Alle und jeder waren involviert. Die europäischen Unternehmen hatten damals ein großes Problem. Wir stellten bei unseren Ermittlungen fest, dass eine kriminelle Organisation ihre kriminellen Aktivitäten legalen Unternehmen angeboten hatte, und diese Angebote der Camorra wurden auch angenommen. Es gab Allianzen zwischen der Mafia und großen europäischen Konzernen. Da gibt es heute noch interessante Verbindungen nach Deutschland. Ich bin überzeugt, dass große europäische Konzerne hier mit der Camorra nicht nur zusammengearbeitet haben, sondern immer noch zusammenarbeiten.«[377]

Ein schwerer Vorwurf. Doch Gianfranco Donadio stützte sein Wissen unter anderem auf die Aussage von Carmine Schiavone, dem Schatzmeister des Casalesi-Clans aus Caserta. Der hatte sein Schweigen gebrochen und unter anderem auch über geheime Absprachen zwischen dem Clan der Casalesi einerseits und deutschen und italienischen Unternehmern andererseits ausgepackt. Diese hätten hochgiftigen und radioaktiven Müll in Kampanien, im Mittelmeer und in Nordafrika entsorgen lassen. Darunter sei auch Industriemüll aus Norditalien und aus Deutschland gewesen. Seine Insiderkenntnisse hatte er den Ermittlern bereits im Jahr 1993 anvertraut, nachdem er sich als Kronzeuge zur Verfügung gestellt hatte. Aber seine Aussagen wurden damals als geheim eingestuft, und nichts tat sich daraufhin im mafiosen Sumpf Neapels. Wenige Jahre später, am 7. Oktober 1997, enthüllte Schiavone vor einer parlamentarischen Untersuchungskommission in Rom die kriminellen Aktivitäten seines Clans in

Bezug auf die Entsorgung von Giftmüll. Das Protokoll seiner Anhörung umfasst 43 Seiten. Es enthält auch seine Aussagen zu den Aktivitäten des Casalesi-Clans in Frankfurt am Main, München, Baden-Baden und Dortmund. Auf Seite 33 antwortete Schiavone auf die Frage des Präsidenten der Kommission nach Korruption beim Bau der Autobahn Neapel – Caserta:

> »In Deutschland hat ein Mitglied von uns mit 99 Firmen die Autobahn von Baden-Baden nach München gebaut mit 27 Milliarden in deutschem Geld. Also, da muss man sich nicht wundern, das passiert nicht nur in Italien; leider haben wir uns wegen der Zeitungen daran gewöhnt zu denken, dass die Italiener alle Diebe sind, aber so was passiert in Frankreich, in ganz Europa, von Südamerika gar nicht zu reden. Vielleicht fällt das in Italien mehr auf, es hat hier immer einen politischen Krieg gegeben, dass der eine den anderen aus dem Weg schaffen will, daher wird über diese Sachen mehr berichtet im Fernsehen und in den Zeitungen.«

Allerdings hat es eine Autobahn von Baden-Baden nach München nie gegeben, was die Glaubwürdigkeit des Kronzeugen natürlich einschränkt. Am Ende seiner Vernehmung verabschiedete ihn der Präsident der Untersuchungskommission mit den lapidaren Worten: »Va bene, grazie.« Danach erhielten Schiavones Aussagen den Vermerk »Geheim«. Aus Gründen der Staatssicherheit sollten sie der Öffentlichkeit eigentlich bis zum Jahr 2020 vorenthalten werden. Inzwischen ist der Bericht auf Druck einiger Abgeordneter allerdings deklassifiziert und damit öffentlich gemacht worden.[378]

Und im Jahr 2013 redete Carmine Schiavone selbst in aller

Öffentlichkeit darüber, nachdem der Pakt mit dem Staat, das heißt die Kronzeugenregelung die ihn bislang geschützt hatte, ausgelaufen war. Das Motiv? »Entgegen seinen Erwartungen seien diese Informationen niemals an die Öffentlichkeit geraten, sie wurden geheim gehalten, und er selbst habe sich immer wieder vor Mordversuchen des italienischen Geheimdienstes schützen müssen. ›Wenn ich jetzt rede, gibt es keinen Grund mehr, mich umzubringen‹.«[379]

Die Politiker hingegen winkten ab. Schließlich sei Schiavone ein Krimineller gewesen und daher nicht glaubwürdig. Außerdem habe die Camorra Ende der Achtziger- und Anfang der Neunzigerjahre Bürgermeister in allen 106 Kommunen der Provinz Caserta für ihre Ziele eingespannt. Der Clan Casalesi habe zudem auf das Stillschweigen mehrerer Minister sowie des früheren Ministerpräsidenten Ciriaco De Mita vertrauen können. Der war von 2009 bis 2014 Mitglied des Europaparlaments und Stellvertreter im Haushaltskontrollausschuss.

Über ihn sagte auch Francesco Fonti aus, ein Capo und späterer Kronzeuge der 'Ndrangheta im Jahr 2009. Die 'Ndrangheta war in dem besagten Zeitraum ebenfalls maßgeblich an dem Giftmüllgeschäft beteiligt:

> »Wir haben uns drei oder vier Mal in seinem Appartement in Rom getroffen, wo wir mit kühler Freundlichkeit empfangen wurden. Beim ersten Mal führte er mich in sein Wohnzimmer und sagte: ›Es ist nur ein Geschäft.‹ Ein Ausdruck, den er bei verschiedenen weiteren Treffen immer wiederholte, um damit den Unterschied zwischen seiner und meiner Rolle auszudrücken.« [380]

Er behauptete, drei mit Giftstoffen beladene Schiffe eigenhändig vor der Küste Kalabriens auf offener See zur Explosion gebracht zu haben. Eines davon sei die mit radioaktiven Abfällen beladene MS *Cunsky* gewesen, die er im Jahr 1992 persönlich 20 Meilen vor Cetrato durch eine Explosion auf Grund gesetzt habe.[381] Das Schiff wurde nie gefunden, und man warf Fonti vor, diese Geschichte frei erfunden zu haben.

*

In seiner Anhörung vor der Parlamentskommission im Jahr 1997 hatte Schiavone sehr häufig den Namen des neapolitanischen Anwalts Cipriano Chianese genannt. Der war damals nicht nur Anwalt, sondern auch ein erfolgreicher Unternehmer und seit 1994 auch Abgeordneter der Forza Italia von Silvio Berlusconi. Man nannte ihn stolz Neapels »Abfall-König«.

Erst knapp 17 Jahre nach Schiavones Aussage vor dem Untersuchungsausschuss wurde der »Abfall-König« verhaftet. Im Juli 2016 verurteilte ein Gericht in Neapel ihn »als Erfinder der Öko-Mafia im Auftrag des Casalesi-Clans zu 20 Jahren Gefängnis: wegen illegaler Abfallbeseitigung, die eine Umweltkatastrophe auslöste, und der Zusammenarbeit mit der Mafia«.[382] Während seiner Vernehmungen hatte der Grenzgänger zwischen Mafia, Unternehmen und Politikern seine intimen Beziehungen zu einzelnen Carabinieri offenbart, denen er 25 000 Euro und andere Geschenke zukommen ließ. Er hatte zudem direkten Zugang zu den Mitgliedern des parlamentarischen Untersuchungsausschusses in Rom, welche die Aussage Schiavones zur Geheimsache erklärten. Und er gab zu, gute Beziehungen ins Umweltministerium in Rom gehabt zu haben, und zwar so viele, dass er sich bedauerlicherweise nicht mehr »an die vielen Namen erinnern« könne.[383]

Mitverurteilt wurde ein Komplize, der zur geheimen Freimaurerloge P2 gehörte.

Der hochgiftige, teilweise radioaktive Abfall liegt unterdessen nach wie vor in Kampanien und der Nachbarregion Basilicata vergraben oder ruht in 5000 Metern Tiefe vor der Küste Kalabriens – eine ökologische Katastrophe.

*

An dieser Stelle fügt sich wieder vieles zusammen. Mit meinem Kollegen Rainer Nübel besuchte ich Anfang 2010 im Umweltministerium in Rom einen Mann, der mit seinem Team beharrlich, aber bislang vergeblich versuchte, die Öffentlichkeit zu mobilisieren, damit vor Kalabriens Küste versenkte Giftschiffe endlich gehoben werden. Er sprach von insgesamt 120 Schiffen, die er auf einer Karte eingezeichnet hatte. Darunter waren Schiffe, deren Besatzungen kein SOS gesendet hatten, und solche, die als Ladung Marmorplatten angegeben hatten, ein idealer Schutz für radioaktive Abfälle.

> »Aus den Dokumenten, die uns noch vorliegen, lässt sich das System der kriminellen Giftmüllentsorgung rekonstruieren. Die Mafia war dabei nur das letzte Glied in einer ganzen Kette. Sie war dafür zuständig, die Schiffe mit Giftmüll von Firmen aus diversen europäischen Ländern zu versenken. Darunter sind Firmen aus Holland, Belgien, Frankreich, Deutschland, Österreich, der Schweiz und Spanien.«[384]

»Mafia« meinte in diesem Fall 'Ndrangheta.

Der hohe Beamte hatte sichtlich Angst. Zeugen und Ermittler, die in der Vergangenheit versucht hatten, das Geheimnis der versunkenen Schiffe im Mittelmeer zu lüften, waren massiv bedroht worden. Belastende Unterlagen verschwanden. Zuständige Staatsanwälte wurden ausgewechselt. Der Journalist Gianni Lannes verfolgte intensiv die Spuren der Giftschiffe und sprach mit Bürgern, die an Krebs erkrankt waren. Zwischen Juli 2009 und November 2009 seien drei versuchte Mordanschläge auf ihn verübt worden, sagte er. Doch er gab nicht auf und enthüllte, dass Unternehmen der 'Ndrangheta an dem kriminellen Geschäft mit dem Staatsbetrieb Centrale Nucleare Caorso beteiligt waren.[385]

Die Staatsanwaltschaften beklagten sich damals, dass man ihnen weder personelle noch finanzielle Unterstützung gewähre, um die vielen Verdachtsmomente verfolgen zu können. Die Bürger hatten Angst und fragten sich, wer die giftigen Stoffe in ihrem Meer abgeladen und damit ein Naturparadies zerstört hatte, zumal an einigen Orten eine erhöhte Krebsanfälligkeit festgestellt wurde.

Wir sprachen auch mit Staatsanwalt Nicola Maria Pace, der heute in Bari als Staatsanwalt tätig ist. Er ist sehr zurückhaltend, betrafen seine Ermittlungen doch unter anderem das Forschungszentrum ENEA, das mit tatkräftiger Unterstützung der 'Ndrangheta radioaktive Abfälle, die man nicht legal entsorgen konnte, illegal versenkt haben soll. Außerdem ermittelte er im Fall des seltsamen Todes des Korvettenkapitäns Natale De Grazia, der einem Team der Staatsanwaltschaft Reggio Calabria angehörte, das die Ermittlungen im Zusammenhang mit den versunkenen Schiffen durchführen sollte. Er hatte zahlreiche Beweise gefunden, dass vor Kalabriens Küste tatsächlich Giftschiffe versenkt worden waren. Staatsanwalt Pace war eng befreundet mit De Grazia und wusste, dass der Korvettenkapitän bei seinen Ermittlungen weit vorangeschritten war. Es ging insbesondere um das am

21. September 1987 20 Meilen vor dem Cap Spartivento gesunkene Schiff *Rigel,* das anscheinend radioaktive Abfälle geladen hatte. Es war der 12. Dezember 1995. »Natale hat mich morgens noch angerufen und gesagt, wenn ich heute zurück bin, zeig ich dir genau die Stelle, wo die *Rigel* liegt.« Doch der bis dato kerngesunde Korvettenkapitän starb noch am selben Tag im Alter von 39 Jahren an plötzlichem Herzversagen, nachdem er in einer Raststätte eine Tasse Kaffee getrunken hatte. Alle seine Unterlagen waren danach nicht mehr auffindbar.

Bis heute hat niemand diese ökologische Zeitbombe im Mittelmeer entschärft – aus Kostengründen, wie es heißt. Und die europäischen Institutionen schauen zu. Fazit: »Angesichts der Verflechtung der Mafien mit weiten Teilen von Politik, Wirtschaft und Institutionen behauptet die sogenannte Graue Zone der Mafia weiterhin eine ausgeprägte Kontrolle über das Territorium.«[386]

Mafia, Rechtsextremismus und die Neuen Paten

Gemeinsam ist den Neuen Paten, dass sie, wie die italienischen Mafien, durchweg rechtsradikale Bewegungen und Parteien für sich vereinnahmen. In den USA wurde Donald Trump, unter anderem mit tatkräftiger Unterstützung der einflussreichen Neonazis im Nadelstreifenanzug, der rechtsradikalen Alt-Right-Bewegung sowie des rassistischen und antisemitischen Ku-Klux-Klan zum neuen US-Präsidenten gewählt. Ihnen geht es um die »White Supremacy«, die Vorherrschaft der weißen Rasse, die durch eine multikulturelle Gesellschaft bedroht werde. Donald Trump selbst fühlt sich diesen rassistischen Ideen seit Jahrzehnten außerordentlich verbunden. In Ungarn übernahm Viktor Orbáns Partei Fidesz die Parolen und Politik der faschistischen Jobbik-Partei (Ungarns zweitstärkste Partei). »Die Fidesz hat sich einige der Ideen und die Sprache der Jobbik-Partei ausgeliehen und zwar in eine rassistische und antisemitische Richtung.«[387] In der Türkei kuschelt Despot Recep Tayyip Erdoğan mit der rechtsradikalen Partei MHP und ihren faschistischen Schlägerbanden, den Grauen Wölfen. Und in Deutschland ist die rechtspopulistische AfD mit ihren fließenden Übergängen zu rassistischen rechtsradikalen Bewegungen seit einigen Jahren im Aufwind.

Zur politischen Grundorientierung der klassischen italienischen Mafia stellt Anti-Mafia-Staatsanwalt Donadio kategorisch fest: »Sie war immer eine starke antikommunistische Allianz. Sie hat immer rechtsextreme Positionen, Neonazis und neofaschistische Strukturen verteidigt.«

Bereits in den Siebzigerjahren des vorigen Jahrhunderts zeichneten sich diese Beziehungen ab, und sie sind bis heute aktuell geblieben. Der italienische Historiker Enzo Ciconte hat sich intensiv mit den Verbindungen zwischen Mafien und Rechtsterrorismus beschäftigt. Er nennt als Beispiel Julio Valerio Borghese, der am 7. Dezember 1970 einen faschistischen Putsch durchführen wollte, der im letzten Moment abgesagt wurde. Einen Vortrag, den Ciconte darüber in Berlin hielt, kommentierte Ambros Waibel in der *taz:* »Neu in Cicontes Vortrag war für mich, dass ein Boss der kalabresischen Mafia-Organisation 'Ndrangheta, Paolo de Stefano, sich für die Putschpläne des faschistischen Prinzen Borghese so begeisterte, dass er ein Heer von 1500 Mafiosi zur Unterstützung bereitstellte.«[388] Vermittler zwischen dem Putschisten Borghese und dem 'Ndrangheta-Clan war der Rechtsanwalt

Paolo Romeo aus Reggio Calabria. Der Anwalt kontrollierte bis ins Jahr 2010 hinein nicht nur die Auftragsvergabe für öffentliche Bauten in Reggio Calabria. Nach seiner Verhaftung im Juli 2016 warf die Staatsanwaltschaft in Reggio Calabria ihm außerdem vor, zusammen mit einem Senator und einem ehemaligen Regionalminister »Kopf einer geheimen Struktur zu sein, die erheblichen Einfluss auf die 'Ndrangheta hat«.[389]

In Rom (und das ist nur ein Beispiel von vielen für die enge Beziehung zwischen Mafien und Faschismus) war Gianni Alemanno von 2008 bis 2013 Oberbürgermeister. Der einstmals glühende Anhänger der italienischen Neofaschisten trägt »als Erinnerung an seine Vergangenheit noch immer ein Keltenkreuz an seiner Halskette [...] und kommentiert seine Karriere als neofaschistischer Schläger mit der Bemerkung, einer gewesen zu sein, der sich noch nie einem Getümmel entzogen habe«.[390] Seinen Einzug ins Rathaus feierten seine Anhänger mit dem faschistischen Gruß. Schon in seiner Zeit als Oberbürgermeister wurde ihm vorgeworfen, ehemaligen Weggefährten unabhängig von ihrer Qualifikation Tausende lukrativer Posten in städtischen Betrieben zugeschanzt zu haben.[391] Gleichzeitig gerierte Alemanno sich als großer Saubermann. Bettler, fahrende Händler und Obdachlose sollen aus dem Stadtbild verschwinden.

Der 1958 in Mailand geborene Massimo Carminati gehörte Ende der Siebzigerjahre zur neofaschistischen Terrorgruppe *Nuclei Armati Rivoluzionari* (NAR, »Bewaffnete Revolutionäre Zellen«), die 1980 für den Bombenanschlag auf dem Bahnhof von Bologna mit 85 Toten verantwortlich war. Er war damals Verbindungsmann zur römischen »Magliana-Bande«, die entführte und mordete, und unterhielt intensive Kontakte zur Mafia, der Geheimloge P2 und Geheimdiensten.

Bis zu seiner Verhaftung durch eine Sondereinheit der Carabinieri im Dezember 2014 genoss Carminati in Rom die Unterstützung von Oberbürgermeister Alemanno. In einem abgehörten Gespräch bezeichnete er sich selbst als Figur der »Zwischenwelt«, in der sich doch in Rom alle träfen. »Denn auch die Leute, die in der Oberwelt leben, sind interessiert, dass jemand in der Unterwelt für sie Dinge erledigt, die sonst keiner machen kann.«[392]

Fest stehen also vielerlei Verbindungen von Mafien auf der einen und Rechtsextremisten und Rechtspopulisten auf der anderen Seite. Sowohl der ehemalige italienische Ministerpräsident Giulio Andreotti als auch Silvio Berlusconi stützten ihre Macht auf ihre engen Verbindungen zur Cosa Nostra, um linke demokratische Bewegungen zu neutralisieren. Für diese Verbindungen steht insbesondere Nicola Di Girolamo. Der Unternehmer, Anwalt und Senator ist auf einem Foto während eines Abendessens im Jahr 2010 zu sehen, und zwar mit einem 'Ndranghetista aus Crotone und dem Geschäftsmann Gennaro Mokbel. Letzterer war Gründer der faschistischen Bewegung Alleanza Federalista und unterhielt gleichzeitig Verbindungen zu italienischen und britischen Nachrichtendiensten. »Aus einem abgehörten Telefongespräch, das die Tageszeitung *La Repubblica* veröffentlichte, ging hervor, dass Gennaro Mokbel ein Abendessen mit dem Auslandschef des britischen MI5 organisiert hatte.«[393] In Mokbels Luxussuite in Rom konnte Di Girolamo auch Marmorbüsten von Mussolini und Hitler bewundern.

Der Senator schien damals aber nicht nur im Auftrag von Mokbel eine zentrale Vermittlerrolle bei einer milliardenschweren Geldwäscheoperation zu spielen. Auf einem Foto, das von der italienischen Wochenzeitschrift *L'Espresso* veröffentlicht wurde, ist Di Girolamo gemeinsam mit einem

Mann zu sehen, dem er freundschaftlich eine Hand auf die Schulter legt und den Staatsanwälte in Reggio Calabria und Rom als 'Ndrangheta-Boss Franco Pugliese identifizierten.[394]

Die Staatsanwälte beschuldigten Di Girolamo und weitere Personen, über Auslandsgesellschaften Geld der 'Ndrangheta für fiktive Dienste an etablierte italienische Telecom-Unternehmen überwiesen zu haben. Diese transferierten das Geld, nach Abzug einer Prämie, wiederum an Briefkastenfirmen der 'Ndrangheta. Zuerst wies der Senator alle Vorwürfe als ungeheuerliche Beleidigung zurück. Dann schwieg er. Dann trat er zurück, wurde sofort verhaftet und legte schließlich ein Geständnis ab. Den Ermittlern bestätigte er, mithilfe des Unternehmers Gennaro Mokbel ein internationales System aufgebaut zu haben, mit dem Hunderte Millionen Euro gewaschen wurden. Am 2. November 2010 musste er sich vor Gericht verantworten. Ihm wurde die Verwicklung in einen Finanzskandal um internationale Telecom-Dienstleistungen vorgeworfen. Inzwischen wurde er wegen Steuerhinterziehung und Wahlfälschung zu fünf Jahren Gefängnis verurteilt.

Fest steht auch, dass die politischen Capo dei Capi, die Neuen Paten, grundsätzlich ein ausgeprägtes nationalistisches, religiös-fundamentalistisches, rassistisches und autoritäres Menschenbild haben. Und auch das entspricht dem der italienischen Mafien, ob Cosa Nostra, Camorra oder 'Ndrangheta.

Dabei darf die zentrale politische Ausrichtung dieser Neuen Paten keinesfalls außer Acht gelassen werden. Sie haben einen Systemwechsel eingeläutet, bei dem Nation, Traditionen und dogmatisch-religiöse Werte als ideologische Stützpfeiler für den Umbau von Staat, Wirtschaft und Gesellschaft herhalten müssen. In Wirklichkeit ist das alles nur ein ideologisches Konstrukt zur Legitimierung hemmungsloser Korruption und unkontrollierbarer Macht. Die Begriffe »Nation« und »Nationale Identität«, die alle diese Paten extensiv predigen, um ihre Anhänger zu mobilisieren, sind nichts weiter als Tarnung.

> »Der nationalistische, kollektivistische Rahmen dient nur dazu, die persönlichen Eigeninteressen der Familien zu verdecken. [...] Jene hingegen, die nicht zur Familie gehören, sind nicht Teil dieser Nation. Mit anderen Worten, all jene, die nicht zum ›Haushalt‹ des Paten gehören, müssen die Konsequenzen tragen.«[395]

*

Einer der Neuen Paten, Viktor Orbán, scheint, zumindest von seinen Amigos, zum neuen Führer Europas ernannt worden zu sein. Und diese Amigos findet man sogar im Europabüro der Konrad-Adenauer-Stiftung. »Das Europabüro der Adenauer-Stiftung«, so der Publizist Gregor Mayer, einer der besten Kenner der politischen Situation in Ungarn, »ist die Repräsentanz einer CDU-Organisation, die kritiklos vor Orbán buckelt.« Dass Orbán den Neuen Paten Recep Tayyip Erdoğan als seinen »besten Freund« bezeichnet, ist nur noch eine Randnotiz.

Bemerkenswert ist in diesem Zusammenhang, dass einer der Neuen Paten, Wladimir Putin, und seine politische Familie, das Politbüro der Mafia also, mit allen Mitteln versuchen, europäische prorussische Bewegungen und Parteien so zu steuern, dass die demokratische Öffentlichkeit infiltriert wird. Der christlich-orthodoxe Philosoph Alexander Dugin ist nicht nur einer der glühenden Bewunderer Putins, auch der russische Präsident setzt umgekehrt auf diesen Hetzer. Über rechte Bewegungen nehme Russland bereits Einfluss auf die Europäische Union, sagte Alexander Dugin in einem Interview. Am 24. April 2016 traf sich Alexander Gauland, der ideologische Steuermann der AfD, in Moskau mit ihm. Für den Russlandexperten und Journalisten Boris Reitschuster ist Dugin eine Schlüsselfigur in den rechtsradikalen Netzwerken, die Putin in Europa knüpft:

> »Gauland-Gesprächspartner Dugin will ein ›Drittes Römisches Reich‹ unter Moskaus Führung, mit Europa als Protektorat, das der Kreml vor Homosexualität und entarteten Einwanderern schützt, mit ›patriotischer Zensur‹. Die Vorhut sei schon angekommen, beteuert Dugin: ›Dass es eine prorussische fünfte Kolonne in Europa gibt, steht fest.‹«[396]

Zu den Verbündeten der europäischen Rechtsradikalen und Rechtspopulisten zählt auch eine ultra-nationalistische russische Partei. Der spanische Staatsanwalt José Grinda González, spezialisiert auf Korruption und Organisierte Kriminalität, hat nachgewiesen, dass die Liberaldemokratische Partei Russlands (LDPR) in den Neunzigerjahren mit einer kriminellen Organisation zusammengearbeitet hat, weil Abgeordnete der LDPR Führungsmitglieder der Tambowskaja in Sankt Petersburg waren. Und heute? »Einer ihrer Duma-Abgeordneten ist Andrei Lugowoi, der Ex-KGB-Agent, der von Scotland Yard für den Mord an dem FSB-Aussteiger Alexander Litwinenko verantwortlich gemacht wurde. González behauptete, der KGB und sein FSB-Nachfolger hätten die LDPR bewusst geschaffen.«[397] Vorsitzender der LDPR ist Wladimir Schirinowski, der sich gerne mit Mitgliedern der AfD sehen lässt. Die AfD habe in jüngster Vergangenheit Kontakte zu den Rechtsextremen von Schirinowskis LDPR aufgebaut, behaupteten im Februar 2017 die Journalisten Julian Röpcke und Florian Kain. Das war nach einem Besuch der AfD-Vorsitzenden Frauke Petry in Moskau, wo es auch zu einem Treffen mit Schirinowski kam. Bereits Ende Dezember 2016 hatte es in Moskau ein Treffen zwischen Vertretern der AfD und der regierungsnahen russischen Jugendorganisation »Vereinte Junge Front« (OMF) gegeben. Mit dabei waren unter anderem der Bundesvorsitzende der Jungen Alternative, AfD-Bundestagskandidat und Ex-Petry-Sprecher Markus Frohnmaier, und Nikolaj Schljamin, Präsident der OMF. »Auf einem Foto sieht man neben Frohnmaier auch Anton Morosow, Abgeordneter der rechtsextremen Partei Schirinowskis im russischen Parlament und außerdem Mitglied des Duma-Ausschusses für Auswärtige Angelegenheiten.«[398]

Gleichzeitig unterstützt Putins Partei »Einiges Russland« rechtspopulistische und rechtsradikale Organisationen und Parteien in ganz Europa. So hat seine Partei Kooperationsverträge mit der italienischen rechtsradikalen Lega Nord und der rechtsradikalen österreichischen FPÖ abgeschlossen.[399]

Am 16. Juli 2016 fand in Bingen der Jugendkongress der AfD statt. Es redete unter anderem der Bundesvorsitzende der Jungen Alternative Markus Frohnmaier. Von ihm stammt die Aussage, anlässlich einer AfD-Kundgebung in Erfurt am 28. Oktober 2015: »Ich sage diesen linken Gesinnungsterroristen, diesem Parteienfilz ganz klar, wenn wir kommen, dann wird aufgeräumt, dann wird ausgemistet, und dann wird Politik wieder für das Volk und zwar nur für das Volk gemacht, denn wir sind das Volk, liebe Freunde.«[400] Frohnmaiers Freunde in Bingen waren Gäste von den stärksten rechtspopulistischen Parteien Europas, etwa der Lega Nord, dem Front National und der FPÖ. Aus Moskau war Nikolaj Schljamin von der OMF eingeflogen.

Nachtrag

Bestürzend für eine demokratische Gesellschaft ist, dass in Frankreich, in der Slowakei, in Ungarn, Polen, Österreich, Serbien, Bulgarien, in den Niederlanden, in Italien und auch in Deutschland Politiker im Aufwind sind, die wahlweise Putin in Russland, die neue US-Regierung unter Trump oder Viktor Orbán in Ungarn zu ihrem Vorbild auserkoren haben und die Demokratie zerschlagen wollen.

Fazit: Nur eine liberale demokratische Zivilgesellschaft ist in der Lage, diese Neuen Paten und ihre Nachahmer zu stoppen. In Ungarn gibt es immer mehr Menschen, insbesondere junge Bürgerinnen und Bürger, die sich gegen das korrupte mafiose System wehren. In Russland ist die gleiche Entwicklung zu beobachten. In der Türkei selbst herrscht Friedhofsruhe, obwohl mindestens die Hälfte der türkischen Bevölkerung in Gegnerschaft zu Recep Tayyip Erdoğan steht. Und in den USA funktionieren die Presse- und Meinungsfreiheit, eine zivile Bürgergesellschaft und das Prinzip der Checks and Balances, also eine unabhängige Justiz, beispielhaft. Aber die ständigen Angriffe des neuen US-Präsidenten drohen dem ein Ende zu machen.

Überall versuchen die Neuen Paten, ihre Machtposition

abzusichern, wissen sie doch auch, dass sie mächtige Verbündete in der Wirtschaft haben – und nicht nur dort. Der Einsatz von Mafiamethoden als Mittel, um das strategische Ziel der absoluten Machteroberung zu erreichen, ist nicht allein den von mir ausgewählten Protagonisten vorbehalten. Sie stehen beispielhaft auch für andere Nationen, ob in Lateinamerika, Afrika, Asien oder Osteuropa.

Wichtig sind zudem die Verbindungen, welche die Neuen Paten zu demokratischen Politikern pflegen. Viktor Orbán kann auf seine Brüder im Geiste zählen, in Deutschland auf die bayerische CSU, in Österreich auf die konservative ÖVP und die rechtsradikale FPÖ und auf die vereinigte Rechte in Europa sowieso. Für Wladimir Putin gilt das Gleiche, ebenso für Donald Trump. Ihnen geht es um die Zerstörung der liberalen und sozialen Demokratie, und mit ihnen zu sympathisieren bedeutet eine Art Komplizenschaft. Daher gilt es, endlich zu erkennen, welche eigennützigen Interessen diese Neuen Paten tatsächlich verfolgen. Es ist nun an den Bürgerinnen und Bürgern aller europäischen Länder einschließlich Deutschlands, den Bann der herrschenden Ohnmacht gegen diese autoritären antidemokratischen Attacken zu brechen. Ein breiter zivilgesellschaftlicher Aufstand tut not. Ansonsten dürfte es bald zu spät sein. Schließlich werden das Vorbild, das die Neuen Paten abgeben, und ihre damit verbundene reaktionäre, autoritäre und demokratiefeindliche Politik immer attraktiver …

Quellenverzeichnis

Alle zitierten Internetquellen wurden bis zum 5. September 2017 auf Aktualität überprüft.

1 Arianna Giachi: »Sciascia Leonardo: Tote Richter reden nicht«, *Frankfurter Allgemeine Zeitung,* 2. Dezember 1974, S. 22

2 Petra Reski, Krimiautorin, in einem Interview mit dem MDR-Magazin *Brisant,* 29. Juli 2017; http://www.ardmediathek.de/tv/BRISANT/Mafia-Netzwerke-in-Deutschland/Das-Erste/Video?bcastId=2673662&documentId=44815620 (Beitrag inzwischen nicht mehr verfügbar, aber von der Redaktion bestätigt)

3 Gespräch mit Jürgen Maurer, 30. Juli 2017

4 Benno Plassmann, Vortrag in Berlin am 18. Juli 2017

5 https://www.thomasdemaiziere.de/mein-wahlkreis-meissen

6 Jürgen Roth: *Der tiefe Staat. Die Unterwanderung der Demokratie durch Geheimdienste, politische Komplizen und den rechten Mob,* München 2016, S. 85

7 Petrus C. van Duyne, Klaus von Lampe u. a. in: *The Organised Crime Economy,* Nijmegen 2005, S. 3

8 http://www.centroimpastato.com/von-der-mafia-zum-transnationalen-verbrechen/

9 Rocco Sciarrone: »Alte 'Ndrangheta, Neue 'Ndrangheta. Organisatorische Dimension und Außenbeziehungen«, in: *Die Wunde 'Ndrangheta und Gesellschaft*. Auszüge aus den Dokumenten der Konferenzen »La Ferita« des Museo della 'Ndrangheta, Reggio Calabria, hrsg. von Claudio La Camera und Benno Plassmann, unveröffentlichtes Manuskript, Version vom 6. Dezember 2011, S. 50

10 Gespräch mit Klaus-Dieter Matschke am 20. März 2017

11 Wilhelm Schlötterer: *Wahn und Willkür. Strauß und seine Erben oder Wie man ein Land in die Tasche steckt*, München 2013, S. 11

12 http://www.spiegel.de/politik/deutschland/horst-seehofer-lobt-donald-trump-a-1132190.html

13 John Dickie: *Cosa Nostra. Die Geschichte der Mafia*, Frankfurt am Main 2006, S. 794

14 Louis Ferrante: *Von der Mafia lernen. Die Management-Geheimnisse der ehrenwerten Gesellschaft*, München 2011, S. 28

15 Gespräch am 20. März 2017 in Rom

16 Kim Lane Scheppele, Vorwort zu Bálint Magyar: *Post-Communist Mafia State. The Case of Hungary*, Budapest 2016, S. XV

17 Rocco Sciarrone: »Alte 'Ndrangheta, neue 'Ndrangheta. Organisatorische Dimension und Außenbeziehungen«, in: *Die Wunde 'Ndrangheta und Gesellschaft*. Auszüge aus den Dokumenten der Konferenzen »La Ferita« des Museo della 'Ndrangheta, Reggio Calabria, hrsg. von Claudio La Camera und Benno Plassmann, unveröffentlichtes Manuskript, Version vom 6. Dezember 2011, S. 43

18 Louise I. Shelley: *Dirty Entanglements. Corruption, Crime, and Terrorism*, New York 2014, S. 98

19 »This idea of using government for private gain is metastasizing.« http://abcnews.go.com/amp/Politics/wireStory/state-department-promotion-trumps-mar-lago-draws-fire-46992006

20 Andreas Mink: »Steve Bannon: Trumps General der Finsternis«, *NZZ am Sonntag*, 5. Februar 2017; https://nzzas.nzz.ch/hintergrund/steve-bannon-trumps-general-der-finsternis-ld.147304?reduced=true

21 Gespräch mit Uwe Kranz, Passau, 17. April 2017

22 Gespräch mit Francesco Forgione, Reggio Calabria, 20. April 2017

23 Gespräch mit Michele Prestipino am 20. März 2017 in Rom

24 Gespräch mit Giuseppe Pignatone am 20. März 2017 in Rom

25 Pino Arlacchi: *Mafiose Ethik und der Geist des Kapitalismus*, Frankfurt am Main 1989, S. 155

26 Gespräch in Rom, 20. März 2017

27 Gespräch mit Uwe Kranz, Passau, 17. April 2017

28 Internetportal Diken, 16. Juli 2017; http://www.diken.com.tr/bu-da-sedat-pekerin-15-temmuz-mesaji-cezaevlerini-basacagiz-agaclara-asacagiz/

29 Pino Arlacchi: *Mafiose Ethik und der Geist des Kapitalismus*, Frankfurt am Main 1989, S. 136

30 Bálint Magyar: *Post-Communist Mafia State. The Case of Hungary*, Budapest 2016, S. 234

31 Ebd., S. 235

32 John H. Davis: *Mafia Dynasty. The Rise and Fall of the Gambino Crime Family*, New York 1994, S. 296

33 Nando dalla Chiesa: *Der Palazzo und die Mafia*, Köln 1984, S. 242

34 *New York Times*, 15. April 2017: https://www.nytimes.com/2017/04/15/us/politics/jared-kushner-ivanka-trump-white-house.html?smid=tw-nytimes&smtyp=cur

35 Christoph Scheuermann: »Die große Comey-Show«, *Der Spiegel*, Nr. 24/2017, S. 83

36 »UN werfen der Türkei Verbrechen an Kurden vor«, *Der Tagesspiegel*, 10. April 2017; http://www.tagesspiegel.de/politik/

menschenrechte-un-werfen-der-tuerkei-verbrechen-an-kurden-vor/19502910.html

37 Bálint Magyar: *Post-Communist Mafia State. The Case of Hungary*, Budapest 2016, S. 293

38 Wladimir Ruwinskij: »Mittelständlerin kämpft gegen Korruption«, *Russia Beyond the Headlines*, 16. Mai 2011

39 »US-Admiral spricht über Atomangriff auf China«, *Spiegel Online*, 27. Juli 2017

40 Konstantin Hofmann: »Wenn wir Atomwaffen haben, warum setzen wir sie nicht ein?«, *Frankfurter Allgemeine Zeitung*, 3. August 2016; http://www.faz.net/aktuell/politik/trumps-praesidentschaft/donald-trump-zieht-angeblich-den-gebrauch-von-atomwaffen-in-betracht-14371030.html

41 Thorsten Denkler: »Trumps Minister bestätigen: Trump ist toll«, *Süddeutsche Zeitung*, 13. Juni 2017; http://www.sueddeutsche.de/politik/donald-trump-und-sein-kabinett-trumps-minister-bestaetigen-trump-ist-toll-1.3543946

42 http://www.spiegel.de/politik/ausland/donald-trumps-rede-zum-amtsantritt-im-wortlaut-a-1131038.html

43 Adam Davidson: »Trump's Business of Corruption«, *The New Yorker*, 21. August 2017; http://www.newyorker.com/magazine/2017/08/21/trumps-business-of-corruption

44 Marc Pitzke: »Die Absurdität als Alltag«, *Spiegel Online*, 29. April 2017

45 Simon Riesche: »Wer Hunderte Male lügt, dem glaubt man nicht«, *Frankfurter Allgemeine Zeitung*, 17. Mai 2017; http://www.faz.net/aktuell/politik/trumps-praesidentschaft/donald-trump-wer-hunderte-male-luegt-dem-glaubt-man-nicht-15019465.html

46 Rocco Sciarrone: »Alte 'Ndrangheta, Neue 'Ndrangheta. Organisatorische Dimension und Außenbeziehung«, in: *Die Wunde. 'Ndrangheta und Gesellschaft*. Auszüge aus den Dokumenten der Konferenzen »La Ferita« des Museo della 'Ndrangheta, Reggio Calabria, hrsg. von Claudio La Camera und Benno Plassmann, unveröffentlichtes Manuskript, Version vom 6. Dezember 2011, S. 49

47 Jens Petersen: »Geschichte und Gegenwart der Mafia als Problem der Forschung«, *Quellen und Forschungen aus italienischen Archiven und Bibliotheken* (QFIAB) 74, 1994, S. 628

48 Dan Alexander: »Project that could benefit them both«, *Forbes*, 30. März 2017, https://www.forbes.com/sites/danalexander/2017/03/30/trump-and-billionaire-ruffin-discussed-vegas-rail-project-that-could-benefit-them-both/#1c6e226d2a21

49 Associated Press, in: *Daily Mail Online*, 7. August 2017; http://www.dailymail.co.uk/news/article-4767768/Trump-company-applies-casino-trademark-Macau.html

50 Jonathan O'Connell: »How Trump hotel changed Washington's culture of influence«, *The Washinton Post*, 7. August 2017; https://www.washingtonpost.com/graphics/2017/politics/trump-hotel-business/?utm_term=.d7a1b635dcac

51 Paul Blumenthal: »Trumps Familien-Klüngel im Weißen Haus erinnert stark an die korruptesten Länder der Welt«, *HuffPost*, 29. April 2017; http://www.huffingtonpost.de/2017/04/29/donald-trump-familie-kluengel-_n_16309178.html

52 http://edition.cnn.com/videos/politics/2017/03/30/trump-nepotism-2006-lkl-mobile.cnn

53 https://www.facebook.com/forbes/posts/10155226998252509

54 Simon Johnson: »Eric Trump. Nepotism is a »beautiful thing« as he says US President's children are more likely to speak truth to power«, *The Telegraph*, 10. April 2017; http://www.telegraph.co.uk/news/2017/04/10/eric-trump-nepotism-beautiful-thing-says-us-presidents-children/

55 Dan Alexander: »After Promising not to talk business with father, Eric Trump says he'll give him financial report«, *Forbes*, 24. März 2017; https://www.forbes.com/sites/danalexander/

2017/03/24/after-promising-not-donald-talk-business-with-father-eric-trump-says-president-give-him-financial-reports/

56 Derek Kravitz/Al Shaw: »Trump lawyer confirms president can pull money from his businesses whenever he wants«, *Pro Publica*, 4. April 2017; https://www.propublica.org/article/trump-pull-money-from-his-businesses-whenever-he-wants-without-telling-us?utm_campaign=sprout&utm_medium=social&utm_source=sprout&utm_content=1491221180

57 Hugh Bronstein/Luc Cohen: »Buenos Aires says permit for Trump-linked project not authorized«, *Reuters World News*, 25. November 2016

58 Marion Ramos: »Century properties chair, is special envoy to US«, *Inquirer.Net*, 7. November 2016; http://newsinfo.inquirer.net/841660/century-properties-chair-ceo-antonio-is-special-envoy-to-us

59 Christof Münger: »Trumps grosse Pläne in den Philippinen«, *Tagesanzeiger*, 4. Mai 2017; http://www.tagesanzeiger.ch/ausland/amerika/Die-ManilaConnection-des-USPraesidenten/story/23673600

60 http://www.spiegel.de/panorama/justiz/philippinen-rodrigo-duterte-ignoriert-menschenrechte-a-1106276.html

61 https://www.amnesty.org/en/latest/news/2017/02/philippines-duterte-must-end-war-on-drugs/

62 »Trump ermuntert Polizisten zu mehr Gewalt«, *Spiegel Online*, 28. Juli 2017; http://www.spiegel.de/politik/ausland/donald-trump-ermuntert-polizisten-zu-mehr-gewalt-a-1160260.html

63 Ben Walsh: »Der Scheinriese«, *HuffPost*, 29. April 2017; http://www.huffingtonpost.de/2017/04/29/donald-trump-jared-kushner-_n_16308010.html?utm_hp_ref=germany%20%255Ct%20_hplink

64 Simon Johnsen: »Ivanka Trump influenced my father to launch Syria strikes, reveals brother Eric«, *The Telegraph*,

11. April 2017; http://www.telegraph.co.uk/news/2017/04/10/ivanka-trump-influenced-father-launch-air-strikes-against-assad/

65 http://www.stern.de/politik/ausland/ivanka-trump-sichert-sich-profitable-rechte-in-china-7420110.html

66 http://www.bild.de/geld/wirtschaft/ivanka-trump/geschaefte-der-first-daughter-florieren-51349750.bild.html

67 Hanna Decker: »Neues Kabinett. So reich sind Trumps Minister«, *Frankfurter Allgemeine Zeitung*, 23. Januar 2017

68 Harald Schumann: »Die Herrschaft der Superreichen«, *Blätter für deutsche und internationale Politik*, Dezember 2016; https://www.blaetter.de/archiv/jahrgaenge/2016/dezember/die-herrschaft-der-superreichen

69 Kristina Rizgar: »Betsy DeVos wants to use America' School to build ›Gods Kingsdom‹«, *Mother Jones*, März/April 2017, http://www.motherjones.com/politics/2017/01/betsy-devos-christian-schools-vouchers-charter-education-secretary

70 Jeremy Scahill: *Blackwater. Der Aufstieg der mächtigsten Privatarmee der Welt*, Reinbek bei Hamburg 2009, S. 316

71 Aram Roston: »Betsy DeVos's brother, the founder of Blackwater, is setting up a private army for China, sources say«, *BuzzFeed*, 17. Februar 2017; https://www.buzzfeed.com/aramroston/betsy-devoss-brother-is-setting-up-a-private-army-for-china?utm_term=.twrVxxoN2#.de1KLLyDB

72 Adam Entours/Greg Miller/Kevin Sieff,/Karen DeYoung: »Blackwater founder held secret Seychelles meeting to establish Trump-Putin back channel«, *The Washington Post*, 3. April 2017; https://www.washingtonpost.com/world/national-security/blackwater-founder-held-secret-seychelles-meeting-to-establish-trump-putin-back-channel/2017/04/03/95908a08-1648-11e7-ada0-1489b735b3a3_story.html?utm_term=.f7cbc9fadd8b

73 http://www.salon.com/2017/04/05/all-the-presidents-spies-blackwater-founder-erik-prince-is-the-latest-trump-cut-out-to-parlay-with-putins-men/

74 *Die Welt,* 26. Oktober 2011

75 Ansgar Graw: »Prinz Andrews Kumpel und seine Schwäche für Girls«, *Die Welt,* 12. Januar 2015; https://www.welt.de/vermischtes/weltgeschehen/article136257539/Prinz-Andrews-Kumpel-und-seine-Schwaeche-fuer-Girls.html

76 Amanda Prestigiacomo: »7 Things you need to know about Trump and Sex Slave Island«, *The Daily Wire,* 9. Mai 2016, http://www.dailywire.com/news/5556/7-things-you-need-know-about-trump-and-sex-slave-amanda-prestigiacomo

77 Andrew Rettman: »Cyprus launches probe into russian mafia money«, *EUobserver,* 14. Dezember 2012; https://euobserver.com/magnitsky/118524

78 Cathrine Belton: »Ex-KGB agent to head Norilsk nickel«, *Financial Times,* 9. August 2008; http://www.ft.com/cms/s/0/69f08fca-65ac-11dd-a352-0000779fd18c.html?ft_site=falcon&desktop=true

79 Mikhail Glaszunov: *Business in Post-Communist Russia,* London 2013, S. 128

80 Torben Schulz: »Ackermann soll Bank of Cyprus wiederbeleben«, *manager magazin,* 12. November 2014; http://www.manager-magazin.de/unternehmen/banken/oligarchen-fordern-ackermann-soll-bank-of-cyprus-retten-a-1002400.html

81 Ulrike Hermann: »Waghalsige Risiken«, *taz,* 14. April 2011

82 Ed Caesar: »Deutsche Bank's $10-Billion Scandal«, *The New Yorker,* 29. August 2016; http://www.newyorker.com/magazine/2016/08/29/deutsche-banks-10-billion-scandal

83 Paul Middelhoff: »Trump hat Millionenschulden bei der Deutschen Bank«, *Spiegel Online,* 9. Juli 2016

84 Arnold Kaiser: »So will die Deutsche Bank ihr Trump-Problem loswerden«, *manager magazin,* 30. März 2017; http://www.manager-magazin.de/unternehmen/banken/donald-trump-deutsche-bank-hat-problem-mit-persoenlicher-garantie-a-1141032.html

85 Louis Ferrante: *Von der Mafia lernen. Die Management-Geheimnisse der ehrenwerten Gesellschaft,* München 2011, S. 28. Ferrante war Capo innerhalb der Gambino-Familie. Er saß mehr als zehn Jahre in Haft.

86 Wayne Barrett/Jon Campbell: »How a young Donald Trump forced his way from Avenue Z to Manhattan«, *The Village Voice,* 20. Juli 2015; http://www.villagevoice.com/news/how-a-young-donald-trump-forced-his-way-from-avenue-z-to-manhattan-7380462

87 David W. Dunlap: »1973 meet Donald Trump«, *The New York Times,* 30. Juli 2015, https://www.nytimes.com/times-insider/2015/07/30/1973-meet-donald-trump/asche

88 Eva C. Schweitzer: »Der Mann, der Trump groß machte«, *Spiegel Online,* 27. Oktober 2016

89 http://www.trump.com/real-estate-portfolio/new-york-past/grand-hyatt-hotel/

90 https://www.themarshallproject.org/2016/04/27/trump-and-the-mob#.GVoLKUGvc

91 Chase Peterson-Withorn: »Donald Trump has been lying about the size of his penthouse«, *Forbes,* 16. Mai 2017; https://www.forbes.com/sites/chasewithorn/2017/05/03/donald-trump-has-been-lying-about-the-size-of-his-penthouse/#1cff3e401ef8

92 https://www.washingtonpost.com/news/book-party/wp/2016/06/08/a-biographer-sums-up-donald-trump-in-a-single-210-word-sentence/?utm_term=.19836e819c00

93 https://archive.org/stream/russianorganized00unit/russianorganized00unit_djvu.txt

94 Phil William: *Russian Organized Crime,* London 1997, S. 168

95 Sam Howe Verhover: »Entrepreneur who left U.S. is back, awaiting sentence«, *The New York Times,* 30. April 1992; http://www.nytimes.com/1992/04/30/nyregion/entrepreneur-who-left-us-is-back-awaiting-sentence.html

96 James S. Henry: »The curious world of Donald Trump's private Russian connections«, *The American Interest*, Bd. 12, Nr. 4, 19. Dezember 2016; https://www.the-american-interest.com/2016/12/19/the-curious-world-of-donald-trumps-private-russian-connections/

97 FBI-Report, Washington, D.C., 25. Mai 1995

98 https://archive.org/stream/russianorganizedoounit/russianorganizedoounit_djvu.txt

99 United States Attorney Southern District of New York, Outline of an Indictment, 26. Februar 1985, Senate Hearing, 25 Years after Valachi, S. 226

100 David Cay Johnston: »How Trump made the Mob an offer they could not refuse. He might have made a killing building his first skyscraper, but Donald's shrewdest investment was in the MAFIA«, *Daily Mail Online*, 31. Juli 2016; http://www.dailymail.co.uk/news/article-3716125/How-Trump-Mob-offer-not-refuse-killing-building-skyscraper-Donald-s-shrewdest-investment-MAFIA.html

101 Hannelore Gude Hohensinner: *Die Genoveses. Eine Familie, die Angst zu Geld gemacht hat*, München 1998, S. 384

102 http://www.wnyc.org/story/former-federal-prosecutor-trump-blocked-mafia-investigation/

103 https://www.boxen1.com/mike-tyson-vs-michael-spinks-12650/

104 Marcus Baram: »Rolling snake eyes. Trump's first casino partners had alleged Mob ties«, *HuffPost*, 28. Juni 2011; http://www.huffingtonpost.com/2011/04/28/donald-trump-rolling-snake-eyes_n_854177.html

105 Chris Frates: »Donald Trump and the Mob«, CNN, 31. Juli 2015; http://edition.cnn.com/2015/07/31/politics/trump-mob-mafia/

106 http://www.state.nj.us/sci/pdf/ocbars2.pdf

107 David Cay Johnston: »Just what were Donald Trump's ties to the Mob?«, *Politico Magazine,* http://www.politico.com/magazine/story/2016/05/donald-trump-2016-mob-organized-crime-213910

108 http://bitterqueen.typepad.com/files/gregory-scarpa-sr.-fbi-files-part-6.pdf

109 http://www.john-rosatti.com/john-rosatti-attends-the-22nd-annual-showboats-international-boys-girls-clubs-rendezvous/

110 William Bastone: »Trump limos were built with a hood ornament«, *the smoking gun,* 22. September 2015, http://www.thesmokinggun.com/documents/celebrity/trump-and-staluppi-092157

111 https://www.yahoo.com/news/video-shows-trump-with-mob-figure-he-denied-knowing-090025964.html

112 Daniel Heneghan: »For Trump's Taj Mahal, only big will do«, *Press of Atlantic City,* 5. April 1990; http://infoweb.newsbank.com/resources/doc/nb/news/0EÆA84FC02171B9?p=AWNB

113 Daniel Henegahn: »Trump opens Taj with flourish«, *Press of Atlantic City,* 6. April 1990

114 Hearings before the Permanent Subcommitte on Investigations of the Committe on Governmental Affairs United States Senate, 18. Juni 1992, Washington 1992, S. 178

115 Molly Gordy: »Trump supports casino suspect«, *Daily News,* 25. September 1995; http://www.nydailynews.com/archives/news/trump-supports-casino-suspect-article-1.692948

116 United States Department of the Treasury FinCEN, Presseerklärung vom 6. März 2015; http://narcosphere.narconews.com/userfiles/70/FinCEN2015.pdf

117 Hunter Walker: »How a convicted felon nicknamed ›Joey No Socks‹ covered Donald Trump in stars«, *Yahoo News,* 20. Mai 2016; https://www.yahoo.com/news/how-a-convicted-felon-nicknamed-joey-no-socks-153029052.html

118 http://www.stardiamondaward.com/starting-2017-mar-lago/

119 Michael Daly: »Donald Trump kisses the feets of convicted art thief ›Joey No Socks‹«, *The Daily Beast,* 1. April 2017; http://www.thedailybeast.com/articles/2017/01/04/joey-no-socks-who-stole-sculptures-now-gives-them-to-the-donald-as-tribute.html http://www.nytimes.com/2010/05/18/nyregion/18blumenthal.html?pagewanted=all

120 Lauren Gambino: »Trump hosted ›small-time mobster‹ Joey ›No Socks‹ Cinque at New Year party«, *The Guardian,* 3. Januar 2017; https://www.theguardian.com/us-news/2017/jan/03/donald-trump-new-years-eve-2017-joseph-cinque-mob

121 Rachel L. Swarns: »Unlikely meeting of minds. Lebed meets The Donald«, *The New York Times,* 23. Januar 1997; http://www.nytimes.com/1997/01/23/world/unlikely-meeting-of-minds-lebed-meets-the-donald.html

122 Pavel Felgenhauer: »The russian love with Pinochet«, *Eurasia Daily Monitor,* 14. Dezember 2006; https://jamestown.org/program/the-russian-love-affair-with-pinochet/

123 Paul Klebnikow: *Der Pate des Kreml. Boris Beresowski und die Macht der Oligarchen,* München 2001, S. 35

124 http://www.altiusdirectory.com/Business/world-billionaire.php?profile=Alexander-Shnaider&id=789

125 Zarina Zabrisky: »Mafia, KGB, Putin and Trump«, *Medium,* 7. November 2016; https://medium.com/mosaic2/mafia-kgb-putin-and-trump-208a7c8e1a56

126 Mike McIntire: »Donald Trump settled a real estate lawsuit, and a criminal case was closed«, *The New York Times,* 5. April 2016; https://www.nytimes.com/2016/04/06/us/politics/donald-trump-soho-settlement.html

127 https://www.nytimes.com/2016/04/06/us/politics/donald-trump-soho-settlement.html

128 Supreme Court of the United States, Nr. 14-676, http://c10.nrostatic.com/sites/default/files/Palmer-Petition-for-a-writ-of-certiorari-14-676.pdf

129 https://www.deepcapture.com/wp-content/uploads/MikhaiSaterDktRpt1.pdf

130 http://www.nytimes.com/2000/03/03/nyregion/19-charged-in-stock-scheme-tied-to-mob.html

131 James S. Henry: »The curious world of Donald Trump's private russian connections«, *The American Interest,* 19. Dezember 2016; https://www.the-american-interest.com/2016/12/19/the-curious-world-of-donald-trumps-private-russian-connections/

132 Russ Baker/C. Collins/Jonathan Z. Larsen: »Why FBI can't tell all on Trump, Russia«, *New York Daily News,* 17. Mai 2017; https://whowhatwhy.org/2017/03/27/fbi-cant-tell-trump-russia/

133 http://www.cbre.ru/ru_en/news_events/news_detail?p_id=1391

134 Chris Rovzar: »Trump business partner bustes für running prostitution ring on historic yacht«, New York 1. Oktober 2010; http://nymag.com/daily/intelligencer/2010/10/trump_business_partner_busted.html

135 United States District Court Southern District of New York, Verified complaint, The Law Office of Frederick M Oberlander, New York, 10. Mai 2010, S. 2; http://narcosphere.narconews.com/userfiles/70/Lawsuit.PleadingBayrock.pdf

136 https://rus.company/companies/4740298-zao_vsemirnyi_almaznyi_tsentr/

137 http://www.rucriminal.com/en/material/64

138 https://mallorcamagazin.com/nachrichten/lokales/2016/05/06/46762/prozess-gegen-mutma-liche-russen mafia-auf-mallorca.html

139 https://majorcadailybulletin.com/news/local/2016/05/16/43950/russian-mafia-boss-found-guilty-money-laundering-majorca.html

140 https://www.bloomberg.com/news/articles/2016-08-09/mobster-or-central-banker-spanish-cops-allege-this-russian-both

141 Federico Varese: *The Russian Mafia. Private Protection in a New Market Economy,* New York 2001, S. 174

142 José María Irujo/John Carlin: »The Spanish connection with Trump's Russia scandal«, *El País,* 3. April 2017; http://elpais.com/elpais/2017/03/31/inenglish/1490984556_409827.html?id_externo_rsoc=TW_CC

143 https://townhall.com/columnists/katiepavlich/2014/05/06/meet-the-woman-fighting-for-gun-rights-in-russia-n1830491

144 Esteban Duarte/Henry Meyer/Evgenia Pismennaya: »Mobster or central banker? Spanish cops allege this Russian both«, *Bloomberg,* 9. August 2016, https://www.bloomberg.com/news/articles/2016-08-09/mobster-or-central-banker-spanish-cops-allege-this-russian-both

145 https://yahoopolitics-us.tumblr.com/post/159101739678/white-house-pulled-out-of-meet-and-greet-with?is_related_post=1

146 José María Irujo/John Carlin: »The Spanish connection with Trump's Russia scandal«, El País, 3. April 2017, http://elpais.com/elpais/2017/03/31/inenglish/1490984556_409827.html?id_externo_rsoc=TW_CC

147 Esteban Duarte/Henry Meyer/Evgenia Pismennaya: »Mobster or central banker? Spanish cops allege this Russian both«, *Bloomberg,* 9. August 2016; https://www.bloomberg.com/news/articles/2016-08-09/mobster-or-central-banker-spanish-cops-allege-this-russian-both

148 http://meta.atho.com/2016/12/trump-russia-timeline/

149 David Corn/Hanna Levintova: »How did an alleged Russian mobser end up on Trump's red carpet?«, *Mother Jones,* 14. September 2016

150 Robert Mackey: »Russian oligarch who plotted to aid Trump was namend in private intelligence dossier«, *The Intercept,* 12. Juli 2017; https://theintercept.com/2017/07/11/russian-oligarch-plotted-aid-trump-named-private-intelligence-dossier/

151 Ebd.

152 Ebd.

153 Joe Becker/Adam Goldman/Matt Apuzzo: »Russian dirt on Clinton? ›I love it‹, Donald Trump Jr.«, *The New York Times,* 11. Juli 2017; https://www.nytimes.com/2017/07/11/us/politics/trump-russia-email-clinton.html

154 Ashley Parker/Carol D. Leonnig/Philip Rucker/Tom Hamburger: »Trump dictated son's misleading statement on meeting with russian lawyer«, *The Washington Post,* 31. Juli 2017; https://www.washingtonpost.com/politics/trump-dictated-sons-misleading-statement-on-meeting-with-russian-lawyer/2017/07/31/04c94f96-73ae-11e7-8f39-eeb7d3a2d304_story.html?hpid=hp_hp-top-table-main_airforceone-759pm%3Ahomepage%2Fstory&utm_term=.375d7beb598f

155 E-Mail von Dietmar Clodo, 17. Juli 2017

156 Marc Pitzke, *Spiegel Online,* 10. Mai 2017

157 Marc Pitzke: »Blindlings ins Verderben«, *Spiegel Online,* 12. Juni 2017

158 Carol D. Leonnig/Ashley Parker/Rosalind S. Helderman/Tom Hamburger: »Trump team seeks to control, block Mueller's Russia investigation«, *The Washington Post,* 21. Juli 2017; https://www.washingtonpost.com/politics/trumps-lawyers-seek-to-undercut-muellers-russia-investigation/2017/07/20/232ebf2c-6d71-11e7-b9e2-2056e768a7e5_story.html?utm_term=.f6c832ef9931

159 Flemming Rose: »Ich habe Steve Bannon, den gefährlichsten Mann der Welt, getroffen – er glaubt, dass Krieg unausweichlich ist«, *HuffPost,* 15. Februar 2017; http://www.huffingtonpost.de/flemming-rose/steve-bannon-islam-krieg_b_14763844.html

160 https://www.washingtonpost.com/news/the-fix/wp/2015/09/21/the-10-most-influential-billionaires-in-politics/

161 Thorsten Denkler: Die rechte Passion einer steinreichen Familie; Süddeutsche Zeitung, 21. August 2017, S. 2

162 Lily Bayer: »Senior Trump aide forged key ties to anti-semitic groups in Hungary«, *Forward*, 24. Februar 2017; http://forward.com/news/national/364085/sebastian-gorka-trump-aide-forged-key-ties-to-anti-semitic-groups-in-hunga/

163 https://www.youtube.com/watch?v=1mNCGxV2mAY

164 http://www.thedailybeast.com/sebastian-gorka-supported-anti-semitic-hungarian-militia

165 Norbert Rabe: »Rassenhass, Aufmärsche und Massenschlägereien«, *Tagesanzeiger*, 12. April 2010; https://www.tagesanzeiger.ch/ausland/europa/Rassenhass-Aufmaersche-und-Massenschlaegereien/story/28080039

166 http://www.sueddeutsche.de/politik/2.220/mordserie-an-roma-wie-rechtes-gedankengut-ungarns-politik-durchsetzt-1.1739728, sowie Urteil des European Court of Human Rights: http://hudoc.echr.coe.int/eng#{%22itemid%22:[%22001-122183%22]}

167 Spencer Ackerman: »FBI fired Gorkan for anti-muslim diatribes«, *Daily Beast*, 21. Juni 2016; http://www.thedailybeast.com/fbi-fired-sebastian-gorka-for-anti-muslim-diatribes

168 Ebd.

169 Alex Thomson: »Trump gets a folder full of positive news about himself twice a day«, Vice.Com, 9. August 2017, https://news.vice.com/story/trump-folder-positive-news-white-house

170 Jürgen Roth: *Gazprom – das unheimliche Imperium*, Frankfurt am Main 2012, S. 27

171 Roberto Scarpinato, Festrede über organisiertes Verbrechen. Die organisierte Kriminalität im 3. Jahrtausend, 14. Karlsruher Gespräche, 5. Februar 2010

172 http://www.dw.com/en/russian-mafia-groups-reportedly-operate-in-europe-on-behalf-of-the-kremlin/a-38617828

173 Mark Galeotti: »Crimintern. How the Kremlin use Russia's criminal networks in Europe«, April 2017; http://www.ecfr.eu/page/-/ECFR208_-_CRIMINTERM_-_HOW_RUSSIAN_ORGANISED_CRIME_OPERATES_IN_EUROPE02.pdf

174 http://www.dw.com/de/studie-kreml-gesteuerte-mafia-unterwandert-europa/a-38627363

175 https://www.facebook.com/groups/377379345605538/

176 https://en.crimerussia.com/organizedcrime/mia-general-major-vladimir-ovchinsky-mafia-has-infiltrated-all-government-entities-in-russia-/

177 https://www.washingtonpost.com/opinions/global-opinions/online-dissidents-expose-the-russian-prime-ministers-material-empire/2017/03/09/cace1c28-0368-11e7-ad5b-d22680e18d10_story.html?utm_term=.e3bd5b627bd0

178 http://www.kommersant.ru/doc/1610992

179 https://themoscowtimes.com/news/ex-prosecutor-cleared-to-name-names-8153

180 https://www.rumafia.net/en/eksklyuziv/genprokuror-spryatal-syna-ot-sledstviya-v-nizhnem-novgorode.html

181 https://chaika.navalny.com/#rec3153872

182 http://www.hebdo.ch/archives/la_suisse_terre_promise_de_la_mafia_russe_32677_.php

183 Ministère de l'Intérieur de la Russia. Direction régionale de la répression du crime organisé, Moskau, 12. Dezember 1996, Aktenzeichen 316

184 Benjamin Bidder: »Mafiabrigaden terrorisieren Russlands Provinz«, *Spiegel Online*, 30. November 2010; http://www.spiegel.de/panorama/justiz/bandengewalt-mafiabrigaden-terrorisieren-russlands-provinz-a-731969.html

185 https://en.crimerussia.com/gromkie-dela/prosecutor-korzhinek-in-fc-i-have-done-with-tsapok-s-gang-by-law/

186 https://themoscowtimes.com/news/senior-prosecutor-questioned-over-link-to-motorway-murders-41329

187 https://www.occrp.org/en/daily/4718-navalny-sued-over-chaika-film-alleging-official-corruption

188 http://www.forbes.ru/sobytiya/biznes/270101-kak-po-relsam-chem-zarabatyvaet-na-zhizn-syn-generalnogo-prokurora-yuriya-cha?page=0,2

189 https://en.crimerussia.com/organizedcrime/mia-general-major-vladimir-ovchinsky-mafia-has-infiltrated-all-government-entities-in-russia-/

190 Anklageschrift der Generalstaatsanwaltschaft Dresden, 30. August 2012

191 Bernd Knabe: »Die System-Mafia als Faktor der sowjetisch-russischen Transformation«, Teil II, *Berichte des Bundesinstituts für ostwissenschaftliche und internationale Studien*, Köln, 48/1998, S. 11

192 Charles Clover: »Who runs Russia«, *Financial Times*, 11. Dezember 2011 https://www.ft.com/content/b4b5a2aa-26cb-11e1-9ed3-00144feabdc0

193 Werner Raith: *Das neue Mafia-Kartell. Wie die Syndikate den Osten erobern*, Reinbek bei Hamburg 1996, S. 173

194 Arkadi Waksberg: *Die sowjetische Mafia. Organisiertes Verbrechen in der Sowjetunion*, München 1992, S. 30

195 https://putinism.wordpress.com/2015/12/21/soratniki/

196 Alexei Sobschenko: »Russia. Putin's past becoming a hot internet topic in Moscow«, *EurasiaNet's Weekly Digest*, 6. Januar 2016; www.eurasianet.org/node/76726

197 Luca De Carli: »Für immer hinter dir«, *Tagesanzeiger*, 8. April 2016; http://www.tagesanzeiger.ch/ausland/europa/fuer-immer-hinter-dir/story/27800173

198 Andrei Konstantinov: *Banditskii Petersburg*, Moskau 1999, S. 354

199 Vadim Volkov: *Violent Entrepreneurs. The Use of Force in the Making of Russian Capitalism*, New York 2002, S. 109

200 Yakov Gilinsky: »Die organisierte Kriminalität. Die russische Situation«, in: *Organisierte Kriminalität in Europa,* hrsg. von Maximilian Edelbacher, Wien 2001, S. 233

201 »The Jamestown Foundation«, *Monitor,* Bd. 7, Nr. 153, 9. August 2001

202 Michele Prestipino: »'Ndrangheta und Infrastruktur-Investitionen«; in: *Die Wunde 'Ndrangheta und Gesellschaft.* Auszüge aus den Dokumenten der Konferenzen »La Ferita« des Museo della 'Ndrangheta, Reggio Calabria, hrsg. von Claudio La Camera und Benno Plassmann, unveröffentlichtes Manuskript, Version vom 6. Dezember 2011, S. 74

203 Michale Schwirtz: »A mobster trial and a flash of a violent past«, *The New York Times,* 14. Mai 2009

204 http://www.opendemocracy.net/od-russia/mumin-shakirov/who-was-mister-putin-interview-with-boris-nemtsov

205 Kim Lane Scheppele, Vorwort zu Bálint Magyar: *Post-Communist Mafia State. The Case of Hungary,* Budapest 2016, S. XX

206 Gesprächsnotiz mit Godehard Puckler, 28. Februar 2003

207 *Handelsblatt,* 15. April 2014, S. 6

208 Ebd.

209 Dirk Banse/Uwe Müller: »Putin lässt in Berlin riesige Denkfabrik gründen«, *Die Welt,* 30. Juni 2016; https://www.welt.de/politik/deutschland/article156676468/Putin-laesst-in-Berlin-riesige-Denkfabrik-gruenden.html

210 Jack Stubbs/Andrej Kuzmin/Stephen Grey/Roman Anin: »The man who married Putin's daughter and then made a fortune«, *Reuters Investigates;* http://www.reuters.com/investigates/special-report/russia-capitalism-shamalov/

211 http://www.independent.co.uk/news/world/europe/all-the-presidents-men-the-kgbs-great-powergrab-427965.html

212 http://piraniarchive.wordpress.com/home/about/inside-the-gazprom-management-team/

213 http://en.rian.ru/russia/20080519/107754671.html

214 Hanno Rauterberg: »Ist das der Palazzo Putin?«, *Zeit Online*, 27. Januar 2011; http://www.zeit.de/2011/05/Russland-Putin-Schloss

215 Sonja Zekri: »Ein Palast für Putin?«, *Süddeutsche Zeitung*, 4. März 2011; http://www.sueddeutsche.de/politik/russland-streit-ueber-feriendomizil-ein-palast-fuer-putin-1.1067756

216 Roman Shleynow, *Nowaja Gaseta*, 29. Juni 2009

217 http://www.sueddeutsche.de/wirtschaft/deutsche-bank-ein-quaentchen-trost-1.3191462

218 https://www.bloomberg.com/view/articles/2017-01-31/deutsche-bank-s-russian-scheme-isn-t-needed-in-2017

219 Dabei handelt es sich um kostbaren Schmuck in Form von Ostereiern, die im Auftrag der Zarenfamilie in den Jahren 1885 bis 1917 von Peter Carl Fabergé in Sankt Petersburg hergestellt wurden.

220 http://www.fontanka.ru/2007/07/18/022/

221 Bundeskriminalamt Wiesbaden, Abschlussbericht Az.2 Js GStA 260.3./97, 10. Januar 2000, S. 15

222 http://www.documentcloud.org/documents/3525326-2007-03-09-Interrogation-of-Mikhail-Monastyrskii.html

223 http://www.fontanka.ru/2007/07/18/022/

224 www.fontanka.ru, 6. Juli 2008

225 Juzgado Central de Instruccion Nr. 5: Audiencia Nacional, Madrid Diligencias Previas 321/06 J

226 www.elpais.com/articulo/espana/Audiencia/dicta/orden/captura/diputado/partido/Putin/elpepiesp/20081019elpepinac_3/Tes

227 *Spiegel Online*, 1. Dezember 2010

228 https://jamestown.org/program/spanish-court-issues-arrest-warrants-against-russian-officials-accused-of-organized-crime-links/

229 Interview des Journalisten Egmont Koch mit dem Staatsanwalt José Grinda González in Madrid.

230 Fiscalia Especial contra la corrupción y la criminalidad organizada, D.P. 119/08, Juzgado Central de Instrucción no 4 Pieza principal: Delito de asociación ilícita. organización criminal, Madrid, 16. Januar 2015, S. 6

231 Cruz Morcillo/Pablo Muñoz: »La Fiera. primer mafioso ruso que pacta«, *ABC Espana*, http://www.abc.es/espana/20150313/abci-fiera-primer-mafioso-ruso-201503130604.html

232 Roman Shleynov: »Hermanos de Tambov«, *Nowaya Gaseta*, Moskau, 5. Oktober 2009

233 http://www.wmp-ag.de/know-how.php

234 *Der Spiegel*, Nr. 31/2009, S. 57

235 Melanie Amann, Christina Hebel, Gunter Latsch, Veit Medick, Peter Müller, Michael Sauga: »Was kostet die Welt?«, *Der Spiegel*, 19. August 2017, S. 32

236 Anastasia Kirilenko: »Volle Kraft voraus in den Untergang«, *Frankfurter Rundschau*, 5. Dezember 2016

237 http://en.odfoundation.eu/a/7604,report-the-case-of-nail-malyutin

238 http://www.salzburg.com/nachrichten/welt/politik/sn/artikel/appell-an-wien-russischen-whistleblower-nicht-ausliefern-231126/

239 Michael Rochlitz: »Corporate raiding and the role of the state in Russia«, *Post-Soviet Affairs*, London, Ausgabe 30, 2014, S. 18

240 Dietmar Student: »Schulden und Sühne«, *manager magazin*, 10. April 2017; http://www.manager-magazin.de/magazin/artikel/rosneft-putins-schaerfste-wirtschaftswaffe-a-1139057-2.html

241 Ilya Yashin: »The Criminal Russia Party. An Independent Expert Report«, Moskau, August 2016, S. 13; http://www.4freerussia.org/wp-content/uploads/2016/10/Edro_full_US-paper.pdf

242 Christian Dorer: »Exklusiv. Jetzt redet Schröder«, *Blick*, 18. August 2017; https://www.blick.ch/news/politik/exklusivjetzt-redet-schroeder-man-diffamiert-mich-um-frau-merkel-zu-helfen-id7158570.html

243 Ebd.

244 http://www.faz.net/aktuell/politik/ausland/gerhard-schroeder-will-rosneft-aufsichtsrat-angebot-annehmen-15176238.html

245 Links im Bild Matthias Warnig, rechts Gerhard Schröder; http://www.spiegel.de/fotostrecke/schroeder-trifft-putin-in-st-petersburg-umarmung-unter-freunden-fotostrecke-113949-2.html

246 http://www.faz.net/aktuell/politik/ausland/europa/empfang-in-st-petersburg-schroeder-feiert-mit-putin-seinen-siebzigsten-nach-12914972.html

247 https://www.occrp.org/documents/firm-linked-to-putin-friend-smoothed-path-for-BP-in-russia/Warnigs-STASI-inf.jpg

248 Dirk Banse, Florian Flade, Uwe Müller, Eduard Steiner, Daniel Wetzel: »Dieser Deutsche genießt Putins Vertrauen«, *Die Welt*, 3. August 2014; https://www.welt.de/politik/deutschland/article130829736/Dieser-Deutsche-geniesst-Putins-Vertrauen.html

249 Jürgen Dahlkamp u.a.: »Giftiger Cocktail«, *Der Spiegel*, 25. August 2008; http://www.spiegel.de/spiegel/print/d-594 03043.html

250 https://www.rosneft.com/governance/board/item/6082/

251 Anastasia Kirilenko: »The Insider«, 2. Juli 2015: http://theins.ru/korrupciya/10407

252 http://yekaterinburgnews.com/stories/510537495-iskander-makhmudov-a-pillar-of-his-adopted-yekaterinburg-home

253 Fiscalia Especial contra la corrupción y la criminalidad organizada, D.P. 321/06, Anklageschrift vom 16. Oktober 2015, Madrid

254 Landgericht Stuttgart, 5. Große Strafkammer, Geschäftsnummer 5 KLs201 JS 68101/06; 7. Juni 2010

255 http://icelandreview.com/news/2016/07/25/putin-come-fishing-iceland?language=en

256 Paul Lendvai: »Orbán ist der totale Zyniker«, *Tagesanzeiger*, 24. Dezember 2016; https://www.tagesanzeiger.ch/ausland/europa/orban-ist-der-totale-zyniker/story/10274858

257 Thomas Vitzhum: »Die unheimliche Beziehung der CSU zu Orbáns Ungarn«, *Die Welt*, 23. September 2015; https://www.welt.de/politik/deutschland/article146735062/Die-unheimliche-Beziehung-der-CSU-zu-Orbans-Ungarn.html

258 Gregor Mayer/Bernhard Odehnal: *Aufmarsch. Die rechte Gefahr aus Osteuropa*, Salzburg 2010, S. 34

259 Lydia Gall: »The End of Democracy in Hungary?«, Human Rights Watch, 29. Juli 2014; https://www.hrw.org/news/2014/07/29/dispatches-end-liberal-democracy-hungary

260 http://www.pesterlloyd.net/html/1645fidhstudie.html

261 Bálint Magyar: *Post-Communist Mafia State. The Case of Hungary*, Budapest 2016, S. 67

262 Ebd., S. 42

263 http://www.dw.com/en/moving-right-in-hungary/a-16563266

264 Keno Verseck: »Orbáns Regierung will Unterricht militarisieren«, *Spiegel Online*, 8. August 2017; http://www.spiegel.de/lebenundlernen/schule/ungarn-viktor-orban-will-schulunterricht-militarisieren-a-1161875.html

265 Kim Lane Scheppele, Vorwort zu Bálint Magyar: *Post Communist Mafia State. The case of Hungary*, Budapest 2016, S. 22

266 Hungary: Democracy under Threat. Six Years of Attacks against the Rule of Law, Féderation internationale des ligues des droits de l'Homme, Paris, November 2016; https://www.fidh.org/IMG/pdf/hungary_democracy_under_threat.pdf

267 http://www.zeit.de/politik/ausland/2016-09/eu-jean-asselborn-ungarn-ausschluss

268 http://www.sueddeutsche.de/politik/europaeische-union-ungarns-aussenminister-asselborn-ist-nicht-ernst-zu-nehmen-1.3159506

269 http://www.miniszterelnok.hu/this-year-we-must-defend-ourselves-against-five-major-attacks/

270 http://hungarianspectrum.org/2011/12/03/the-Orbán-family-and-corruption/ abgerufen 15. Juni 2016

271 Keno Verseck: »Ungarn. Orbáns Clan plündert die Staatskassen«, *Der Spiegel,* 2. April 2014

272 https://blog.atlatszo.hu/2016/12/angyan-jozsef-ujabb-tanulmanya-a-fejer-megyei-termofoldek-rabloprivatizaciojarol/

273 Kim Lane Scheppele, Vorwort zu Bálint Magyar: *Post Communist Mafia State, The Case of Hungary,* Budapest 2016, S. XXII

274 Cathrin Kahlweit: »Geld nach Orbáns Gusto«, *Süddeutsche Zeitung,* 1. April 2016, S. 7

275 Urs Bruderer: »Ungarns Premier setzt sich ein Fussball-Denkmal«; http://www.srf.ch/news/international/ungarns-premier-setzt-sich-ein-fussball-denkmal

276 http://www.pesterlloyd.net/html/1635meszarosauftrage.html

277 Gregor Mayer: »Ungarn: Der unheimliche Erfolg des Lorinc Mészáros«, *derStandard.at;* 27. Oktober 2016; http://derstandard.at/2000046526921/Ungarn-Der-unheimliche-Erfolg-des-Lorinc-Meszaros?ref=rec

278 Gespräch mit László Keller am 15. Juni 2015 in Budapest

279 http://hungarianspectrum.org/2016/10/29/viktor-Orbáns-new-neighbor-ghaith-pharaon-fugitive-from-justice/

280 https://moneyjihad.wordpress.com/2013/03/28/revisiting-ghaith-pharaons-ties-to-bin-laden/

281 Attila Juhász/Lóránt Györi/Edit Zgut/András Dezsö: *The truth today is what Putin says it is. A study by political capital,* Budapest 2017, S. 20

282 https://mno.hu/belfold/gyurcsany-ferenc-Orbán-viktor-minden-bizonnyal-lop-2393668

283 http://www.atv.hu/belfold/20170421-gyurcsany-ha-kell-birosag-elott-bizonyitom-hogy-zsaroljak-Orbánt-az-oroszok

284 Christopher Adam: »A former prime minister's claims about Viktor Orbán's alleged Swiss bank account«, *Hungarian Free Press*, 17. Mai 2017; http://hungarianfreepress.com/2017/05/17/a-former-prime-ministers-claims-about-viktor-orbans-alleged-swiss-bank-account/

285 Ebd.

286 https://archives.fbi.gov/archives/news/stories/2009/october/mogilevich_102109

287 Dietmar Clodo, eidesstattliche Versicherung, 15. Juni 2016

288 http://theins.ru/korrupciya/43801

289 vgl. u.a.: http://hungarianspectrum.org/tag/semion-mogilevich/ und: http://www.4freerussia.org/a-suitcase-full-of-cash-from-the-solntsevo-mafia-does-putin-have-a-compromat-on-the-hungarian-leader/

290 https://444.hu/2016/07/26/ujra-gyozott-a-magyar-jogallam-nem-nyomoz-az-ugyeszseg-rogan-vesztegetesi-ugyeben

291 http://www.pesterlloyd.net/html/1646roganskandale.html

292 http://www.pesterlloyd.net/html/1650korruptionalkohol.html

293 https://www.jihadwatch.org/2016/12/hungarian-pm-orban-2017-will-be-a-year-of-rebellion-america-what-is-your-message-lets-make-hungary-great-again

294 http://www.transparency.org/news/feature/corruption_and_inequality_how_populists_mislead_people

295 http://www.pesterlloyd.net/html/1428verelendung.html

296 hhttp://www.szazadveg.hu/hu/rendezvenyek/alapitvany/Orbán-viktor-a-nemzeti-erdek-konferencian ttp://www.ipg-journal.de/interviews/artikel/Orbán-der-gute-europaeer-1752/

297 Euro Health Consumer Index 2016; http://www.health powerhouse.com/files/EHCI_2016/EHCI_2016_report.pdf, S. 19

298 »Amtliche Sterbehilfe. Ungarns Gesundheitssystem eines der schlechtesten Europas«, *Pester Lloyd*, 7. Februar 2017; http://www.pesterlloyd.net/html/1706rankinggesundheitswesen.html

299 Ebd.

300 Kim Lane Scheppele, Vorwort zu Bálint Magyar: *Post Communist Mafia State. The Case of Hungary*, Budapest 2016, S. 21

301 http://www.lto.de/recht/hintergruende/h/Orbánsferngesteuerte-richter-kritik-an-der-justizreform-in-ungarn/

302 http://www.pesterlloyd.net/html/1440navracsicshearing protokoll.html

303 Die Übersetzung der Stellungnahme des Journalisten Ahmet Sik; TAZ Gazete, 27. Juli 2017; https://gazete.taz.de/article/?article=!5437442

304 »›Wahre Freunde‹. Orbán will Erdoğan gegen Kritik verteidigen«, Österreichische Presseagentur APA, Wien, 30. Juni 2017; http://derstandard.at/2000060597150/Orbán-sichert-Erdoğan-bei-Besuch-Hilfe-gegen-tuerkeifeindliche-Aussagen-zu

305 https://www.welt.de/print-welt/article633299/Deckt-Ciller-Heroinhandel.html

306 Kendal Nezan: »Verbrecher mit Diplomatenpaß«, *Le Monde diplomatique*, 10. Juli 1998; http://archive.li/SwXmU

307 Sam Stein/Igor Bobic: »Trump's call to Turkey's Erdoğan highlights the ethical mess he's brought to the White House«, *HuffPost*, 18. April 2017; http://www.huffingtonpost.com/entry/trump-business-Erdoğan_us_58f66bbae4b0de5bac41a125

308 Cigdem Akyol: *Erdoğan. Die Biografie*, Freiburg 2016, S. 53

309 http://www.n-tv.de/politik/Erdoğan-rechtfertigt-Protz-Palast-article15250621.html

310 Dieter Bartetzko: »Präsident Erdoğans osmanische Traumfabrik«, *Frankfurter Allgemeine Zeitung*, 30. Mai 2014;

http://www.faz.net/aktuell/feuilleton/weisser-palast-praesident-Erdoğans-osmanische-traumfabrik-13239278.html

311 Deniz Yücel: »Türkei. Recep Tayyip Erdoğan schwärmt von der Eroberung Jerusalems«, *Die Welt*, 16. Oktober 2015; https://www.welt.de/politik/ausland/article141707165/Erdoğan-schwaermt-von-der-Eroberung-Jerusalems.html

312 *Neue Zürcher Zeitung*, 1. April 2017

313 http://www.bild.de/politik/ausland/recep-tayyip-Erdoğan/wer-gehoert-zu-den-vertrauten-des-tuerkischen-praesidenten-45692482.bild.html

314 http://www.cumhuriyet.com.tr/haber/turkiye/636497/FETO_den_aldiklari_yurdu_TURGEV_e_verdiler.html

315 Yavuz Baydar: »Jetzt bekommt Italien Erdoğans Zorn zu spüren«, *Süddeutsche Zeitung*, 3. August 2016

316 http://www.hurriyetdailynews.com/default.aspx?pageid=438&n=us-cables-argue-Erdoğan-has-eight-accounts-in-swiss-banks-2010-11-29

317 Konstantinos Mitos: »›Vater der Türken‹. Wie Erdoğan zu seinem gigantischen Vermögen kam«, *Focus Money*, 21. Juli 2016; http://www.focus.de/finanzen/news/palaeste-unternehmen-firmen-vater-der-tuerken-wie-Erdoğan-zu-seinem-gigantischen-vermoegen-kam_id_5750986.html

318 E-Mail von Tarkan S. an den Autor, 23. März 2017

319 http://www.diken.com.tr/soma-holding-akp-iliskisinin-kilit-adami-ramazan-dogru/

320 Jan Zidonka: *Media and Politics in New Democracies*, Oxford 2015, S. 252

321 Thomas Seibert: »Gewerkschaften und Opposition sehen Schuld bei Regierung;«, *Der Tagesspiegel*, 14. Mai 2014; http://www.tagesspiegel.de/politik/grubenunglueck-in-tuerkei-regierung-buegelte-untersuchungs-antraege-ab/9889534-3.html

322 Boris Kalnoky: »Erdoğan bestätigt Echtheit von Telefonmitschnitten«, *Die Welt*, 5. März 2014; https://www.welt.de/

politik/ausland/article125476806/Erdoğan-bestaetigt-Echtheit-von-Telefonmitschnitten.html

323 Christiane Schlötzer: »Der Premier, sein Sohn und die Millionen«, *Süddeutsche Zeitung,* 25. Februar 2014; http://www.sueddeutsche.de/politik/korruptionsaffaere-in-der-tuerkei-der-premier-sein-sohn-und-die-millionen-1.1898431

324 http://www.spiegel.de/politik/ausland/tuerkei-putschversuch-laut-bnd-chef-wohl-nur-vorwand-fuer-radikalen-kurs-Erdoğans-a-1139271.html

325 http://stockholmcf.org/british-parliaments-foreign-affairs-committee-gulen-not-responsible-for-the-july-15-coup-attempt/

326 http://washingtonhatti.com/2017/03/20/chair-of-house-intel-committee-nunes-i-havent-seen-any-evidence-gulen-involved-with-coup/

327 Rainer Hermann: »Der Putsch, der scheiterte«, *Frankfurter Allgemeine Sonntagszeitung,* 10. August 2017, S. 8

328 http://sadat.com.tr/

329 https://de.wikipedia.org/wiki/Adnan_Tanr%C4%B1verdi

330 http://www.turkishpedia.com/2017/04/17/Erdoğans-relations-and-ties-with-radical-terrorist-organizations/

331 Metin Boyutu: »Erdoğan'a Basdanisman atanan Adnan Tanriverdi kimdir, Sadat nedir?« CNN Türk, 17. August 2016; https://www.cnnturk.com/turkiye/Erdoğana-basdanisman-atanan-adnan-tanriverdi-kimdir-sadat-nedir

332 Elke Dangeleit: »Türkei. Eine Geheimarmee für Erdoğan?«, *Telepolis,* 21. Juli 2016; https://www.heise.de/tp/news/Tuerkei-Eine-Geheimarmee-fuer-Erdoğan-3274132.html

333 Deutscher Bundestag Drucksache 18/12452, 19. Mai 2017

334 http://www.hurriyetdailynews.com/Erdoğans-chief-advisor-has-prepared-guns-ready-to-die-for-boss.aspx?PageID=238&NID=82688&NewsCatID=338

335 Rainer Hermann: »Erdoğan und sein Mafiapate«, *Frankfurter Allgemeine Zeitung*, 30. Juli 2016; http://www.faz.net/aktuell/politik/ausland/europa/tuerkei/Erdoğans-mafiapate-propagiert-ehre-blut-und-vaterland-14360368.html

336 Jürgen Roth: *Schmutzige Demokratie*, Salzburg 2016, S. 132

337 Kendal Nezan: »Verbrecher mit Diplomatenpaß«, *Le Monde diplomatique*, 10. Juli 1998

338 Ryan Gingeras: *Heroin, Organized Crime and the making of Modern Turkey*, Oxford 2014, S. 257

339 Ergugul Mavloglu, Ahmet Sik: *Kirk Katir kirk satir*, Istanbul 2010, Bd. 2, S. 91

340 »Hochachtung vor einem Killer«, *Der Spiegel*, 27. Januar 1997, http://www.spiegel.de/spiegel/print/d-8651830.html

341 Hans Hermann Tillack: »Erdogan sprach mit Rheinmetall-Managern über Panzerbau«, *stern.de*, 2. August 2017; http://www.stern.de/politik/ausland/rheinmetall--erdogan-sprach-mit-rheinmetall-managern-ueber-panzerbau-7562010.html

342 http://turkey.mom-rsf.org/rs/owners/companies/detail/company//kalyon-group/

343 Bülent Mumay: »Der Wind am Bosporus hat sich gedreht«, *Frankfurter Allgemeine Zeitung*, 10. August 2017; http://www.faz.net/aktuell/feuilleton/brief-aus-istanbul/tuerkei-unter-erdogan-waescht-eine-hand-die-andere-15143815.html?printPagedArticle=true#pageIndex_2

344 Jürgen Roth: *Ermitteln verboten. Warum die Polizei den Kampf gegen die Kriminalität aufgegeben hat*, Frankfurt am Main 2004, S. 233

345 https://www.parlament.gv.at/PAKT/VHG/XXIII/J/J_04928/fnameorig_116479.html

346 https://www.justice.gov/opa/pr/turkish-national-arrested-conspiring-evade-us-sanctions-against-iran-money-laundering-and

347 Sözcü, 24. August 2015

348 https://www.justice.gov/usao-sdny/pr/turkish-banker-arrested-conspiring-evade-us-sanctions-against-iran-and-other-offenses

349 Boris Kàlnoky: »Erdoğan droht mit Ende der Beziehungen zum Westen«, *Die Welt*, 21. Dezember 2013; https://www.welt.de/politik/ausland/article123201445/Erdoğan-droht-mit-Ende-der-Beziehungen-zum-Westen.html

350 http://www.economist.com/news/europe/21700422-did-officials-help-evade-sanctions-golden-squeal

351 David L. Phillips: »Amid fears of political influence by the Trump administration, an Iranian-Turkish case Preet Bharara's successor must pursue«, *Daily News*, 13. März 2017

352 Detlef zum Winkel: »Iranische Sanktionsgeschäfte. Die türkische Regierung im Goldrausch«, *Telepolis*, 12. April 2017; https://www.heise.de/tp/features/Iranische-Sanktionsgeschaefte-Die-tuerkische-Regierung-im-Goldrausch-3679256.html?view=print

353 Jennifer Williams: »Disgraced Trump adviser Mike Flynn admits he worked as a ›foreign agent‹ for the Turkish government«, *Vox*, 9. März 2017; https://www.vox.com/world/2017/3/9/14868680/trump-adviser-michael-flynn-foreign-agent-turkey-lobby

354 James V. Grimaldi/Dion Nissenbaum/Margaret Coker: »Ex-CIA director Mike Flynn and Turkish officials discussed removal of Erdoğan foe from U.S.«, *The Wall Street Journal*, 24. März 2017; https://www.wsj.com/articles/ex-cia-director-mike-flynn-and-turkish-officials-discussed-removal-of-Erdoğan-foe-from-u-s-1490380426

355 Merve Tahirogl/Eric S. Edelman: »Why Trump should not swap prisoners with Erdoğan«, *The Washington Post*, 7. Juli 2017; https://www.washingtonpost.com/news/democracy-post/wp/2017/07/07/why-trump-should-not-swap-prisoners-with-Erdoğan/?utm_term=.25080e13fe5b

356 Leonardo Sciascia: *Der Tag der Eule*. Aus dem Ital. übers., Freiburg i. Brsg. 1964, S. 136

357 Arianna Giachi: »Leonardo Sciascia: Tote Richter reden nicht, *Frankfurter Allgemeine Zeitung*, 2. Dezember 1974, S. 22

358 Andrea Camilleri: *M wie Mafia*, Reinbek bei Hamburg 2009, S. 90

359 Gespräch mit Staatsanwalt Michele Prestipino, Rom

360 John Dickie: *Die ganze Geschichte der Mafia*, Frankfurt am Main, 2015, S. 781

361 Giuseppe Pignatone: »Die 'Ndrangheta nach der Operation ›Il Crimine‹ (2008–2010)«, in: *Die Wunde. 'Ndrangheta und Gesellschaft*. Auszüge aus den Dokumenten der Konferenzen »La Ferita« des Museo della 'Ndrangheta, Reggio Calabria, hrsg. von Claudio La Camera und Benno Plassmann, unveröffentlichtes Manuskript, Version vom 6. Dezember 2011, S. 33

362 Franceso Forgione: *La 'Ndrangheta spiegata ai turisti*, Palermo 2017, dt. Übersetzung v. Antonio Iuriano

363 Giacomo Di Girolamo: *Cosa Grigia. Una nuova mafia invisibile all'assalto dell'Italia*, Mailand 2012, S. 59

364 http://lacnews24.it/23368/cronaca/'Ndrangheta-dichiarazioni-giovanni-zumbo-garante-patto-'Ndrangheta-stato.html

365 Claudio Cordova: »Condanna definitiva sulla ›talpa‹ Giovanni Zumbo«, *Il Dispaccio*, Reggio Calabria, http://ildispaccio.it/reggio-calabria/96087-condanna-definitiva-sulla-talpa-giovanni-zumbo

366 http://www.petrareski.com/blog/

367 Familien der 'Ndrangheta bilden eine 'Ndrina. Eine oder mehrere 'Ndrine schließen sich zu einem Locale zusammen. Sie repräsentieren die territoriale Struktur der Organisation. Jedes Locale hat einen Vorstand (Capo Società), einen Buchhalter, einen Crimine, der für die militärischen Aktionen zuständig ist, und einen Mastro di Gionata, zuständig für die sozialen Beziehungen.

368 Comando Regionale Carabinieri Liguria, Genua, 16. Juli 2011

369 Ebd.

370 Jürgen Roth: *Der stille Putsch,* München 2016, S. 121

371 Pippo Battaglia/Leoluca Orlando: *Leoluca Orlando erzählt. Die Mafia,* Freiburg i. Brsg. 2008, S. 209

372 Andrea Camilleri: *M wie Mafia,* Reinbek bei Hamburg 2009, S. 113

373 Youssef M. Ibrahim: »The collapse of capitalism as we know it«, *International Herald Tribune,* 9. März 2004

374 Gespräch mit Antonio Maria Costa, Wien, 18. Juni 2009

375 APA-Presseagentur, 12. Januar 2016; http://diepresse.com/home/ausland/welt/4902399/Muellmafia-fuer-hohe-Krebsraten-bei-Neapel-verantwortlich

376 Regina Kerner: »Gemüse vom Giftmüllberg«, *Frankfurter Rundschau,* 17. November 2013; http://www.fr.de/panorama/italien-gemuese-vom-giftmuellberg-a-641301

377 Gespräch mit Gianfranco Donadio, 20. März 2017 in Rom

378 http://www.camera.it/_bicamerali/rifiuti/resoconti/Documento_unificato.pdf

379 Hans N. Pfeiffer: *Die Giftmüll-Mafia. Europas ökologischer Selbstmord,* Berlin 2014, S. 51

380 http://www.dagospia.com/rubrica-3/politica/fonti-fonte-'Ndrangheta-nuove-rivelazioni-pentito-politici-9294.htm

381 Nick Squires: »Mafia accused of sinking ship full of radioactive waste off Italy«, *The Telegraph,* 16. September 2009; http://www.telegraph.co.uk/news/worldnews/europe/italy/6198228/Mafia-accused-of-sinking-ship-full-of-radioactive-waste-off-Italy.html

382 http://napoli.repubblica.it/cronaca/2016/07/15/news/processo_resit_condannati_facchi_chianese_e_cerci-144183339/

383 Ausführlich dazu: http://www.antimafiaduemila.com/rubriche/nicola-tranfaglia/56563-un-processo-sullecomafia.html

384 Ausführlich dazu: Rainer Nübel: »Gift auf Grund«, in: *Die Taschenspieler,* hrsg. von Josef-Otto Freudenreich, Tübingen 2010, S. 144

385 http://www.econote.it/2010/02/06/smaltimento-di-rifiuti-tossici-nei-nostri-mari-la-verita-di-gianni-lannes/

386 Claudio La Camera: »Die Entstehung der italienischen Anti-Mafia-Gesetzgebung und die Rolle der Zivilgesellschaft«, in: *Creating Public Spaces,* hrsg. von Echolot – Projekte für demokratische Kultur, gegen Mafien e.V., 2017, S. 30

387 Anne Applebaum: »Beware. Trump may use the alt-right to turn himself into the center«, *The Washington Post,* 17. August 2017; https://www.washingtonpost.com/opinions/beware-trump-may-use-the-alt-right-to-turn-himself-into-the-center/2017/08/17/63a0a06c-8350-11e7-902a-2a9f2d808496_story.html?utm_term=.234c5b3c358f

388 Ambros Waibel: »Die Mafia-Faschismus-Connection«, *taz,* 14. Juli 2016, http://www.taz.de/!5319142/

389 http://www.repubblica.it/cronaca/2016/07/15/news/calabria_operazione_anti_'Ndrangheta_5_arresti_tra_loro_senatore_caridi-144127843/

390 Peter Nowak: »Rom – Bürgermeister mit brauner Vergangenheit«, *Telepolis,* 30. April 2008, https://www.heise.de/tp/features/Rom-Buergermeister-mit-brauner-Vergangenheit-3418393.html

391 »Roma, la parentopoli di Alemanno«, *La Repubblica,* 9. Dezember 2010

392 Stefan Ulrich: »Der unsterbliche Einäugige«, *Süddeutsche Zeitung,* 4. Dezember 2014, http://www.sueddeutsche.de/panorama/ex-terrorist-und-mafia-boss-massimo-carminati-der-unsterbliche-einaeugige-1.2249883

393 Philip Williams: »US citizen a key player in alleged Italian telecom fraud«, Reuters, 7. März 2010; http://www.reuters.com/

article/urnidgns002570f3005978d8852576df0080ec-idUS362983270120100308

394 http://espresso.repubblica.it/palazzo/2010/02/24/news/di-girolamo-ecco-le-foto-1.37615

395 Bálint Magyar: *Post-Communist Mafia State. The Case of Hungary,* Budapest 2016, S. 234

396 https://www.facebook.com/reitschuster/posts/1326586890689829

397 https://www.theguardian.com/world/2010/dec/01/wikileaks-cable-spain-russian-mafia

398 Julian Röpcke/Florian Kain: »Was steckt hinter Petrys Moskaureise?«, *Bild.de,* 21. Februar 2017; http://www.bild.de/politik/ausland/alternative-fuer-deutschland/petry-moskau-50529382.bild.html

399 Max Seddon: »Putin's party signs deal with Italy's far-right Lega-Nord«, *Financial Times,* 6. März 2017; https://www.ft.com/content/0d33d22c-0280-11e7-ace0-1ce02ef0def9

400 https://www.youtube.com/watch?v=6znCu1VMr5Q, ab 4:33